LOVE
LIFE

**Eleva tus estándares,
encuentra a esa persona y vive feliz
(sin importar qué)**

LOVE LIFE
MATTHEW HUSSEY

AGUILAR

El papel utilizado para la impresión de este libro ha sido fabricado a partir de madera procedente de bosques y plantaciones gestionadas con los más altos estándares ambientales, garantizando una explotación de los recursos sostenible con el medio ambiente y beneficiosa para las personas.

Penguin Random House Grupo Editorial

Love Life
Eleva tus estándares, encuentra a esa persona y vive feliz (sin importar qué)

Título original: *Love Life: How to Raise Your Standards, Find Your Person, and Live Happily (No Matter What)*
Primera edición: enero, 2025

D. R. © 2024, Matthew Hussey

Todos los derechos reservados. Esta edición se publica por acuerdo con Harper, un sello de HarperCollins Publishers
All rights reserved. This edition published by arrangement with Harper, an imprint of HarperCollins Publishers.

D. R. © 2025, derechos de edición mundiales en lengua castellana:
Penguin Random House Grupo Editorial, S. A. de C. V.
Blvd. Miguel de Cervantes Saavedra núm. 301, 1er piso,
colonia Granada, alcaldía Miguel Hidalgo, C. P. 11520,
Ciudad de México

penguinlibros.com

D. R. © 2024, Elena Preciado Gutiérrez, por la traducción
D. R. © Perazna, por la fotografía del autor
D. R. © Joanne O'Neill, por el diseño de portada

Penguin Random House Grupo Editorial apoya la protección del *copyright*. El *copyright* estimula la creatividad, defiende la diversidad en el ámbito de las ideas y el conocimiento, promueve la libre expresión y favorece una cultura viva. Gracias por comprar una edición autorizada de este libro y por respetar las leyes del Derecho de Autor y *copyright*. Al hacerlo está respaldando a los autores y permitiendo que PRHGE continúe publicando libros para todos los lectores.

Queda prohibido bajo las sanciones establecidas por las leyes escanear, reproducir total o parcialmente esta obra por cualquier medio o procedimiento, incluyendo utilizarla para efectos de entrenar inteligencia artificial generativa o de otro tipo, así como la distribución de ejemplares mediante alquiler o préstamo público sin previa autorización. Si necesita fotocopiar o escanear algún fragmento de esta obra diríjase a CemPro (Centro Mexicano de Protección y *Fomento* de los Derechos de Autor, https://cempro.com.mx).

ISBN: 978-607-385-317-0

Impreso en México – *Printed in Mexico*

Para Audrey Hussey, la mujer del ascensor.
Para mamá, por llevar la antorcha más lejos.
Y para quienes no solo buscan amor,
sino que son lo suficientemente valientes para darlo.
Esto es para ti.

Índice

Introducción: el karma es cabrón 11
La soltería no es cosa fácil 27
Cómo contar historias de amor 39
Reentrena tus instintos 57
Cuidado con la evasión 69
No te unas a una secta de dos 81
Red flags 89
Tener conversaciones difíciles 109
Atención no es intención 131
Nunca satisfecho 145
Cómo reconfigurar tu cerebro 165
La cuestión de tener bebés 193
Cómo salir cuando parece que no puedes 217
Confianza en la identidad 245
Sobrevivir a una ruptura 267
Confianza fundamental 293
Bastante feliz 331

Agradecimientos 367
Recursos para el viaje de Love Life 371

INTRODUCCIÓN

El karma es cabrón

Hora de la confesión. La mayor parte de mi vida fui una persona terrible para tener citas. Sí, quizá era un *coach* y orador eficaz, pero seguía siendo un hombre en sus veintes (y en la extraña posición de ver comentarios bajo mis videos que decían: "Él sería el chico perfecto para tener una cita"). Muchas personas asumieron que alguien con mi inteligencia emocional debía ser una pareja maravillosa.

Estaban equivocadas.

Puedo decir con toda seguridad que nunca he sido, ni mucho menos, el tipo perfecto para tener una cita. Y, aunque siempre tuve suficiente autoconciencia como para sentirme incómodo al leer esos comentarios, no tenía idea, en mis veintes —y me atrevo a decir, incluso, cuando tenía un poco más de treinta—, hasta qué punto lo contrario era cierto. Desde que empecé mi carrera como *coach* profesional de citas, dando consejos a mujeres cuando tenía diecinueve años, estuve condenado al fracaso como pareja. Quizá es el destino de los *coaches*, entrenadores, terapeutas y asesores de todo tipo que no alcanzan la iluminación —es decir, el mundo entero. Excepto, tal vez, Eckhart Tolle… Su iluminación parece bastante legítima —antes de comenzar a repartir su sabiduría a gran escala. El resto nos quedamos cortos más de lo que nos gustaría admitir. Y la gran broma es que, desde que empezamos a enseñar o asesorar sobre cualquier cosa, la vida conspirará para hacernos tropezar en esa área específica.

Entonces, de manera exacta, ¿qué me convirtió en un tipo tan terrible para tener citas?

Bueno, salí con varias personas al mismo tiempo, sin decirles… En general, no mentí al respecto. Solo no lo dije de forma activa porque no me convenía hacerlo. A veces mentí al respecto, cuando me decía que era lo correcto porque estaba "protegiendo sus sentimientos" (desde entonces he trabajado para corregir mi relación con la verdad). De vez en cuando *ghosteaba* a la gente. A veces, me acostaba con alguien y luego dejaba que todo se desvaneciera, sin reconocerlo o darme cuenta de que estaba hiriendo sus sentimientos. Otras veces, seguía buscando la atención de personas que querían estar conmigo, aunque, siendo honesto, yo ya no quería con ellas. Lo hacía porque me gustaba sentir esa atención y la vida era solitaria sin ella. En los momentos tranquilos, cuando de verdad necesitaba estar con mis sentimientos, resolver mis problemas y aprender a estar solo, tomaba el teléfono y llamaba a una nueva persona.

Por eso mi contenido ha sido tan contundente. Cuando aconsejo a mujeres sobre qué necesitan observar y de qué deben tener cuidado…, a menudo es de una versión más joven e imprudente de mí.

No digo que no fuera un caballero. ¿Fui caballeroso? Claro. ¿Fui amable? La mayoría de las veces, sí. Quería tratar bien a quienes me rodeaban. Detestaba la idea de lastimar a alguien. ¿Me importaban los sentimientos de la gente? Sí y de manera profunda. Pero al final, me preocupaban más los míos.

La forma en que tenía citas casuales lastimaba a las personas. Pero el mayor dolor que causé no fue cuando las cosas no avanzaron hacia una relación formal…, sino las veces que sí.

¿Por qué? Porque incluso cuando pensaba que estaba listo, no lo estaba. No estaba preparado para un compromiso real ni para ningún otro, tampoco para hacer planes a futuro. Todavía pensaba en las relaciones como un sacrificio negativo y, sin embargo, estaba listo para disfrutar de estar enamorado, y esto, como supe más tarde, no es lo mismo que estar listo para una relación.

En aquel momento, no era consciente de nada de eso. Si me hubieras preguntado, te habría dicho sin falta de sinceridad que era maravilloso estar conmigo, que yo era una gran ser humano. Sentía de forma profunda, amaba de manera intensa, daba mucho en las relaciones, era respetuoso, sensible a las necesidades y buen conversador. Todo esto me convertía en el tipo de individuo más peligroso y malo para ti: el que no ves venir. Al menos, con un canalla, sabes en lo que te estás metiendo. Incluso es posible que te vayas a su casa (o lo lleves a la tuya) por la emoción y la aventura, pero en definitiva no esperas un futuro.

Como tanta gente que se piensa inofensiva cuando tiene veinte, pensaba que mi trabajo era enamorarme de alguien y luego aguantarme. Pero eso no es una relación, es una atracción de feria: existe para nuestro disfrute, y cuando el paseo deja de ser agradable, nos bajamos. No importa si el letrero de la montaña rusa del romance dice "altura mínima para subir", la altura mínima para una relación seria es mucho mayor.

FLASHBACK: TENGO VEINTICUATRO y ya creo (o al menos anhelo, de forma desesperada, que el mundo piense) que lo sé todo.

Estoy parado frente al cartel de Beverly Hills, con un importante acuerdo editorial para mi primer libro, *Get the Guy*, millones de reproducciones en mis videos de YouTube y un nuevo programa de NBC, en un horario de máxima audiencia, llamado *Ready for Love*.

En este punto llevaba seis años ayudando a la gente en todas las etapas de sus citas, asesorando a miles de individuos (en persona, en el escenario, en sesiones individuales, en grupos pequeños y grandes) en cada paso de la atracción humana y en todos los grados del desamor.

Sin embargo, todo eso sucedió en Londres; Los Ángeles era mi nuevo hogar, al menos durante los siguientes tres meses de rodaje. Estaba emocionado, me sentía confiado y seguro. Quería ser parte de aquello. Así que, en Beverly Gardens Park, demasiado nuevo en la ciudad para saber o importarme el cliché que era, grabé mi primer video de YouTube en suelo estadounidense: "Tres consejos para superar el desamor".

Todo el tiempo que estuve entregando mis valiosos consejos, había un hombre mayor parado a un lado. No estorbaba, pero era difícil no sentirme cohibido al saber que tenía audiencia. Es un fenómeno curioso sentirse cómodo con la idea de publicar un video que será visto por cientos de miles (o millones) de personas y, al mismo tiempo, sentir vergüenza de que un solo ser humano esté viendo cómo lo grabo. Por su parte, parecía divertido con mi rodaje improvisado en un día soleado y, cuando estábamos haciendo las maletas al final de la sesión, ese extraño se acercó y me dijo: "Nunca te han roto el corazón, ¿verdad?". No era confrontativo, pero era fácil detectar el tono. El tono de alguien que lleva suficiente tiempo en el mundo como para haber recibido un puñetazo de la vida en la cara (tal vez unas cuantas veces, tal vez muchas), hablándole a alguien que simplemente no lo había recibido (o, de manera más exacta, *todavía* no lo había recibido).

Me sentí condescendiente y enojado. De todos modos, ¿quién era ese tipo? "No te pedí que te quedaras a verme", pensé, "¿y ahora me vas a juzgar?". Pero por mucho que no quisiera admitirlo, había tocado una fibra sensible. No es que los "consejos" que daba no tuvieran sentido. Sí servían. De hecho, era sorprendente cuán acertados eran algunos de los consejos que daba cuando tenía veintidós, veintitrés y veinticuatro años (no todos, pero sí muchos). Pero, en un nivel más profundo, como mi amigo pudo ver de inmediato, el zapato no ajustaba muy bien.

Alguien que hubiera vivido más tiempo y sufrido una verdadera desilusión habría sabido que ofrecer "consejos" de forma alegre, era el enfoque equivocado para hablar con un individuo que estaba saliendo del infierno del desamor.

Nunca volví a ver a mi primer crítico estadounidense, pero si lo hiciera, le diría que desde nuestro primer encuentro he solucionado ese agujero en mi currículum. Mi versión de esa experiencia formativa fue un cliché en sí misma. Cometí justo los errores que le dije a la gente que evitara: reorganicé mi vida para adaptarla a la de ella; ignoré las *red flags*; fingí querer cosas que no quería solo para estar con ella; puse mi autoestima en el hecho de estar a su lado, poniendo mi propia carrera en suspenso y perdiendo contacto con mis necesidades más profundas; me sentí miserable durante meses y pasé el tiempo preocupándome de manera ansiosa por estar enamorado en lugar de *disfrutar* el estar enamorado. En resumen, por primera vez en la vida, no estaba en mi posición favorita: al volante.

Siempre he tomado notas con voracidad. Lo que más ocupa mis pensamientos encuentra salida en las notas del celular, mis diarios o cualquier lugar donde pueda escribir mis reflexiones sobre la marcha. Pero no lleno los cuadernos con entradas como "querido diario". En su lugar, están llenos de cosas que me digo para ayudarme a pasar el día. En este sentido, la lectura de esas notas ofrece una imagen bastante vívida de cualquier dolor que estaba tratando de afrontar en el momento. Mirando hacia atrás en mis notas de esa relación, lo más aterrador no es la ansiedad palpable que trataba de combatir, sino las notas "alentadoras" que escribía para convencerme de quedarme.

Incluso una revisión rápida muestra un diálogo interno tan amable y amoroso como "si alguien puede soportarlo, yo puedo", "esto es entrenamiento de guerrero. Si puedo manejar esto, entonces puedo manejar cualquier cosa", "no desees que la vida sea más fácil. Esfuérzate por volverte más fuerte y resiliente. Tómalo como una gran oportunidad para crecer".

Al leerlas, podías pensar que se trataba de una charla mental de ánimo en medio del entrenamiento de los Navy SEAL. Excepto que estaba escribiendo sobre mi relación. Así de infeliz era. Me estremezco ante la falta de compasión que me mostré y ante lo peligrosas que pueden ser mi determinación y tolerancia al dolor cuando se dirigen al objetivo equivocado (en este caso, el martirio en una relación en la que la mayoría de mis necesidades fundamentales no estaban satisfechas).

Ni siquiera fue difícil encontrar estas notas.

Había muchas, algunas demasiado vergonzosas para incluirlas en este libro. Una línea particularmente triste que encontré entre un montón de tareas pendientes relacionadas con el trabajo decía: "Mis expectativas son lo que me está arruinando en este momento. Antes solo apreciaba todo por lo que era, pero luego pasé de la gratitud a la expectativa".

Aquí tenemos la escalofriante justificación de mi entonces bien practicado masoquismo: *el problema no es que mis necesidades no se satisfacen, el problema es que tengo necesidades. Solo debo volver a estar agradecido de tener a esta persona, en lugar de tener expectativas sobre ella. Olvídate de sentirte seguro, protegido y amado. ¡Tienes suerte de estar aquí!*

Después del dolor inicial de la angustia, quedó muy claro que esa era la relación equivocada para mí. Leer estas notas todavía hace que se me rompa el corazón por el Matthew de antes. Sin embargo, las agradezco. Sirven como recordatorio del alarmante grado en que se puede gastar energía en la dirección equivocada.

Siempre que te sugiera reevaluar un comportamiento que te hace sentir miserable, no creas que me estoy poniendo en una especie de pedestal. Yo también he caído en la misma trampa. Y no te preocupes por la gente que pone los ojos en blanco ante las cosas que haces. Créeme, lo más probable es que también haya hecho su parte de locuras.

Cuando nuestra propia locura nos lleva por el camino equivocado, o incluso cuando hacemos todo bien y alguien nos destroza de todos modos, es útil tener un hogar al cual regresar: un lugar de amor, verdad y restauración. Para mí, cuando estaba en el peor momento, el primer refugio fueron mi mamá, mi papá, mis hermanos, mi entrenador de boxeo y mis amistades más cercanas. Tuve suerte de contar con toda su experiencia y sabiduría combinadas en aquel momento. Pero, a pesar de que todas esas figuras amorosas en mi vida ofrecen su optimismo y soluciones, todavía encuentro que uno de los mejores antídotos contra el dolor es más dolor. No más de mi dolor, sino del dolor de los demás: la necesidad de comunicarme con otros individuos que están pasando por lo mismo.

En mis momentos más oscuros, siempre existió un lugar muy especial donde pude encontrar este tipo de comunión. Un lugar al que siempre podría ir para sentirme menos solo, para sentirme mejor, donde sé que mis problemas desaparecerán. Ese lugar era el escenario o las sesiones: escuchar a las personas hablar sobre cualquier problema que plantearan e idear planes para abordar su conflicto inmediato y, después de respirar un poco y ampliar el enfoque, ayudarlas a encontrar la confianza que necesitaban (una confianza que, en casi todos los casos, les recordaba que ya la tenían). Tener esa comunidad siempre ha sido uno de los aspectos más hermosos de esta carrera y me ha hecho sentir muy cómodo haciendo espacio para el dolor ajeno.

Si me subes al escenario de una conferencia de físicos nucleares, empezaré a sudar. (*¿De casualidad, son físicos nucleares con el corazón roto? Si es así, puedo ayudar*). Pero si me pones en un escenario frente a gente que sufre, me sentiré como en casa.

En la última gira de *Love Life,* antes de que el país colapsara y no hubiera más eventos en vivo durante dos años, yo estaba en el escenario, en la parte de preguntas y respuestas de la noche, y vi a un hombre con la mano levantada al fondo de la sala. Ahora, déjame ser claro: en años anteriores no había muchos hombres en mis eventos. Cuando había uno, en especial cuando venía en la forma de un texano brusco y fornido, destacaba.

—¿Cómo te llamas?

—Roy —respondió.

Roy tenía una especie de atractivo desgastado y no parecía demasiado abrumado a primera vista. Pero se necesita coraje para levantarse y expresar su dolor, preocupación o confusión, por eso le pregunté…:

—Hola, Roy. ¿Cómo estás?

—Bien, Matthew. Gracias. Mi ex hablaba mucho de ti, así que pensé en venir a verte.

Eso provocó una gran risa en toda la sala, seguido de una ronda espontánea de aplausos. Roy se relajó.

—Bueno, gracias por estar aquí.

—Sí, sí. Disfruto todo lo que tienes que decir, pero soy hombre. —Roy profundizó un poco su voz cuando dijo esa palabra, de manera automática—. Así que estoy tratando de descubrir qué puedo aprender desde una perspectiva masculina —hablaba de forma lenta, no por nerviosismo, sino por emoción—. Soy muy…, supongo que…, "reservado". Y me obsesiono con mi dolor, porque…, bueno, porque somos personas… Pero tengo un problema —entonces lo soltó—. Mi ex salió adelante demasiado rápido. Y duele, hombre. Tuvimos una relación durante cinco o seis años, y cuando lo superan así de rápido, te hacen sentir que no eres lo suficientemente bueno. Y solo quiero saber ¿cómo cambio mi perspectiva sobre dejar ir las cosas? Porque necesito hacer eso. Necesito dejar ir las cosas o seré infeliz por el resto de mi vida.

Cuando llegó al final de su pregunta, la sala estalló en aplausos, en reconocimiento a la honestidad de Roy. Luego hubo un largo silencio mientras consideraba cuánto me identificaba con lo que había dicho, no solo sobre el dolor del desamor, también sobre el vertiginoso desconcierto de ver que alguien a quien no estás listo para dejar ir, sigue su vida a una velocidad desenfrenada. Una voz del público rompió el silencio: "¡Hay veinte mujeres que te van a dar su número!". Toda la sala, incluido él, se rio.

—Roy, estás pasando por un dolor increíble. ¿Cuándo pasó esto? ¿Hace cuánto se fue y siguió adelante?

Explicó que había sido reciente, cuestión de meses.

—Entonces, es muy doloroso. Parte del dolor es porque sigues convenciéndote de que, de alguna forma, ella debía ser la persona indicada... Y porque tu "persona indicada" ahora está con alguien más. Bien, pues yo no lo creo. Creo que la pareja indicada solo puede serlo cuando dos individuos se eligen entre sí. Por mucho que hayas amado a alguien, y por increíble que haya sido, si no te elige, no puede ser la verdadera relación de tus sueños.

Y continué:

—Estás de luto porque crees que perdiste a la persona con la que se supone que deberías estar. Pero te prometo que no es así. Porque, a menos que alguien te elija, esa no es la persona con la que se supone que debes estar. Tal vez te sientas decepcionado porque ella no era la persona adecuada, pero no puedes afligirte como si lo fuera, porque no lo es. La decepción tarda un minuto en superarse, pero es mucho más fácil recuperarse de la decepción que de la idea de haber perdido al amor de tu vida. No lo perdiste. Ese amor todavía está por llegar. Algo mejor viene para ti. Te lo prometo, hermano.

Déjame repetirte lo que le dije a Roy, en caso de que estés luchando por dejar atrás a alguien que no te eligió:

Está bien sentir decepción porque una persona no resultó ser la indicada. Pero no te aflijas como si lo fuera. Si no te eligió, no lo era.

Y ya que estamos en este tema, cuando termines este libro, quiero que tu confianza esté en un lugar donde el hecho de que alguien "no te elija" sea el menor problema del mundo. El problema es que (y quizá lo tienes ahora mismo), si tu confianza no está en su mejor momento, cuando alguien no te elige, de inmediato cuestionas tu valor de manera fundamental.

Por eso le expliqué a Roy:

—Luego está el elemento del ego: ella eligió a otra persona, ¿por qué no a mí? ¿Qué tenía esa persona? ¿Por qué no fui lo suficiente? Uno de los mejores consejos que recibí fue: mata tu ego. Una parte de ti tiene que morir. Ahora mismo estás pasando por un infierno. Ha sido horrible: alguien te arrancó el corazón. Eso es el infierno. Pero *quiero* esa versión tuya que pasa por el infierno y regresa con vida y tiene algo que decirnos al final. ¿Quiero la versión de Roy que no ha pasado por eso? Eso es aburrido. No quiero a ese Roy. Quiero al Roy desgastado, marcado. Nos volvemos mucho más fuertes con lo que sale mal en nuestras vidas que con lo que sale bien. Entonces todo eso que estás pasando es como agregarle sabor a un gran guiso. Te hará más complejo, más compasivo..., más amable y empático. Te permitirá aportar más a tu próxima relación, y eso te convertirá en una persona muy fuerte. Y después de superar todo eso ¿a qué le tendrás miedo? ¡Ya moriste! *Ya nada podrá asustarme.*

Claro, seguro ya notaste que (tras haber atravesado y sufrido lo mismo) no abordé la angustia de Roy diciéndole que tenía tres consejos para superarla. Por suerte para Roy, un Matthew más desgastado y humilde se había atado los zapatos esa noche. Creo que, para Roy, para quienes estaban en esa sala y para mi vida en general..., mi valor se había expandido a través de mi dolor. Me convertí en un mejor *coach* para mi audiencia, así como Roy ahora tenía la capacidad de serlo para la persona que lo esperaba en el camino.

Una relación real requiere valentía de ambas partes, requiere que seamos tan vulnerables como para dejarnos ver. Requiere curiosidad y visión para comprender quién es la otra persona, para verla de verdad. Aceptar su yo ante la cámara y su desorden oculto detrás de cámara. Ver sus peores partes con aceptación y generosidad, no con desprecio; tener suficiente fe y fuerza para confiar en que aquella ofrecerá la misma libertad a nuestros lados más oscuros. Además de todo eso, se necesitan dos personas que de verdad tengan una visión de hacia dónde quieren que vaya la relación y la ejecución diaria para avanzar a ese lugar. No se encuentran relaciones excepcionales, se construyen.

En las siguientes páginas, te compartiré las lecciones e historias que cambiaron mi vida y las vidas de millones de individuos que siguen mi trabajo, siempre trato de ganarme su confianza en la forma en que me presento, tanto en público y en privado, todos los días.

¿Y quiénes son esos millones de individuos? Hace quince años empecé a hacer videos para mujeres heterosexuales y, aunque todavía constituyen la mayoría de mi audiencia, hoy es más diversa. Hay muchos más Roy y personas de la comunidad LGBTQ+ que también han encontrado ayuda en mi trabajo. El amor es universal y fluye en todas las direcciones. Los consejos que ofrezco tienen sus raíces en la naturaleza humana. Estoy agradecido con la gente por ver más allá de los limitados pronombres que he usado en las introducciones de mis videos, pronombres que podrían hacer que muchas personas sientan que el mensaje no era para ellas. En este libro he intentado eliminar esas barreras y utilizar un lenguaje más incluyente. Cualquiera que sea el género o la preferencia sexual de las personas que aparecen aquí, todos somos capaces de tropezar de la misma forma; por eso, seas quien seas, confío en que te encontrarás en algún lugar de estas páginas y, al hacerlo, espero que te sientas parte, sin importar a quién ames o cómo te identifiques.

Todavía estoy aprendiendo a ser mejor en los conceptos que cubro en este libro, pero soy mucho mejor de lo que solía ser.

Cualquiera, en algún momento, necesitará un consejo para su vida amorosa. Siempre descubro que hablar de las citas y las relaciones es una *manera maravillosa para entendernos*. Es una manera de entrar en nuestros demonios, inseguridades, traumas, esperanzas, sueños y en las formas en que quizá estamos tropezando en otras áreas de la vida.

En mi experiencia, no se puede hablar de amor sin hablar de vida. Y no se puede tener una gran relación con el amor si no se tiene una gran relación con la vida. Para tener una vida amorosa excepcional, también debemos cultivar el amor *por* la vida. Cualquiera que sea la etapa en la que te encuentres, te invito a descubrir, en las páginas siguientes, las herramientas que necesitaremos para ambas cosas.

LOVE
LIFE

1
La soltería no es cosa fácil

Empecé a dar consejos sobre citas hace más de quince años, sobre todo a grupos pequeños de hombres. Un puñado de mujeres vio que los consejos les ayudaron y solicitaron sus propias sesiones. Conforme las mujeres superaban en número a los hombres, tuve algunos remordimientos: ¿quién soy yo para dar consejos sobre lo que una mujer debe hacer o sentir?, ¿qué sé yo sobre ser mujer? Pero esos momentos casi siempre llegaban con el lujo de mirar en retrospectiva, después de una sesión, cuando tenía la oportunidad de repasar las cosas en mi mente o (ya que comencé a registrar los eventos) cuando podía escuchar el audio o ver el video completo otra vez. Nunca sucedió en el momento real, en el escenario, cuando una mujer me hablaba de una crisis en su vida, esperando alivio, consejo, comprensión o algún tipo de plan. En esas situaciones, solo podía confiar en la experiencia, mientras trataba de transmitir todo lo que he aprendido al responder preguntas similares.

Hasta ahora, he pasado miles de horas en situaciones como esa. No importa quién es esa persona, ni cuáles son sus antecedentes, ni cómo se identifica…, la respuesta correcta es la que la ayuda a salir de sus problemas inmediatos y, con suerte, la empuja hacia una estrategia a largo plazo. Este libro está lleno de respuestas a las que vuelvo una y otra vez. Prefiero los consejos prácticos al pálido pensamiento optimista. Quiero que las personas salgan al mundo sabiendo que hay pasos verdaderos que pueden dar (cosas que pueden hacer y cosas que deberían dejar de hacer).

Algo que me dio una pizca de comprensión sobre el tipo de presión que sienten las mujeres, por parte de sus familias y amistades casadas (y a veces, parece que por todos lados), es la presión que sentía como hombre al hablar de citas y relaciones. Cuando alguien de la prensa o un individuo de la audiencia me preguntaba si era soltero, siempre sentía una combinación de aburrimiento porque era la milésima vez que me hacían esa pregunta y frustración por la farsa. Si les decía que estaba en una relación, respondían: "Genial" y ya. Si decía que era soltero, exclamaban: "Pero ¿¡cómo!? ¡Si tú eres el chico de las relaciones!".

¿Esto me afectaba? No siempre, pero después de unas veinte veces que respondía esa pregunta, dudaba de mí, por eso parecía imposible dejar que esa parte de mi vida se desarrollara de forma orgánica. Descubrí que retrocedía hacia la situación contra la que advertía: me presionaba tanto para conocer a una persona importante que todo el tiempo debía resistirme a tomar malas decisiones, solo porque quería marcar la casilla de "estar en una relación", algo que ni siquiera era importante para mí.

Déjame responder la pregunta de una vez por todas. En primer lugar, no soy el "chico de las relaciones". No me importa si alguien tiene una relación, me importa que se encuentre contento con cualquiera que sea su estado en este momento. Nunca he predicado que las personas *deban* tener una relación; las ayudo a encontrar una si es lo que quieren. Y, en segundo lugar, no creo que estar en una relación sea mi mejor calificación. Me comprometí mientras escribía este capítulo, lo cual es una circunstancia feliz para mí, pero la etiqueta por sí sola no debería ser una insignia de honor. El simple hecho de estar en una relación no significa que yo ni nadie más tenga éxito (muchas personas a las que he asesorado podrían considerarse más exitosas el día que dejaron su relación). Y todos conocemos al menos una pareja cuya relación tiene todas las características de las redes sociales de una unión feliz, pero detrás de escena está al borde de la aniquilación.

Déjame ofrecerte una respuesta más clara:

- Si encuentras el amor como resultado de mi trabajo, seré feliz.
- Si cortas con alguien con quien no deberías estar y vuelves a quedar sin pareja debido a mi trabajo, seré igual de feliz.
- Y si, después de leer este libro, decides que no tienes tanta prisa por encontrar una relación porque amas la vida y amas ser tú, y no estás tratando de llenar un vacío encontrando a alguien que te haga sentir bien, entonces… ese es el premio mayor.

Nada de esto hace que estar en la soltería sea fácil. Incluso si nos libramos de la presión externa de conocer a alguien, todavía debemos lidiar con nuestros sentimientos sobre la necesidad de conectarnos. En quince años de *coaching*, he trabajado con innumerables mujeres que sienten que su vida amorosa no va a ninguna parte. El desencanto y la desesperanza siguen al rechazo y la angustia… hasta que empiezan a sentir que ese antiguo ideal de que hay alguien para cada quien se aplica a todo mundo menos a ellas. Al igual que esas mujeres, dejas de verle el sentido a las citas porque nunca sientes una chispa o porque, cuando las sientes, te terminan lastimando o terminan queriendo cosas diferentes a las tuyas. Te dices: "Tal vez debería hacer las paces con la realidad de que nunca encontraré a nadie". Entonces, todas las personas con las que solías pasar tiempo comienzan a formar parejas y a desaparecer de tu vida, y esta decepción se endurece hasta convertirse en una convicción: "como sigo sin pareja... debe haber algo mal en mí".

Estos pensamientos se hacen más fuertes con cada conexión fallida. Y aunque tratamos de mantener una actitud positiva, en el fondo llevamos el miedo persistente de que, bueno, tal vez el mundo ha cambiado demasiado. Quizá las relaciones reales ya no existen. O aún más terrible: "tal vez no existen para mí".

Es deprimente cuando una relación en la que invertimos meses o años sale mal y volvemos al punto de partida. No parece haber una cuenta en la que generemos riqueza en nuestra vida amorosa. Cada vez que alguien se va, hay que volver a conocer a alguien; el reloj de las relaciones regresa a cero. Pero, al menos, no existe un botón de reinicio para el reloj de la vida ni del cuerpo, esos siguen disminuyendo. Si la vida amorosa fuera un juego de mesa, no sería un Monopoly, con su constante acumulación de casas y hoteles. Sería, en todo caso, Serpientes y escaleras: cada nueva relación es una escalera que subir y cada ruptura es la serpiente que nos regresa de inmediato a la misma soledad en la que estábamos antes. Pero esto no es algo malo, ¡podemos empezar de nuevo!

Cuando percibimos esa sensación de quedarnos atrás mientras nuestras amistades tienen parejas, vale la pena recordar que cualquiera puede volver al estado de soltería en cualquier momento. Las parejas de toda la vida también terminan, ¿es peor para ellas después de veinte años de matrimonio que para alguien que sufre su sexto (o decimosexto) desamor? No hay una única respuesta.

Algunas personas emergen de una ruptura con una sensación de logro y serenidad sobre su nueva independencia, otras se sienten abandonadas por completo, sin ninguna de las comodidades, amistades o certezas que tenían en la vida que acaba de terminar.

Sea cual sea el estado en el que te encuentres (con citas, sin pareja, en pleno divorcio, coqueteando), todo el mundo debe afrontar las emociones que conlleva la soltería. En comparación con el trauma del desamor o el apocalipsis del divorcio, los desafíos cotidianos y el estrés que trae la soltería resultan imprecisos y frustrantes. ¿Cómo se aborda un problema cuando este es una ausencia en el corazón de la vida? Incluso así, puede doler no tener a alguien... y cuando empiezas a sumar todos los pequeños dolores, terminas con una enfermedad crónica. Hay días en los que tienes mucho entre manos y sientes seguridad, confianza o, al menos, felicidad por tantas distracciones y un estrés manejable. Otros días parecen una batalla constante contra cierto oponente que solo tú puedes ver. A veces el dolor de la soltería te golpea en los mejores días, ya sabes, cuando te dejas llevar por una experiencia cumbre y justo la cualidad excepcional de esa felicidad te recuerda que no tienes a nadie: nadie con quien compartirla, nadie que te escuche cuando haces algo que te emociona, nadie a tu lado si solo quieres asimilarlo en silencio.

Algunas personas sienten esta ausencia como una pérdida real, como si cada año fuera tiempo perdido con la persona que aún no conocen. Esta idea de una pareja predestinada en particular se acerca de forma peligrosa a algo que desacreditaremos en el próximo capítulo. Pero el sentimiento de pérdida también es una realidad de la vida. El escritor Christopher Hitchens dijo: "Una lección melancólica del paso de los años es la realización de que no se pueden hacer amigos viejos". Eso es igual de cierto en las relaciones: no puedes volver atrás y casarte con tu amor de secundaria que nunca tuviste. Y hay gente, en especial, que se compara con sus amistades ya casadas, y que lo siente de manera muy profunda. Si en tu estado de soltería actual, te comparas con una antigua amistad que lleva diez años con su pareja, es fácil decir: "Incluso si conociera a alguien hoy, nunca tendría esos diez años de historia".

Creo, sin embargo, que hay motivos para tener esperanza. A medida que envejecemos y nos adaptamos mejor a lo que nos gusta hacer y al tipo de relaciones hacia las que gravitamos, alcanzamos más rápido a nuestros tipos de persona. No me refiero a que revises una lista de *red flags* basada en todos tus desastres de citas anteriores (aunque no deseches esta idea), pero hay gente que puedes conocer más adelante en la vida con la que existe una conexión espiritual instantánea. Por lo general, soy alérgico a ese tipo de lenguaje, pero en realidad no es tan misterioso:

Con el tiempo, cada quien recorre su camino y conoce las formas en las que la vida les ha causado humillación y, tras toda esa experiencia, son capaces de reconocer y apreciar los puntos sensibles de la otra persona.

Ya sea que vivamos a kilómetros de nuestra primera casa o a una cuadra del lugar donde crecimos, salimos al mundo con la esperanza de ser algo diferente de lo que éramos cuando nos fuimos. Al paso de los años, te encuentras con alguien que te recuerda ese hecho; aunque venga de un lugar por completo distinto, comparten los mismos impulsos. A menudo, las personas se definen por las cosas que desean, los incentivos que tienen y todo lo que quieren lograr, pero también las moldean las cosas que rechazan (todo a lo que dicen "no" solo para llegar a donde esperan llegar). Se necesita mucha vida para saber qué cosas no puedes soportar, y cada vez que dejas atrás una de ellas, te alejas más de quien solías ser y de las decisiones que alguna vez habrías tomado. Luego, frente a ti aparece alguien que ha llegado a ese mismo lugar y reconoces la distancia recorrida desde casa. Eso no es magia. O, si lo es, no es una magia que estuvo disponible para ti cuando tenías diecinueve años.

LA SOLTERÍA NO ES COSA FÁCIL, puede sentirse como un dolor que nunca desaparece. Uno de los objetivos centrales de este libro es brindar a las personas un conjunto de herramientas que les ayuden a generar más oportunidades en sus vidas amorosas de forma exponencial. Otro pilar elemental es ayudar a la gente a vivir con un sentido de presencia, disfrutando de la belleza de la vida que tiene y, al mismo tiempo, permaneciendo abierta a las oportunidades, aunque eso puede resultar complicado. A veces, "permanecer abierta a las oportunidades" puede transformarse en "esperar con esperanza" o "esperar, sintiendo que el resto de tu vida no vale nada hasta que por fin pase la cosa que definitivamente no va a pasar hoy (y tal vez nunca)".

En el mito griego, Pandora no pudo resistirse a abrir una caja que le dijeron que no abriera. Cuando la abrió (¿y cómo no iba a hacerlo?), vio que contenía todo tipo de enfermedades y males no especificados que ahora volaban para azotar a la humanidad por siempre. Al darse cuenta de su error (ignoraremos por ahora que este mito, como la historia de Eva, solo parece una excusa para culpar a una mujer con un sano sentido de curiosidad de todo lo que está mal en el mundo), cerró la tapa muy rápido, justo antes de que escapara la esperanza. Es un detalle curioso. Podrías pensar: "¿Qué tiene de malo la esperanza? ¿Cómo podría ser tan devastadora o dañina como una enfermedad?".

LOVE LIFE

Durante años tuve que luchar contra el dolor crónico. Me diagnosticaron *tinnitus*, un zumbido en el oído, que muchos días (en realidad, casi diario) venía acompañado de todos los dolores de cabeza que puedas imaginar: punzadas, mareos, dolor parcial, general, un latido en la cabeza y en el oído. Curarme se convirtió en la obsesión de mi vida durante varios años. Si crees que no vivía con esperanza, estás en un error. Seguí casi todas las curas de las que oí hablar y, viviendo en California, fueron varias. Fui a un osteópata que me partió el cuello y la columna hasta que sentí como si me estuviera separando la cabeza del cuerpo. Me inscribí en algo llamado "terapia de baño de sonido", donde me sentaba en una habitación mientras alguien tocaba un "concierto para uno" con cuencos, y otro chico tocaba un *didgeridoo* "en mi corazón", como él dijo. Fui a un médico especialista en migrañas que me recetó una tríada de medicamentos que yo solito debía inyectarme cada mes. Fui de una clínica de otorrinología tras otra. En una me dijeron que eliminara el café, alcohol, azúcar, sal y picante; en otra, que el siguiente paso eran los antidepresivos y sentí que de verdad los necesitaría si eliminaba todo lo que me habían dicho.

Practiqué yoga; bebí jugo de apio todas las mañanas; fui al dentista para que me mandara a hacer un guarda de doce mil pesos; fui con un acupunturista para que me diera un masaje en la mandíbula y el oído interno, mismo que consistió en meter los dedos en mi boca y oído al mismo tiempo y manipular toda el área desde adentro; fui también a un acupunturista chino que me recetó una complicada mezcla de bolsitas de té de hierbas que olía horrible y sabía a barro mezclado con agua caliente. Seguí así durante un mes, lo cual fue la definición del triunfo de la esperanza sobre la experiencia.

Volé a Múnich, en plena pandemia, para un tratamiento que implicaba extraerme cubetas de sangre (bueno, eso sentí), que luego centrifugaban para separar las proteínas antiinflamatorias; después me reinyectaban ese suero en la mandíbula, en la parte posterior del cuello y hombros, veinte veces al día durante cuatro días seguidos. Eso fue justo antes de Navidad, cuando lo único que quería era estar con mi familia. En cambio, yo era uno más entre un puñado de huéspedes en un hotel gigante, cada uno con algún problema, deambulando como fantasmas por ese mausoleo vacío de un hotel alemán. Gasté una cantidad obscena de dinero para sentirme solo y miserable... y solo obtuve una tolerancia de por vida a las agujas.

Podrías decir que estuve plagado de esperanza durante años. Cada vez que oía hablar de algún remedio nuevo, me emocionaba. Me inundaba una sensación de alivio porque la solución estaba llegando, porque ese nuevo tratamiento por fin marcaría la diferencia. Mi sistema nervioso se calmaba porque ya no estaba en un modo de pensar catastrófico. Podía imaginar (casi sentir) el fin de la enfermedad; incluso tenía una fecha específica: es decir, el día en que comenzaría el tratamiento definitivo. Hablaba con mis amigos sobre esa nueva cura milagrosa, con una sensación de entusiasmo que rayaba en la alegría. Aunque todavía sentía dolor, la mera posibilidad de alivio parecía hacer algo en mi cerebro. Todo esto es para decir que entiendo el estado emocional cuando alguien, que no está en una relación a largo plazo, empieza a contar con entusiasmo a sus amistades sobre la cita que tuvo y que, de verdad, fue bastante interesante. Lo entiendo por completo: la sensación de que esa trayectoria deprimente, que parecía una eternidad, está llegando a su fin.

Me interesa la conexión con el dolor crónico porque los científicos han descubierto que reconfigura el cerebro. (El dolor persistente logra que los receptores del dolor se desinhiben, de modo que obtienen una respuesta más sensible, activándose más rápido que en las personas sin dolor). Eso significa que ya no se puede simplemente tratar el síntoma, sino que debes reconfigurar el cerebro. Pero incluso cuando estaba en ese estado, siempre parecía haber una pequeña trampilla de escape: todos los días, había un momento, justo después de despertar y antes de salir por completo del sueño y recordar de manera exacta quién era yo, donde vislumbraba qué sentía al no tener esa molestia.

Cualquiera que viaje conoce ese momento: despiertas y te preguntas: ¿Dónde estoy?, ¿Austin?, ¿Singapur? ¿Es este un Hyatt de aeropuerto o la casa de mi amigo? Es un sentimiento familiar para cualquiera con el corazón roto: se te conceden diez o quince segundos inolvidables al despertar, antes de reaccionar por completo y recordar cómo te sientes, un breve respiro antes de ver el titular del día, el mismo de ayer, diciéndote que tienes el corazón roto. Ya que te das cuenta dices: "Está bien, estoy listo para el día. Ahora recuerdo lo mal que me siento".

Puedes tener repeticiones de esa sensación de respiro durante el día. Por ejemplo, cuando me encontraba muy feliz, concentrado en algo que estaba haciendo, y alguien cercano a mí me preguntaba: "¿Cómo está tu cabeza hoy?", admitía: "Ah... no tan bien, pero en los diez minutos anteriores a tu pregunta, iba bastante bien". Toda la gente que me decía: "confía en mí, eso desaparecerá", no me ayudaban porque esa esperanza me robaba la vida. Esperar el día en que todo fuera mejor me impedía disfrutar la vida tal como era. Me decepcionaba cada vez que no mejoraba.

Al final, aprendí a transformar mi relación con el dolor, el cual noté que cambiaba día a día. Empecé a sentir curiosidad por eso. Comencé a hacer un seguimiento de qué pasaba durante un día donde el dolor era de 7 u 8 a diferencia de un día de 4 o 5. Porque cuando lidias con el dolor en el día a día, dos grados de diferencia son muy significativos. Esos cálculos también ayudan con las dificultades de la soltería: hay una forma de cultivar la curiosidad por las experiencias que son un poco (algunos grados) diferentes de lo normal. Es como ese momento al despertar: entre más tiempo permanecía curioso, más tardaba el dolor en volver a asentarse.

Este tipo de curiosidad, de la que hablaremos a lo largo de este libro, te permite adoptar la perspectiva de un experimentador social de tu vida. Digamos que, por lo general, entras en pánico cuando una persona con la que empiezas a salir no te responde tan rápido como antes y piensas que te lastimará porque te gusta más a ti que tú a ella. Tal vez eso sea suficiente para que seas frío la próxima vez que se vean o adoptes un tono agresivo. Pero si intentas una reacción diferente (admitir que te sentiste un poco triste porque te gusta saber de aquella persona), tal vez la vulnerabilidad, esa honestidad que no es parte de tu práctica normal, genere un buen resultado.

También es posible que no sea así, y está bien, porque el resultado no es el punto. Ahora estás empezando a estudiar la gama de reacciones disponibles con un ligero cambio de velocidad. Podemos acostumbrarnos tanto a nuestro ritmo que no entendemos cuan vasto es el espectro de experiencias posibles. Pero cuando nos permitimos probar una forma diferente de pensar, es como escapar de la cárcel. De esta manera, la curiosidad te ayuda a salir del miedo y, al hacerlo, le robas a aquello que temes el poder que tiene sobre ti. Esta actitud (reconvertir tu propia vida en un experimento social) puede producir resultados que nunca habrías anticipado. Incluso cuando los resultados son apenas distintos (la diferencia entre un 7 y un 5 en la escala de dolor), siguen representando una oportunidad para remodelar tu vida.

Desde afuera, ese pequeño cambio de comportamiento puede no parecer nada extraordinario. Pero desde adentro, puede parecer alucinante. No es que tuvieras una reacción un poco diferente. Es que esa reacción diferente fue posible gracias a tu compromiso y curiosidad. Y eso se siente como un gran alivio. Es una señal de que estás reconfigurando tu cerebro.

2

Cómo contar historias de amor

Hace poco, una amiga terminó una relación. Desde el principio, dejó entrever que quería casarse. Después de un tiempo, lo dijo. Cuando llegaron al séptimo año como pareja, seguía sin recibir la propuesta. Entonces se fueron de vacaciones románticas a Cabo. En un escenario tan perfecto para plantear la pregunta, ¿qué hizo el novio? Anduvo muy feliz las dos semanas practicando *snorkel* y tomando el sol. Eso fue todo. Entonces lo cortó. Después de siete años.

Un mes después, sorprendió a sus amistades al entablar otra relación, la cual terminó muy rápido. En los meses siguientes, repitió esta secuencia varias veces: conocía a un nuevo hombre en cuestión de semanas y, casi de inmediato, empezaba a quejarse de él con sus amistades y, luego, lo cortaba. El comportamiento era desconcertante, no solo porque saltaba sin problemas de una relación a otra, sino porque los hombres con los que salía no tenían nada en común. No había ningún tipo ni patrón entre ellos, solo eran tipos con los que no duraba. Sin embargo, algo que sí compartían era que cada uno le brindaba una nueva historia de amor que contar. Era una mujer muy funcional, con un trabajo importante en la industria bancaria de Nueva York, pero ser su amigo era como estar en primera fila viendo una película de Kate Hudson o Drew Barrymore.

Cada hombre le proporcionaba un emocionante papel protagónico en una nueva historia de amor, una que podía contar a sus amistades y a ella misma. Aunque resultaron ser más unas tragicomedias, estas historias le permitieron sentirse involucrada y no al margen. Este tipo de historias, incluso cuando no van según lo planeado, nos hacen sentir que no estamos por completo en el desamparo. Cuando estamos en el punto más bajo, cualquier historia parece mejor que ninguna.

Pero su relato de esas nuevas y emocionantes historias revelaba una verdad más dolorosa: que, aunque en la superficie sus amistades podían descartar ese comportamiento como una compulsión de ser la actriz y productora de sus historias de amor en serie, había una terrible sensación de desesperación que motivaba todo. Tras pasar años en los que era vista como la que tenía más probabilidades de tener un matrimonio feliz, de repente se fue al final de la fila cuando sus amistades la empezaron a rebasar con relaciones exitosas. La búsqueda de un reemplazo a cualquier costo destacó una de las mayores paradojas cuando se trata de historias de amor: a veces, el paso más importante para encontrar tu historia de amor es aprender a ser feliz sin una, y ese era el paso que la aterrorizaba.

HAY UN PELIGRO EN ESAS HISTORIAS DE AMOR divertidas de contar porque son muy intensas, dramáticas o improbables. Al principio de la canción *"Somewhere Down the Road"*, se siente como si Barry Manilow estuviera actuando de forma madura al final de una relación, replanteando la ruptura para que el desconsuelo sea menor. Cuenta los malos momentos y los sueños que la llaman…

casi suena como un adulto sano. Pero entonces llega el coro, donde la música aumenta y él los imagina cruzándose de nuevo, gritando con total certeza que algún día ella descubrirá que pertenece a él.

A pesar de lo espeluznante que sería recibir un mensaje de texto así de un ex, cada vez que suena esta canción, por lo general cuando estoy en una sala de espera, el viejo Barry todavía logra evocar lo romántico que hay en mí (todo por la forma en que cuenta la historia). ¿Quién no suspende su radar de racionalidad ante una historia de amor bien contada? ¿Cuántas veces he llorado al ver *Titanic* a pesar de que Rose, en sus casi cien años, no olvida a un chico que conoció solo cuatro días cuando tenía diecisiete?

Espero nunca perder el contacto con la parte de mí que se siente abrumada por el drama de las historias que me entristecen, porque si aliento esa parte de mí para que sea la directora ejecutiva de las decisiones de mi vida, estoy arruinado. Debemos separar el sentimentalismo que experimentamos ante una canción de amor o una película desgarradora de la sobria realidad de la vida. Es un ajuste esencial no solo para nuestra felicidad, también para la supervivencia.

A veces, si queremos empezar a vivir de nuevo, necesitamos apartar la historia que nos contamos (o cómo la contamos) y que le contamos al resto del mundo. No es fácil. La mayoría conocemos esa punzada de arrepentimiento, años después de una ruptura, por una relación que sabemos que terminó por una muy buena razón. Dios no permita que cualquiera de estos sueños momentáneos se haga realidad… y mi novia de la secundaria y yo nos encontremos de nuevo en algún telesilla en Suiza o en un crucero de avistamiento de ballenas en la Patagonia. Es importante contrarrestar esos sentimientos con una fuerte dosis de realidad; alejarte o apartar una vieja historia de amor restablece lo que de verdad valoramos en la vida. Y para hacerlo, necesitamos decidir cómo es una historia de amor que vale la pena tener. Solo entonces podremos empezar a contarnos historias diferentes y más saludables.

¿La persona que se fue (o, en el caso de Jack y Rose, la que murió congelada y se hundió en el Atlántico Norte) puede ser "la indicada"? Alguien con quien tuvimos una conexión increíble, ¿de verdad podría ser nuestra persona indicada de por vida? Si, en serio, ese fuera el caso, el MDMA sería la sustancia más valiosa por el abrumador sentimiento de amor que puede producir durante unas pocas horas. Pero eso es una experiencia y no una relación que, por definición, es continua. No encuentras el modelo de una relación que valga la pena en una conexión breve que produce un estallido de sensación máxima y luego desaparece. Sería absurdo despertarte al día siguiente y decirles a tus amistades que la persona con la que compartiste MDMA es tu destino. Pero con demasiada frecuencia, esa es la historia de amor que queremos contar.

Todo esto plantea la pregunta: ¿dónde buscamos a alguien que realmente valga nuestro tiempo y energía emocional?

Las limitaciones de dejar caer el pañuelo

En mi primer libro, traté de resolver un problema que veía una y otra vez: mujeres que salían con hombres que no las entusiasmaban, tipos que las trataban mal, chicos que tenían varias casillas marcadas en la lista de "malas decisiones", mujeres sin actividad en su vida amorosa. Quería que tuvieran más opciones, mejores opciones. Dado que tantas mujeres luchaban por conocer hombres maravillosos solo para terminar saliendo con unos terribles, pensé que el problema se solucionaría si las ayudaba a tener más oportunidades con mejores candidatos.

El problema de no tener mejores opciones empieza porque la gente es pasiva en el primer intercambio. A demasiadas mujeres les enseñaron que dar el primer paso es trabajo de los hombres. Eso ha cambiado un poco. Las aplicaciones de citas facilitan a cualquiera a hacer el primer movimiento, sin embargo, la educación que recibimos aún se interpone en el camino, por lo que, en una situación incómoda, las personas adoptan su comportamiento predeterminado y solo esperan a que alguien se les acerque.

¿Qué tipo de persona se te acerca cuando nadie te acompaña en un lugar lleno de gente? A menudo, será alguien que lo hace todo el tiempo, lo que en sí mismo no es una *red flag*, pero puede serlo. Jugar a "esperar" hace que pierda cualquiera que no tenga ese hábito o que no tenga ganas de hacerlo ese día. En el pasado, ¿con cuántas mujeres quise hablar, pero nunca encontré el valor (de alguna manera que no fuera incómoda) para cruzar la habitación y decirles algo? Y no soy el único que se siente así. Nuestra vacilación por sí sola no nos convierte en malas parejas, solo en instigadores incómodos.

Entremos a la Técnica del pañuelo: cualquier mujer que se considere anticuada por no acercarse a un hombre, no tiene en cuenta lo que de verdad hacía la gente "en el pasado". Hace cien años, en la época de las "tarjetas de visita" y las presentaciones formales, una mujer pasaba junto a los hombres y, cuando veía a uno que le gustaba, "sin darse cuenta" dejaba caer su pañuelo (justo frente a él) y seguía caminando. Ese hombre, viendo una oportunidad de ser útil, tomaba dicho pañuelo y se aventuraba en tono caballeroso:

ÉL: Disculpe, *madame*, creo que se le cayó esto.

ELLA (más para ella que para él): Oh, querido, ¿de verdad?

Y de la nada, surgía la posibilidad de entablar una conversación que él creía haber iniciado, aunque sabemos que no fue así, ya que, en primer lugar, ella eligió justo al hombre que quería cuando dejó caer el pañuelo.

Esta fue la lección: demasiadas personas (y no solo mujeres) han pasado por la vida esperando ser elegidas, pero ahora es el momento de elegir. Aunque esta táctica era más de mujeres, cualquiera puede aprender algo de ella. En mi caso, siempre buscaba a alguien que me diera permiso de hablar antes de atreverme a probar suerte. Pero el pañuelo invirtió esa secuencia de eventos y ofrece una forma sutil de darle permiso a alguien para que se acerque, alguien de nuestra elección. Al hacerlo, se convierte en un primer paso de bajo riesgo con el beneficio adicional de que la otra persona no tendrá idea de que el encuentro no fue del todo idea suya.

En ese libro, hablo de algunas formas prácticas en las que puedes "dejar caer el pañuelo" hoy en día. No me equivoqué en cuanto al poder del gesto. Muchas mujeres me han dicho que ahora están casadas como resultado de haber puesto en práctica este consejo para conocer a alguien que, de otro modo, nunca habrían conocido. Pero cometí un gran error de cálculo: subestimé la capacidad de los seres humanos para tomar malas decisiones en su vida amorosa, incluso cuando tenían muchas opciones para elegir.

Si el chico que ella quería que recogiera el pañuelo resultó ser un auténtico imbécil, ¿por qué todavía le puso tanta atención? ¿Por qué no tomó el pañuelo y lo tiró frente a otra persona? Las mujeres pasaban meses, incluso años, con el hombre equivocado, aun teniendo muchas otras opciones. El pañuelo no lo solucionó.

Parecía no importar quién hiciera la elección: algo en el cableado conducía a malas decisiones, haciendo que la gente sobrevalorara las cualidades equivocadas de una persona y subestimara las correctas de otra. Sin corregir estos instintos, las personas seguirán tomando decisiones que causarán dolor y miseria.

De hecho, a veces la gente se obsesionaba con alguien que apenas recogía el pañuelo (¡si es que lo hacía!). En 2018, en mi gira *Love Life*, me encontré frente a una audiencia en Dublín, invitándola a hacerme preguntas sobre los problemas que más les preocupaban en ese momento. He hecho eso toda mi carrera (y siempre ha sido visto como un movimiento arriesgado por parte de mi equipo, que valora la previsibilidad). Nunca falta una pregunta que me convence del valor de lo inesperado. Dublín no fue una excepción. Una mujer vestida de negro, con cabello oscuro y una sonrisa en su rostro, se levantó y preguntó:

—¿Cómo superas a alguien con quien nunca tuviste una cita?

La inmediata risa del público me dijo que había tocado una fibra sensible. Parecía el ejemplo perfecto de la necesidad de cambiar la historia que nos contamos. Le dije:

—Todo se reduce a qué quieres romantizar: si quieres romantizar a alguien que viene de lejos o si quieres enamorarte de la realidad de la vida. Se acabaron los días en los que me entusiasmaba una persona que no estaba interesada en mí. No encuentro la energía para emocionarme por alguien que no me quiere. Si una persona no me quiere... eso mata todo porque sé que me hará muy infeliz.

Después de eso, otra mujer al fondo de la sala se puso de pie. Habló con confianza en el micrófono con un ligero acento de Europa del Este. La voz resonó por toda la sala mientras contaba su historia:

—Cuando conocemos a un hombre, al principio nos muestra todos los lados hermosos de su personalidad, valores y vida... Es perfecto, increíble, no tiene nada de malo, así que te enamoras. Estúpida, yo. —Se dio una palmada en la frente con un movimiento de "ups, lo volví a hacer", mientras el público, ahora completamente de su lado, reía—. Y luego, tres o cuatro meses después, el tipo se pasa al lado oscuro y entonces todo se cae..., y es diferente por completo. Te trata mal y las cosas se ponen cada vez peor... Pero ya estás ahí y ya estás enamorada. Dos preguntas. La primera: ¿cómo reconocer las trampas?; ¿cuál es su verdadera personalidad? Y la segunda: ¿cómo deshacerte de él cuando ya estás enamorada?

A la segunda pregunta, el público le dio una gran ovación. Me uní a la ovación y respondí:

—Al final de lo que voy a explicar, diré: "Quizá deberías dejarlo".

Me llevaba la delantera:

—No. Ya lo hice. Rompimos esta mañana —dijo en un tono orgulloso e indiferente.

El público estalló en risas y aplausos ante el giro inesperado; por lo visto ya había hecho justo lo que me pedía que le explicara.

—Muy bien, muy bien. ¿Cuánto tiempo estuvieron juntos?

—Un año y tres meses.

—Y, siendo honesta, ¿qué tan rápido supiste que la cosa andaba mal?

—Honestamente..., ¿la verdad? —La mano volvió a subir a la frente, un movimiento que ahora se había convertido en un indicio de sentimientos de vergüenza por ignorar cosas que no debería.

—Sí, la verdad.

—Ay, desde el principio.

—Y te quedaste un año y tres meses... ¿Por qué?

—Porque no quería estar sola.

—Gracias por la maravillosa honestidad: "No quería estar sola". Por cierto, ¡qué gran mañana para cortar con alguien!

—¡Fue lo que pensé!

Me encantó la confianza de esta mujer, la forma en que cronometró su ruptura solo por la posibilidad de poder levantarse e ir al evento a contar una versión de su propia historia de amor recién salida de la imprenta. Sirvió como recordatorio no solo de lo poderosas que pueden ser nuestras historias, también de cuánto puede cambiar el impacto dependiendo de dónde las contamos. Existe una gran diferencia entre contar tu historia de amor a un ser por completo desconocido y que nunca volverás a ver, y a una sala llena de individuos a los que les resultará difícil olvidarte y probablemente recordarán tu historia si alguna vez se vuelven a topar contigo. No creo que esté exagerando cuando digo que la historia se sintió como su Declaración de Independencia personal.

Las dos preguntas que hizo captan gran parte del porqué decidí escribir este libro. "¿Cómo reconocer las trampas?", en la primera mitad de este libro nos centraremos en las cosas a las que vale la pena poner atención, tanto en las citas como en las relaciones. Una vez que sabes eso, no puedes dejar de saberlo. Entonces, cuando alguien empiece a hacer algo que lo convierta en una mala inversión, serás muy consciente de ello.

La otra pregunta resume uno de los grandes temas de la segunda mitad de este libro: "¿Cómo deshacerte de él cuando ya estás enamorada?". Eso se reduce a una vieja pregunta: ¿cómo puedo hacer lo que sé que debo hacer? Es casi como preguntar: ¿Cómo consigo ir al gimnasio? Sé que debería hacerlo, sería bueno para mí, me haría vivir más, sentirme mejor, tener una mejor calidad de vida. Sé que mi estilo de vida actual me hace sentir cierta inseguridad e infelicidad, las cosas que como alteran mi estado de ánimo, no siento orgullo de mi persona y, en algún momento, podría generar problemas importantes con mi salud…

Con demasiada frecuencia le damos a la palabra *amor* un significado especial. "Pero te amo" suena romántico. Por otro lado: "Pero amo la pizza, solo no puedo dejarla, todavía no". En realidad, cuando digo eso sobre la pizza, parece justificable. Aun así, entiendes el punto. Se pueden esconder muchas cosas dentro de la palabra *amor*: miedo a estar sin nadie, tener cierta adicción por una persona por el ciclo que nos hace pasar (el llamado *vínculo trauma*), una creencia errónea de que la necesitamos para sobrevivir, la glorificación de otro ser humano que usamos para justificarnos, engañarnos y defraudarnos. Nos centraremos en cada una de estas cosas en las páginas siguientes. Por ahora, diremos que esa mujer hizo dos preguntas fundamentales: ¿Cómo puedo saber qué hacer y cómo puedo encontrar los recursos internos para hacerlo una vez que lo sepa?

El castillo

Empecemos por el conocimiento. Para saber qué hacer en una situación determinada, debemos empezar haciéndonos una pregunta básica de nuestra vida amorosa: ¿qué vale la pena valorar?

Es importante que nos lo preguntemos en voz alta, de forma consciente, incluso con escepticismo porque, si dejamos que la mente inconsciente decida qué valorar, a menudo cometerá errores de cálculo muy peligrosos, como *Esta persona es importante porque lo creo de todo corazón*. Entonces no es cierto. Una cosa no es igual a otra, al menos no de manera automática. Para determinar el valor de una persona en nuestras vidas como candidata seria para una relación a largo plazo, utilizaremos un modelo que llamo *Los cuatro niveles de importancia*:

Nivel de importancia 1: admiración

Este nivel se explica por sí mismo y todo el mundo ha pasado por allí. Nos sentimos atraídos por una persona. Puede ser que tenga cualidades que respetamos, admiramos o que queremos en nosotros. Tal vez tiene un carisma que nos atrae; una sonrisa que nos debilita. Quizá solo tiene una fuerza de atracción increíble. Sea lo que sea, hay algo que hace que no podamos apartar la mirada, a menos que mire en nuestra dirección, en cuyo caso seguro volteamos a ver el libro, a un amigo, amiga o lo que sea que estuviéramos haciendo antes de estarla contemplando. Secuestró nuestra atención. Si la persona en la que no podemos dejar de pensar es alguien a quien vemos más de una vez, comenzamos a pensar en nuestra situación como un enamoramiento. Una sensación persistente y profundamente molesta de no poder sacar a esta persona de nuestra mente. Un sentimiento que nos hace actuar como idiotas. Recuerdo haber escuchado al comediante Bill Burr hablar sobre lo que le sucede a una persona divertida cuando de repente se enfrenta a una audiencia en vivo:

> Muchas veces he escuchado a comediantes decir algo muy gracioso en la sala de espera y les digo: "Amigo, eso es muy divertido, tienes que hacerlo en el escenario". Ellos responden: "No, hombre, ¿cómo crees? Ese no soy yo". Y yo insisto: "Sí eres tú, ¡tú lo dijiste!". Tengo esa teoría de que caminas en el escenario y la rareza de mirar a la gente y hablar te convierte en "este soy yo en el escenario, oh, estoy sosteniendo un micrófono" y todo se vuelve

extraño. Y pasas ocho, diez, doce, quince años intentando volver a ser quien eras cuando entraste por primera vez, cuando eras ese tipo que hacía reír a la gente en los bares. Porque solo entrabas a un bar, pasaba algo, hablabas o hacías bromas de eso y te sentías cómodo. Luego subes al escenario y piensas: "Ay, maldita sea, todo el mundo me está viendo y tengo que manejarlo, eh, ¿qué estoy haciendo con la mano? Ay, ¿cómo saco esto?". Entonces todo se vuelve así... ya sabes, solo verte a ti, y quién eres solo se va por la maldita ventana.

Eso resume bastante bien cómo somos (la mayoría) cuando sentimos atracción por otro ser humano. Al igual que un comediante que se pone nervioso porque ahora está frente a una audiencia en vivo y quiere agradarle y hay mucho en juego, cuando estamos cara a cara con alguien que nos gusta, nos olvidamos de nuestra personalidad divertida, relajada y auténtica. El simple hecho de que nos guste hace que se sienta como si hubiera mucho en juego. Como descubriremos, no hay nada en juego en esta etapa. De hecho, el nivel 1 (admiración) no es importante. Solo es un truco mental.

Nivel de importancia 2: atracción mutua
Ahora estamos en un territorio más interesante: parece que le gustas a la persona que te gusta. Al menos, está centrando su atención en ti. Tal vez te felicitó, pidió verte, recordó algo que dijiste la última vez que hablaste. Quizá solo es una atracción física mutua, lo que llamamos química. Tal vez es una sinergia en la forma de pensar, algo que consideramos una conexión real. Quizá son ambas cosas. Pero en esta etapa, tu corazón y mente vibran de emoción por tropezar con el más esquivo de los placeres: ¡querer a alguien que también te quiere!

Recuerdo la sensación que tuve en secundaria cuando descubrí que le gustaba a la chica que me había gustado desde hacía mucho tiempo. *Traer ganas* es el equivalente a la frase que usábamos en Essex, donde crecí, y suena como algo fugaz y frívolo, no como ese anhelo angustioso y desagradable que sentía todo el tiempo en la boca del estómago. Quizá le traía ganas a una galleta de chocolate o a una taza de té. Parecía imposible que mis sentimientos súper complejos (es decir, que mi vida solo estaría completa si la chica me convertía en su novio para siempre) pudieran, de alguna manera, reducirse a "te traigo ganas". Pero ahora, mirando hacia atrás, parece la frase perfecta para tratar de mantener la calma por fuera mientras nuestro interior se hace *pretzels* en todo tipo de nudos.

En aquel entonces, ese traer ganas parecía la cosa más importante del mundo. Y el asunto no se vuelve más fácil después de la secundaria. Conforme crecemos y nuestras vidas se contraen a medida que aumentan nuestras obligaciones, muchas personas descubren que encontrar a alguien que les guste puede convertirse en una experiencia cada vez más rara. Entre más grandes, nos sentimos menos visibles para el mundo, como si nuestro mejor momento en el escenario hubiera pasado. Además, los estándares tienden a ser más altos o, al menos, más particulares; muchos nos sentimos atraídos por menos personas conforme tenemos más claro lo que buscamos. Entonces, cuando conocemos a alguien que nos gusta y esa persona nos devuelve la atracción, se siente raro y valioso a la vez.

Este momento alquímico es responsable de la mayor parte del dolor en la vida amorosa de las personas. El nivel 2 (atracción mutua) parece muy importante porque, ya sea que dure años o solo una noche, contiene la esperanza de lograr algo que siempre hemos deseado de forma profunda: el final feliz. Hay otra canción que me conmueve mucho: ¡en *Hello Dolly!*, Michael Crawford canta sus abrumadores sentimientos por una mujer que acaba de conocer. Claramente inocente, parece seguro de que "solo hace falta un momento para ser amado durante toda la vida". Al ver la película, me dejo llevar por su mezcla de inocencia e idealismo, aunque sé, desde una perspectiva profesional, que le está dando demasiado significado a un sentimiento inicial de amor.

De verdad amo la canción. Capta la promesa de amor que sentimos en esa chispa de atracción mutua. Pero no trae una advertencia importante: también nos toma solo un momento crear en la mente una epopeya completa de lo que debería ser esa historia de amor. Parece que nuestro corazón lo sabe en un instante, pero eso no garantiza que el otro corazón haya llegado a la misma conclusión.

Nivel de importancia 3: compromiso

Del mismo modo que los anuncios financieros dicen que el desempeño pasado no es indicativo de resultados futuros, la atracción mutua no es garantía de intenciones similares en el campo del amor. Una persona puede planear la construcción de una relación duradera, mientras la otra busca una aventura apasionada de un mes. En ambos casos existe una atracción apasionada, pero el desenlace de cada escenario no podría ser más diferente. Por esto, el tercer nivel de importancia es un paso vital en el camino para que alguien asuma una responsabilidad real en nuestras vidas.

El compromiso es solo que dos seres humanos acuerden un camino a seguir: yo elijo estar contigo y tú eliges estar conmigo. Para la mayoría de las personas (aunque no para todas), esto vendrá con un acuerdo sobre las condiciones aceptadas de la monogamia.

La mayoría de las personas a las que asesoro saben que, tarde o temprano, el compromiso es una condición importante de una relación. Pero a veces pasan por alto la importancia del compromiso como indicador de cuánto valorar la relación. En otras palabras, tener "una conexión increíble con alguien" no es tan importante o valioso como crees.

Ya perdí la cuenta de la cantidad de mujeres que me han pedido consejo empezando así:

—Tengo a este hombre increíble en mi vida, tenemos conversaciones maravillosas, podemos hablar durante horas, nos la pasamos muy bien cuando estamos juntos, tenemos una química excelente y una conexión de verdad profunda.

—Entonces, ¿cuál es el problema? —pregunto yo.

Nueve de cada diez veces, me responden alguna versión de:

- No sé adónde va; él no está avanzando en la relación.
- A veces pasamos días sin hablar y siento que no existo para él, pero tengo miedo de sacar el tema.
- Quiero ser la única, pero él no está listo.

Sin un acuerdo mutuo para construir algo, no hay relación. Tener atracción mutua (nivel de importancia 2, mencionado arriba) equivale a que dos personas descubran un terreno que parece tener potencial. Tal vez está en la ladera de una colina, junto a un lago o en un lugar privilegiado de la ciudad. Es un terreno fantástico y pintoresco. Pero ahí todavía no se ha construido nada. Para desarrollar su potencial se necesitan dos constructores, dos individuos que digan: "Sí, construyamos un hermoso castillo aquí". Con demasiada frecuencia encuentro a una mujer todavía admirando el terreno mucho después de que el otro individuo haya desaparecido entre la maleza. De vez en cuando, él regresa y le da vida a la fantasía, pero en realidad nunca se involucra por completo y no construye. Pregúntate: "¿Tengo a alguien que construye o es solo una conexión?". Las conexiones no construyen castillos, quienes se comprometen, sí.

Por eso trato de moderar las reacciones de las personas que lloran demasiado por las conexiones perdidas. La verdad, no lloran por lo que tuvieron, sino por lo que pensaron que podría haber sido. Si alguien con quien sentías atracción mutua desaparece o sigue adelante (o si eres tú quien se va), no te aflijas demasiado. La persona adecuada es la que dice que sí. Nunca será alguien que diga que no, por mucho potencial que le veas. Si no dice que sí, entonces, por definición, pierde cualquier valor que le hayamos atribuido y deja de ser una opción en nuestra vida amorosa.

Piensa en eso un momento. Si hay alguien en tu vida con quien sientes atracción mutua (nivel 2), que también se compromete contigo (nivel 3) y, de repente, lo atropella un autobús... es muy trágico. Nadie te culparía por llorar en una situación como esa. Pero ahora imagina (tal vez no sea necesario) que estás pasando por las mismas emociones por la pérdida de alguien que te dijo que no quería comprometerse contigo. Esa persona no murió, todavía está caminando o se encuentra sentada en casa pidiendo cosas ridículas en Amazon. Solo eligió no estar contigo. ¿Qué tan importante puede ser para tu vida amorosa?

Hay un verso en un poema de Charles Bukowski que dice:

>*pero como dijo Dios,*
>*cruzando las piernas,*
>*veo que hice muchos poetas*

pero no tanta
poesía.

En el transcurso de tu vida amorosa te encontrarás con una gran cantidad de "poetas", pero te aseguro que encontrarás todo menos poesía. Tal poeta puede hablar bien, pero la poesía requiere esfuerzo y, de hecho, tiene que escribirse para que exista. La poesía surge de una relación, de la sorpresa por la belleza de las cosas que construyen en pareja, pieza a pieza. Aunque tal poeta contemple el terreno de forma muy hermosa, no hay poesía en una relación hasta que las dos personas empiecen a trabajar juntas en algo que resistirá la prueba del tiempo. No sobrevalores a esa multitud de poetas cuando no hay verdadera poesía.

Nivel de importancia 4: compatibilidad

Se dice que el amor lo vence todo. En la vida, tal vez. Pero, de forma irónica, en el amor, el amor no lo conquista todo. La compatibilidad sí. Dos personas pueden decirse "sí" (es decir, puede haber compromiso), pero poder funcionar juntas con facilidad es una historia diferente. ¿Qué tan bien trabajan en equipo? ¿Tienen la misma idea de cómo es una gran relación? ¿Tienen los mismos objetivos? ¿Qué pasa con los objetivos diferentes que cada quien tiene?, ¿son sinérgicos o representan dos futuros completamente incompatibles?

La compatibilidad es diferente a la atracción mutua. He conocido a muchas personas en mi vida por las que sentí atracción, en los negocios, las amistades y el amor, pero eso no nos hizo compatibles. Quizá me siento conectado con un individuo, pero si no es de fiar, si tiene una relación muy creativa con la verdad y llega tarde todo el tiempo, descubriremos que somos incompatibles como amigos. Esto no solo se aplica a las cualidades negativas. También para diferencias en el comportamiento y la forma en que queremos vivir. En una relación donde alguien tiene una personalidad introvertida extrema y otra, un carácter extrovertido extremo, nadie es mejor o peor por ello, pero la diferencia puede ser suficiente para causar graves problemas prácticos en la relación, incluso si comenzaron con una conexión fuerte.

Las relaciones no se sostienen solo con conexión. La verdadera prueba es qué tan compatibles son sus creencias y comportamientos de manera natural, y qué tan competentes son ustedes para negociar cuando surgen diferencias. Una de las preguntas más sencillas que te puedes hacer en esta etapa es "¿Es bueno para entenderme y gestionarme?". ¿No es una de las cosas más románticas que cualquiera puede hacer? Pasamos mucho tiempo en las citas tratando de decidir quién es la persona correcta o incorrecta para nuestra vida (y, claro, hay un nivel de compatibilidad "incorrecta" que simplemente no funciona), pero en una relación vamos a acertar y errar muchas veces. ¿Quién es hábil para manejar nuestros inevitables ataques de pánico?, ¿Y quién sabe gestionar los inevitables enojos?, ¿de quién? La persona con la que estás ¿disfruta el proceso? ¿Es paciente o se divierte ayudándote a gestionar algo sobre lo que tiene una visión completamente distinta? ¿Puedes hacer lo mismo? ¿Sus diferencias pueden, incluso, ser una fuente de placer? Y los días que no lo sean, ¿seguirás acurrucándote con la persona al final del día? La compatibilidad no tiene nada que ver con estar de acuerdo en todo. Tiene mucho que ver con disfrutar el drama y la dinámica de las decisiones que toman en conjunto en el día a día. Solo a través de este cuarto y último nivel de importancia (la compatibilidad), una historia de amor llega a convertirse en una historia de vida.

3

Reentrena tus instintos

Uno de los mitos de la vida amorosa es que, de alguna manera, el amor es un ámbito especial donde nos podemos dejar guiar por el instinto. En realidad, sin que sea nuestra culpa, hay áreas en las que desarrollamos instintos —desde la infancia— completamente contraproducentes para la felicidad y el bienestar, incluso peligrosos. De hecho, en algunas situaciones, los instintos pueden hacer que nos maten. Eso dijo mi profesor de boxeo, Martin Snow, cuando me sorprendió parpadeando en el ring: "¡Tus instintos harán que te maten!". Quería que pensara en una corriente marina que nos arrastra hacia el mar y, donde el instinto, es nadar de regreso a la orilla. Un esfuerzo inútil porque la corriente es más poderosa, por lo que debemos luchar contra ese instinto natural y, en su lugar, recorrer el camino más largo nadando de forma paralela a la orilla —incluso si la corriente nos arrastra más lejos—, hasta que estemos a salvo, fuera de la corriente, y podamos regresar a la playa a través de aguas más tranquilas. En el ring de boxeo ocurre lo mismo. Con un puñetazo dirigido a mi cara, el instinto fue parpadear. Tuve que entrenarme para superar ese instinto natural (uno que me cegó en el momento más crucial) y aprender a bloquear, parar o esquivar el golpe que se dirige hacia mí.

Es lo mismo en las primeras etapas de la atracción, justo cuando decidimos que alguien nos gusta. Existe la tentación de solo rendirnos a la sensación, despejar nuestra agenda y ver si la persona en cuestión está dispuesta a volar a París o empezar a preguntar si nuestra empresa tiene oficinas en una ciudad que ni siquiera estaba en nuestro radar hace un mes (porque claro, ese alguien especial vive allí). En nuestro entusiasmo por una persona con la que solo hemos tenido una o dos citas, nos adelantamos. Nos rendimos a los instintos románticos y nos lanzamos a un reino de fantasía romántica.

Por mucho que quieras, lo peor que puedes hacer en esta etapa es contárselo a cuatro de tus amistades más cercanas, quienes, por supuesto, comparten tus instintos románticos. Esto amplifica el peligro. Les muestras los últimos mensajes del nuevo e increíblemente atractivo personaje en tu vida y, de repente, ya están navegando por su Instagram mientras señalan las formas en que son ideales entre sí o la pareja perfecta. "Mira, es músico, ¡qué genial!", "Ay, mira todas las fotos que comparte de él y sus sobrinos. ¡Parece un buen hombre!", "¡Mira su estilo, es tu tipo!". Entonces tus amistades se designan administradoras de tu vida amorosa y revisan cuándo vas a tener la cita con el hombre de tus sueños. ¿Cómo puede la realidad resistirse a eso? ¿Cómo puede desarrollarse una conexión de forma orgánica si sientes tanto entusiasmo solo porque se peina de chongo y trae una guitarra?

Toda esta emoción te pone en un hiperimpulso, moviéndote a la velocidad de la luz hacia algún escenario de fantasía. Entonces algo cambia en el universo y el planeta al que apuntabas comienza a retroceder de repente. El objeto de todo ese esfuerzo imaginativo empieza a alejarse.

La energía entre ustedes dos cambia; la comunicación se vuelve inconsistente; los textos se quedan cortos; ya no usan verbos en futuro; todas las pequeñas cosas que avivaban las fantasías, las cosas sexys e inefables que te emocionaban, parecen ya no estar sucediendo. ¿Cómo puede algo tan bueno desaparecer, incluso más rápido de lo que apareció?

¿Por qué las personas se enfrían?

¿Qué cambia? Hay demasiadas razones para enumerarlas. Recibieron un mensaje de texto de su ex; les gusta el drama de la atracción, pero se sienten abrumados por un ser humano real; su trabajo es una prioridad mayor que las citas; están saliendo con varias personas y acaban de decidirse por una que no eres tú; se alimentaron de tu entusiasmo hasta que se dieron cuenta de que no podían igualarlo; su hermano fue al hospital... Compraron un caballo.

Lo primero es darse cuenta de que no hay forma de saberlo. Y el instinto de jugar al detective hasta que encuentres una razón puede volverse peligroso muy rápido. He aquí una dura verdad: muchas veces no lograremos saberlo, y frustrarnos en la búsqueda de lo incognoscible es una receta para la infelicidad. ¿Recuerdas la última vez que alguien de tu círculo de amistades quiso pasar el rato, pero no tenías ganas de añadir ese plan en las cien cosas que tenías que hacer esa semana? ¿Cuál frase le dijiste (con amabilidad)?: a) "Oye, no eres una de mis amistades más cercanas y, aunque podría ser divertido pasar un rato en conjunto, no estoy con el mejor ánimo, ¿está bien?"; o b) "Tengo una semana súper ocupada, pero cuando las cosas se liberen, me encantaría". A menudo no somos verdaderamente honestos porque sería terrible, tomaría mucho tiempo, sería inconveniente o grosero, entonces, ¿por qué esperar la revelación completa de alguien que apenas conocemos (incluso si nos acostamos con esa persona y nos agrada)?

Pero cuando alguien se aleja, es natural preguntarse si hubo algo que hicimos para provocar su decepcionante salida. Una explicación que cae de nuestro lado se relaciona con otro instinto peligroso que tenemos desde el principio (una vez que decidimos que alguien nos gusta): el instinto de hacerlo demasiado importante, demasiado rápido.

Las personas tienden a alejarse cuando sienten que se han vuelto demasiado importantes, demasiado rápido. Nadie quiere ser la principal prioridad de otro ser humano antes de ganárselo. Imagínate ir a una entrevista de trabajo y que te digan: "¿Le gustaría llevar la dirección ejecutiva y empezar mañana?". Quizá ha sucedido alguna vez en alguna empresa, pero por lo general, si estás consiguiendo el puesto más alto (¿y qué son las citas si no la búsqueda de la persona indicada para un puesto tan alto?), esperarías tener varias entrevistas. En este sentido, las citas son como un negocio: el primer puesto no se puede regalar, solo se puede ganar. Entonces, cuando las cosas empiezan a moverse tan rápido, es natural que alguien piense: "¿Por qué yo?", "¿Cómo puedo llegar a ser tan valioso cuando no me conocen y realmente no he hecho mucho?", "¿Hay algún problema?", "¿No tiene opciones o qué?". Es una combinación mortal en un nuevo romance, este doble golpe que hace que tu valor caiga en picada conforme aumenta tu intensidad. Cuando eso pasa, nadie debería sorprenderse si la persona que parecía tan perfecta hace apenas unos días comienza a desaparecer de tus mensajes directos. Tenemos que ser súper cautelosos con el instinto de transferir la importancia que sentimos por el puesto que buscamos ocupar a una nueva persona que solo algún día *podría* ocuparlo.

Por desgracia, en esta etapa aparece otro instinto cuestionable: sentimos que una nueva relación se nos escapa y decidimos luchar por ella. De repente, este romance es los suficientemente importante como para movilizar todos los recursos para mantenerlo. ¿Por qué? Este instinto de *pitbull* es útil cuando cometemos un error en el trabajo y debemos demostrarle al jefe que estamos dispuestos a hacer lo que sea para corregirlo, pero en las primeras etapas de las citas no ayuda por muchas razones. En primer lugar, es ilógico, ya que se basa en la noción falsa de que algo aumenta su valor cuando se piensa que pronto habrá menos. Pero ¿de verdad una conexión potencial es un bien tan escaso, como si fuera el equivalente romántico de una búsqueda a nivel nacional de un hígado adecuado para un trasplante? Seguro no cuando se conocieron por primera vez en el café de la esquina. En segundo lugar, es una señal de impaciencia; si queremos resultados y los queremos *ahora*, le daremos mayor valor a algo solo porque está aquí, en frente. Esto pasa a la hora de cerrar en los bares de todo el mundo y, por lo general, los resultados no son tan convincentes a la luz del día.

En tercer lugar, y lo más preocupante, son los problemas de autoestima que contribuyen a que sobrevaloremos a la persona que apenas conocemos y nos infravaloremos. ¿De dónde sacaste la idea de que alguien que se está alejando y está cada vez con más inseguridades (¡DE TI!) es justo lo que necesitas cuando es exactamente lo contrario? Esa tibia reacción de su parte es la prueba que necesitas para saber que no es la persona adecuada para ti. La respuesta apropiada en esa situación es "Oye, en los últimos días, las cosas se han sentido un poco diferentes y, aunque ha sido muy divertido conocerte hasta ahora, creo que tal vez deberíamos hacer una pausa porque siento que estás con muchas ocupaciones en tu vida y que (corrígeme si me equivoco) no estamos buscando las mismas cosas". Sí, va en contra de todos nuestros instintos ser el que pida "hacer una pausa" cuando deseamos con desesperación que esto continúe, pero examina este mensaje más de cerca y verás que no estás cerrando la puerta, le estás extendiendo una invitación para que haga el esfuerzo que llevas deseando desde el principio.

Si nos sentimos atraídos por alguien que se está alejando, debemos empezar a preguntarnos: "¿Qué tiene de bueno esa persona? ¿Es sexy? ¿Alta? ¿Segura de sí? ¿Carismática? ¿Encantadora?". Ninguno de esos rasgos crea a una gran pareja. La doctora Ramani Durvasula se especializa en ayudar a la gente para recuperarse de relaciones con narcisistas y, hace poco, tuve una excelente charla con ella. Me advirtió que respuestas vagas como esas ("¡Hay algo especial en esa persona!") hacen sonar las alarmas y son un probable indicador de un vínculo traumático: la persona te atrae porque tiene algo que no puedes nombrar (y solo lo descubrirás cuando sea demasiado tarde), pero los sentimientos que te genera te obligan a seguir intentándolo.

Entonces, si ese es tu primer instinto (seguir intentándolo debido a alguna cualidad o sentimiento misterioso), es bueno tener en cuenta los rasgos fácilmente reconocibles que caracterizan a una buena pareja: ser amable y compasiva; presentarse de forma consistente y confiable; comunicarse bien; ser honesta y digna de confianza; ser una gran compañía y equipo; preocuparse por tu día, por los desafíos que enfrentas y querer apoyarte mientras los resuelves. (Y si al oír esas cualidades te dan ganas de huir, entonces ¡no estás buscando una relación!).

Pero rara vez la gente describe estas cualidades cuando enlistan lo que les gusta de una nueva persona. Al hablar de alguien a quien no puede sacar de su mente, por lo general enumera cosas como carisma, confianza, audacia, atractivo sexual, conexión, el hecho de que pueda hablar de todo tipo de temas, o que "siente muchas cosas desde que se conocieron" (y sí, es maravilloso tener todo eso). Pero esos rasgos no te hacen decir: "Esta persona será una compañera de equipo increíble".

Si *tienes* las cualidades de ser una buena compañía y un buen equipo (si generas confianza, te gusta el compromiso, la comunicación y la generosidad, y eres consistente, amable), entonces posees algo valioso que vale la pena y que debes proteger... Y si alguien no reconoce esas cualidades, nunca valorará lo que hay de valioso en ti. Debes mantener una distancia hasta que lo haga. Mientras tanto, definitivamente, no vale la pena luchar por eso...

Conocerás personas con las que es maravilloso pasar el rato, pero ¿tienen lo necesario para construir una relación increíble? Si ya se están alejando después de algunas citas, probablemente no. Una de las mejores cosas que puedes encontrar en una pareja es una sensación de certeza acerca de ti. Sí, claro, hay ocasiones en las que debes luchar por alguien, en las circunstancias adecuadas. Romeo y Julieta, a pesar de la guerra entre sus familias, tenían la relación que ambos deseaban. No estaban peleando contra la incertidumbre, enfrentaban circunstancias externas y (olvidemos por un momento el hecho de que ambos eran infantes y que ni siquiera llegaron al punto de una relación real) seguro que sus sentimientos mutuos no eran tibios. Romeo no decía: "¿Debería preocuparme por subir a su balcón y encontrarla escribiendo atrevidas cartas a París? No importa. ¡Seguiré luchando por Julieta y nuestro amor!".

Pregúntate si estás jugando a Romeo y Julieta con alguien y si el gran obstáculo es la incertidumbre. Porque si eso está en el guion, ¿por qué aceptar el papel? La única persona que vale la pena tener en nuestra historia de amor es la que valora lo que tenemos para dar. La segunda parte de esa regla es que no valorará lo que tenemos para dar si no le ponemos un precio alto. Si se le ocurre la idea de que lucharemos por la relación incluso cuando se esté alejando, primero pensará que es mucha intensidad y luego se preguntará qué dice esa exaltación unilateral de nuestra forma de ser, de nuestra confianza en quiénes somos.

Nuestra reacción ante su alejamiento debería mostrarle que esa indiferencia, ese repentino cambio de opinión, tiene consecuencias. Claro, lo estábamos intentando (ya le dimos una probadita de lo que somos capaces), pero cuando proyecta su ambivalencia, se vuelve menos digna del esfuerzo que podemos prodigar a una persona por la que sentimos algo. Si se retiró de la carrera por todas esas cosas maravillosas, debe saberlo. Aún puedes ser amable, pero déjale ver que tu intensidad es como una llamarada solar: puede detenerse tan rápido como comienza. Dile: "Sí, me atraes. Nos divertimos, me haces reír y, claro, puedes ser emocionante, pero nada de eso es más importante que lo que es correcto para mí".

Reducir la intensidad

Cuando asesoro a alguien, lo último que quiero decirle es "¡bájale dos rayitas a tu intensidad!", porque, bueno, eso es demasiado intenso. Pero es bueno recordar que, por más embriagador que pueda ser el comienzo de la relación, también es cuando más probabilidades tienes de experimentar incertidumbre (tanto tú como la otra persona). La conexión y la intimidad crecen a un ritmo impredecible, con retrocesos y avances. Es natural sentir que te has excedido demasiado y que tienes que compensar algún error (¿imaginario?) retrocediendo. No puedes superar esta imprevisibilidad (común, incluso apropiada para ambas partes) abrumándola con una certeza propia. Debes reconocer estos cambios, por erráticos que parezcan, como parte del flujo natural. No existe un sentimiento permanente, los sentimientos pasan. Como escribió el poeta Rainer Maria Rilke: "Deja que te suceda todo: belleza y terror. Solo continúa. Ningún sentimiento es definitivo".

A veces recibo ofertas para hablar en algún lugar o ser parte de una oportunidad que parece increíble (¡si de verdad pasara!). Como no hay manera de saber si se lograrán las complicadas gestiones, lo saco de mi mente. Tengo un dicho para estas situaciones: "Ya veremos". No es un dicho muy emocionante (en realidad es aburrido) y, a veces, frustra a las personas de mi equipo que quieren fantasear conmigo sobre todas las cosas buenas que podrían surgir de esas increíbles oportunidades. Pero decir "ya veremos" baja la temperatura y me recuerda (y a todos a los que estoy desanimando) que nada es real hasta que lo es. También me mantiene concentrado en las cosas que de verdad puedo controlar, como asegurarme de seguir progresando en otras formas importantes de mi vida, en vez de estar esperando y deseando que se haga realidad esa oportunidad.

Tener citas es igual. La primera cita no debería tener expectativas. Si nos emocionamos demasiado (¡o somos demasiado especiales!), podemos enturbiar nuestra visión de lo que realmente está sucediendo. Por supuesto, hay cosas básicas que podemos esperar, como la cortesía común. Si las personas llegan una hora tarde, han caído por debajo de las expectativas básicas de respeto. Pero más allá de eso, la primera cita se trata de divertirse y, por nuestra parte, ser una gran compañía. En una primera cita, queremos ver si son una gran compañía, pero nosotros también queremos *ser* una gran compañía. Después de la primera cita, queremos mantener un buen equilibrio para asegurarnos de estar presentes. Es una especie de cita consciente: si es la cita tres, concéntrate en estar en la cita tres. No pases a la cita cincuenta y seis. Disfruta cada etapa. Desacelera. Ve a la otra persona tal como es y se relajarán. Ten cuidado de no proyectar en ella cualidades asombrosas o míticas que no tiene.

Es difícil decir todo esto. Pedirle a alguien que cuestione sus instintos puede ser equivalente a "no debes confiar en ti" (que es lo opuesto al mensaje de este libro). Más bien, se trata de reconocer esos instintos como características normales y profundamente humanas que nos pueden hacer daño: rendirnos a algo que en la superficie se parece a lo que llevamos buscando toda la vida; despejar nuestra agenda para alguien; precipitarnos; dejarnos guiar por las amistades aumentando los riesgos con su entusiasmo; movernos a una velocidad vertiginosa; querer cerrar un ciclo cuando una persona desaparece; hacerla demasiado importante muy rápido (mientras nos infravaloramos); basar nuestros sentimientos en cualidades difíciles de describir y no en las que de verdad hacen a una gran pareja; luchar más duro cuando se aleja; corregir en exceso cuando pensamos que nuestro error la hizo alejarse.

Debemos desafiar estos instintos de maneras que al principio pueden parecer demasiado contraintuitivas, pero que nos llevarán a mucha más paz y felicidad en la vida amorosa: desacelerar; bajar la temperatura; "hacer una pausa" cuando alguien no respeta o no corresponde a la energía que estamos brindando; valorar a quien está presente sobre alguien que no; sustituir emociones abrumadoras por una curiosidad tranquila (que le dé espacio a la otra persona para ser ella misma); equilibrar el optimismo con una mentalidad de "ya veremos"; y estar atentos a las cualidades reales que generan una gran pareja. Como en el caso de la corriente marina, al principio puede parecer contradictorio tomar la ruta más larga de regreso a la costa, pero los resultados serán mucho más reales y duraderos.

Todas estas cosas te ayudarán a encontrar la perspectiva correcta en los primeros días y, como beneficio adicional, aquella persona en cuestión sentirá más atracción por ti. Como dice Martin, mi entrenador de boxeo: "Cuando la vida pasa, no confiamos en nuestros instintos, confiamos en nuestro entrenamiento". Con el tiempo, tu nuevo entrenamiento puede convertirse en nuevos instintos, instintos por los cuales agradecer conforme experimentas una vida amorosa más sencilla y, en última instancia, más gratificante.

El peor instinto de todos es el de subestimar todo lo que tienes para ofrecer. Nunca te infravalores dándole todo a alguien que no lo vale o que aún no ha demostrado que lo vale. Por esta razón fundamental debes proteger tu corazón y evitar que una fantasía te arrastre antes de tener la oportunidad de conocer a alguien. Al principio, lo único que ves es el comportamiento temprano (y a menudo el mejor). La manera en que alguien te hace sentir desde el principio no es un reflejo de su carácter: es un reflejo de su impacto. El verdadero carácter es ser consistente; solo se puede medir a lo largo del tiempo.

4

Cuidado con la evasión

Pero primero, una nota sobre
las personas que mienten

Es casi imposible detectar el arte de la mentira en alguien. Pero ahí afuera andan brillantes estafadores y psicópatas que pueden vencer a un polígrafo o engañar a un agente del FBI. Y, a decir verdad, pasar tiempo con personas mentirosas y talentosas (antes de que te des cuenta de quiénes son en realidad) puede ser muy divertido. ¡Qué historias tan asombrosas parecen tener! ¡Qué vidas tan maravillosas! ¡Es casi increíble! Hacen sentir que todo es posible e, incluso, pueden prometer lo mismo. Son una de las razones por las que existen sectas (y relaciones épicamente horribles). Es difícil recuperarse de la gente que miente a ese nivel, donde vivir y mentir ya no se distingue, y dependiendo de cuánto tiempo y qué tan profundo pudieron operar, el daño puede ser devastador y crear un trauma grave. He trabajado con muchas personas que han experimentado ese nivel de engaño y decepción.

Pero por suerte, es raro encontrar alguien con ese nivel de habilidad para mentir. Es mucho más frecuente (casi universal) que pasemos por alto a impostores más comunes. Claro, no podemos notar todo sobre una persona que acabamos de conocer, pero casi todo el mundo pasa por alto algunas cosas cuando creemos que nos sentimos atraídos. Quienes mienten de forma empedernida se aprovechan de esta ceguera selectiva. Lo sorprendente es qué poco deben decir para engañar... todo porque queremos creer.

Al principio, la persona que miente no depende de tu complicidad para mentirte. Pero para seguir actuando, necesita una audiencia dispuesta, porque si pasas mucho tiempo a su lado, empezarás a notar ciertas inconsistencias, las grandes o pequeñas desconexiones entre lo que dice y cómo se comporta en la vida diaria. Cuando notas esos detalles por primera vez, incluso es posible que sientas el impulso de mirar hacia otro lado. No querrás parecer una persona neurótica que sospecha de todo ni arruinar algo que parece tener potencial.

Pero con la persona que miente, la disonancia entre sus palabras y acciones nunca desaparece. En algún momento, si no aceptas ignorar estas incongruencias, toda su actuación (porque en realidad eso son sus mentiras: una farsa, una fantasía en la que quieren convertirte en coprotagonista) fracasa. Así como el truco de magia necesita una audiencia dispuesta a suspender la incredulidad (¿alguien de verdad cree que los trucos de cartas demuestran poderes psíquicos?), quien miente necesita a alguien que se trague su acto y luego se siente a disfrutar del espectáculo.

Pero debajo de todo, hay una persona real cuyas palabras no están sincronizadas con su comportamiento. Si reconocemos esto y decidimos que nos gustaría hacer algo al respecto, tildarla de mentirosa no será el mejor lugar para comenzar. En su lugar, señalar la desconexión y hacerle saber que ya notaste la diferencia entre lo que dice y hace lleva la conversación a un territorio más neutral. También le genera una alerta. Hay todo un espectro de razones por las que la gente miente, desde inseguridad y falta de control. hasta adicciones y psicopatías. Pero la única manera de abordar todo esto (descubrir si vas a calmar las inseguridades, ayudar a tratar la adicción o alejarte y dejar su mitomanía) es ver qué pasa cuando pones el tema en la mesa.

Más adelante hablaremos del porqué mantenemos relaciones con personas que sabemos que nos están causando daño y cómo puedes romper ese ciclo. Pero ahora quiero hablar de un tipo de persona mucho más común que la que miente y que puede engañarte también sin siquiera verte la cara de forma descarada, esta persona es quien evade.

Cuidado con la evasión

Creo que usamos la palabra *engaño* de manera demasiado amplia. Sí, hay personas que mienten de manera compulsiva en el mundo, pero la mayoría de la gente no se basa en la misma combinación de manipulación e inseguridad que mueve esta compulsión (no significa que la mayoría diga la verdad, sino que no tiene la patología para decir mentiras descaradas o inventar una realidad alterna casi coherente).

En cambio, dan respuestas evasivas y tolerantes que parecen casi tan normales como la verdad completa. Si le preguntas a alguien hacia dónde ve que va su relación y te dice: "Mira, la estoy pasando muy bien contigo, pero acabo de olvidar a alguien y todavía no sé lo que quiero en este momento", bueno, ahí está tu verdad. Tal vez no te lo explicaron de forma detallada (quienes evaden nunca lo harán), pero no hay razón para desperdiciar tu energía tratando de decodificar sus palabras. Cualquier cosa que no sea un: "¿De qué estás hablando? ¡Somos tú y yo, cariño!", significa que es hora de reevaluar cuánto tiempo y energía quieres invertir en esa situación.

Quienes tienen la costumbre de mentir, se desviven por mentirte: mentir es su droga y están felices de ofrecerte una dosis. Pero quienes recurren a la evasión buscan casi el efecto contrario. En ciertos temas (por lo general, aquellas personas que conducen a una verdadera sensación de intimidad), se esfuerzan por no compartir una sola palabra. Aunque la mayoría somos torpes o evidentes a la hora de mentir, podemos ser muy hábiles para evitar temas que no queremos discutir. Las personas que mienten y evaden comparten ciertos rasgos: para empezar, ambas disfrutan de una relación incómoda con la verdad. Pero mientras que, quien miente reparte falsedades como si fueran chocolates en el día de San Valentín, quien evade cambia de tema con habilidad o no entiende los temas importantes a propósito.

Hay un momento revelador en una película de 2006, *The Holiday*, que captura perfecto al clásico evasor y la respuesta que merece su comportamiento. Jasper (Rufus Sewell), el apuesto manipulador por excelencia, vuela desde Inglaterra a Los Ángeles, donde Iris (Kate Winslet) por fin ha podido disfrutar un poco de felicidad sin él. Jasper tiene un objetivo: volver a ponerla bajo su hechizo.

Iris, emocionada a su pesar por la repentina invitación de Jasper a acompañarlo en un viaje a Venecia, le pregunta si de verdad él está libre para hacerlo. Cuando él responde con una clásica frase evasiva ("acabo de viajar al otro lado del mundo para verte, ¿no?"), ella se da cuenta de que esa no era la respuesta a su pregunta y le cuestiona directamente si ha cortado a su prometida. Cuando Jasper, de nuevo, evita responder ("me gustaría que pudieras aceptar saber lo confundido que estoy acerca de todo esto"), ella se da cuenta de lo que debió hacer durante años y dice: "Milagrosamente, ¡ya no estoy enamorada de ti!".

Como el clásico evasor, Jasper nunca mintió, pero tampoco le dio una respuesta sincera. Pero, al responder una pregunta directa con una evasión redactada con cuidado, reveló su verdadera naturaleza. Una vez que lo vio vacilar ante el interrogatorio directo, Iris por fin encontró el coraje para cerrar la dinámica tóxica en la que él seguía atrapándola con sus ingeniosas evasiones.

No es productivo preocuparse por los individuos que mienten. Es posible que, de vez en cuando, seamos víctimas de una mentira. Por lo general, no podemos hacer nada al respecto. Nuestro único trabajo es decidir qué hacer una vez que descubramos que nos han mentido. Pero a largo plazo, una persona que evita puede ser más peligrosa que una que miente porque nos convierte en sus compañeros de baile. Depende de nuestra falta de voluntad para dirigir la conversación hacia cualquier tema en el que tengamos que enfrentar algunas verdades dolorosas.

Quizá, también hemos recurrido a la evasión personal, cuando nos conviene. ¿Alguna vez te has dado cuenta de que le gustas a alguien más de lo que te gusta a ti? ¿Le dijiste de inmediato? A menos que seas una perita en dulce y siempre lo hayas sido, la respuesta es no. Cualquiera cambia de tema cuando hay un precio que aún no quiere pagar. Evitar conversaciones difíciles es humano, para ambas partes.

Por desgracia, al evitar conversaciones difíciles, corremos el riesgo de conspirar en nuestra infelicidad. *Porque no hay solo una persona que evade en una relación.* Si nunca hacemos preguntas incómodas cuando surgen, solo estamos siguiendo parte del juego. Eso no solo sucede en la etapa del "limbo" de una relación, cuando todavía no sabemos dónde estamos parados, también pasa en matrimonios de todo el mundo que siguen un guion en la superficie e ignoran el drama que se construye debajo.

No basta solo con tener cuidado con la evasión. De forma activa, debemos asegurarnos de no fortalecerla al llevar a cabo esa actitud también. Pero si quieres asegurarte de no permitir que alguien te evada o evite, debes hacer preguntas aterradoras. Tal vez las preguntas en sí no son aterradoras, sino las consecuencias de por fin saber la verdad (por eso dudamos en expresarlas con palabras). Pero no pierdes nada al comunicarte. La relación correcta es la que mejora cuando te comunicas. Si tu relación empeora cuando una de las dos partes dice la verdad, estás en la relación equivocada.

Preguntas aterradoras

Al inicio de mis eventos en vivo pregunto: "¿Quién *no* está en una relación?". La mayoría levanta la mano.

Luego pregunto: "¿Quién está en una relación?". Esto suele abarcar alrededor del veinte por ciento de la sala.

Entonces suelto la siguiente pregunta, que toma a la gente un poco más desprevenida: "¿Quién no tiene claro si está en una relación?". Con timidez, las manos empiezan a levantarse.

Algo en su situación la deja confundida sobre cuál es su situación exacta. Es la misma gente que me envía mensajes en redes sociales preguntándome cuál es su posición con respecto a la persona con la que acaban de empezar a salir. Mientras escribía este capítulo, recibí un mensaje oportuno de una mujer llamada Maria que me preguntaba justo eso:

He estado hablando y saliendo con este hombre durante casi cinco meses y todo va bien. Hablamos todos los días y tratamos de vernos tanto como podemos (a veces hay una brecha enorme cuando no nos vemos físicamente debido a nuestras apretadas agendas). No se parece a ningún otro hombre que haya conocido: un caballero, amable e inteligente, y me siento muy a gusto con él. Pero me aterroriza tener una conversación sobre dónde estamos o qué somos en la relación. ¿Somos exclusivos?, etc. Veo que él está interesado en mí y yo estoy interesada en él. Mi pregunta es ¿cómo debería preguntar qué somos o cuál es nuestra posición sin profundizar demasiado en ello?

Hay muchas conversaciones que preferimos evitar y algunas, como la que Maria no ha tenido, nos aterran. Pero tener miedo de entablar esa conversación es tener miedo de lo que aprenderemos de ella. Mes tras mes, el rechazo a la conversación se convierte en un rechazo a la verdad: el *verdadero* estado de la relación, de todos los sentimientos e intenciones que no podemos expresar en voz alta. Poco a poco, cuanto más evitemos esta conversación honesta, nuestra relación en la vida real puede alejarse cada vez más de la imaginaria que hemos construido en la mente: un ideal delicado que no nos atrevemos a exponer a la luz de la realidad.

Evitamos hacer preguntas directas, sobre todo si pensamos que precipitarán una nueva dinámica y acelerarán el fin de una vieja a la que nos aferramos. Las preguntas difíciles obligan a las relaciones a cambiar de forma, ya sea en la realidad o en la forma que han adoptado en nuestras mentes. Con mucha frecuencia elegimos permanecer en una relación por la relación que tenemos con alguien en la mente y no porque la que estamos experimentando en la vida real nos proporciona lo que realmente queremos.

Pensé en titular este capítulo "¡Si no sabes dónde estás, pregunta!", pero aquello ignora la dificultad que rodea ese proceso. Hacer una pregunta difícil requiere algunas calorías de esfuerzo, pero prepararnos para las consecuencias, la posible angustia, incluso la agonizante incertidumbre de que la conversación puede convertirse en la última de la relación (incluso si esa relación "está bien")..., eso requiere energía verdadera y genuina. Se necesita valentía. Significa prepararnos para un futuro perdido: una nueva realidad para la que no nos hemos alistado, una vida diferente que no está en nuestros planes de hoy.

Si no estamos en disposición de recibir la respuesta (o para hacer lo que sea mejor para nosotros al obtenerla), entonces nos encontramos en una situación donde la realidad de nuestras circunstancias ya no coincide con la idea que hemos construido (una idea que, a la luz de nueva información, corre el riesgo de virar hacia el mundo de la fantasía).

Digamos que Maria, con la esperanza de que el hombre con el que sale tenga intenciones de estar junto a ella a largo plazo, se entera de que él no quiere una relación (quizá él ve el tiempo que comparten solo como un poco de diversión o todavía quiere ver a más personas). Así que Maria se encuentra en una situación incompatible. Al enfrentarse cara a cara con el limitado potencial de la relación, corre el peligro de perder el tiempo de forma consciente y voluntaria.

Si nunca pregunta, puede fingir que no sabe que está perdiendo el tiempo o puede ser una víctima cuando, por fin, él le revele que nunca ha hablado en serio con ella durante todo el tiempo que llevan. Pero si ella hace la aterradora pregunta y él confirma que no habla en serio, su respuesta puede hacer que Maria se sienta más que herida. En cierto modo, conocer la verdad e irse sería el mejor de los casos. Lo peor sería que, a pesar de su dolor, no tuviera fuerzas para marcharse. Quizá no confía en ella para poder hacerlo y por eso evita la conversación en primer lugar. Encontrarse en tal situación no solo significaría lidiar con la decepción, también sería un duro golpe para su identidad como mujer fuerte que se respeta.

Si no se marcha, tendrá que abrazar este nuevo mundo, un mundo en el que, si quiere seguir invirtiendo en esta situación poco seria, tendrá que encontrar una manera de hacer que 2 + 1 = 4. Estamos hablando de un mundo donde nace la disonancia cognitiva (y no solo para ella). Después de la conversación, él también tendrá que crear su forma de disonancia cognitiva para mantener el noviazgo. Al sentirse obligado a responder preguntas para las que no tiene respuestas bienvenidas (y no en el momento de su elección), la situación le parecerá muy "real" ahora. Si ella lo sigue viendo, sus sentimientos negativos sobre la falta de progreso (que antes solo eran un subtexto que él podía ignorar), ahora serán invitados no deseados en cada cita, una decepción consciente y acechante que reemplazará el tono despreocupado de sus interacciones anteriores.

Hasta ese momento, él había disfrutado de las libertades que le daba no tener esa conversación. No había mentido de forma activa porque nunca habían hablado de ello. Pero ahora que *han hablado* de ello, sus intenciones (o la falta de ellas) están sobre la mesa, situación que vuelve todo menos romántico. Su disonancia consistirá en ignorar las formas en que sus gestos románticos, pero en última instancia vacíos, alimentan su esperanza de progreso mientras ella vive con la angustia constante de que el progreso que una vez felizmente imaginó nunca se realizará.

Entonces Maria piensa: "No, es mejor tener la conversación en otro momento y seguir disfrutando de este romance". Después de todo, el tipo le gusta, mucho. ¿Y qué le espera si hace estallar la situación?: ¿Estar sola otra vez sin nadie con quien sienta verdadera química?, ¿volver a las aplicaciones para una serie de citas decepcionantes? Seguro es mejor dejar que las cosas sucedan con esta persona que sabe que le gusta, donde al menos existe la posibilidad de que salga algo bueno. Además, entre más tiempo pasen juntos, seguro más apegado se sentirá, ¿verdad?

Hace poco, en uno de los seminarios web, una clienta me dijo: "Todo funciona hasta que empiezas a hacer olas". Su elección de palabras resalta el juego que usamos cuando la falta de confianza nos dice que suprimamos cualquier declaración directa de nuestras necesidades. "Hacer olas" debería reemplazarse por "comunicar tus necesidades".

¿Por qué querríamos estar en una relación que solo funciona si guardamos silencio sobre lo que queremos? Es claro que hay momentos donde preguntar "¿qué somos?" sería una locura. (Imagínate la vibra de Kathy Bates en *Misery*, al final de una primera cita, diciendo: "La pasé increíble. Entonces, ¿qué somos ahora?"). Pero evitar conversaciones que revelan intenciones es una increíble pérdida de tiempo y demuestra una falta de respeto hacia las necesidades propias.

Si has estado saliendo con alguien durante meses y todavía no tienes idea de qué son o si tienen algo exclusivo, es hora de tener la conversación:

Oye, me la estoy pasando increíble contigo. Me gustas y siento que me gustas más cada vez que nos vemos, pero en realidad no sé dónde estamos… No quiero asumir que tenemos algo exclusivo, pero quiero que sepas que no estoy viendo a nadie más en este momento porque le estoy dando una oportunidad real a lo nuestro. Quería saber si estás en el mismo lugar o si todavía quieres seguir viendo a otras personas. Si es así, entonces está bien, pero es algo que debo saber antes de seguir invirtiendo más tiempo y energía en lo nuestro.

Di todo esto con amabilidad, pero sé implacable en tu respuesta. Después de todo, está en juego tu tiempo y energía.

Es normal tenerles miedo a las respuestas no deseadas en la vida. Soy consciente de lo poderoso que puede ser ese miedo al impedirnos tener una conversación que de verdad necesitamos. Pero también sé que, si cultivas tu confianza y una perspectiva más amplia, eso cambiará. Verás que, incluso la respuesta que alguna vez imaginaste como tu peor pesadilla es solo una señal que indica la dirección de algo más digno de tu tiempo y energía. Cuando llegues a esa situación, será natural hacer la pregunta, porque cuando realmente te valores, te esforzarás en protegerte, en vez de mantener la fantasía de lo que tienes en la actualidad y (quizá de forma más peligrosa) la fantasía de lo que *podría* ser. Nunca libraremos al mundo de la evasión, pero no es necesario. Al hacer preguntas aterradoras y actuar según las respuestas, nunca más tendrás que preocuparte de que alguien te haga perder el tiempo.

Aun así, es posible que, a pesar de la advertencia previa, caigas en la trampa de quien evade y de todos sus trucos: lagunas emocionales, puntos ciegos y paredes de ladrillo. Ocurre con más frecuencia de lo que a nadie le gustaría admitir, lo cual tiene sentido ¡porque sucede por no admitir que está sucediendo! Pero cuando evitamos confrontar justo lo que tememos, una dinámica extraña empieza a tomar el control. Comenzamos a vendernos con la lógica retorcida de aquellas personas que evaden, a veces con tanto éxito que nos sorprendemos cuando otras personas parecen escépticas acerca de la línea de pensamiento que hemos aceptado. Si sospechas que esto se aplica en tu caso, considera la advertencia del siguiente capítulo.

5

No te unas a una secta de dos

Cada vez que alguien se levanta de su asiento durante un evento en vivo o aparece en línea con una pregunta urgente, he aprendido a tomarme un momento antes de empezar a responder. En parte, lo hago para ayudar a que, quien quiere compartir, se relaje (no es tan fácil hablar ante una multitud, virtual o en vivo, sobre sus preocupaciones más íntimas). Por otro lado, desentrañar un poco las circunstancias siempre es bueno, pues aprendí que lo que se pregunta no es necesariamente el problema que de verdad se quiere resolver. Entonces, hablar un poco sobre su pregunta nos permite acercarnos al problema real.

Me he enfrentado a miles de preguntas. Algunas son muy individuales y lleva mucho tiempo desentrañarlas. Pero otras no. Si hay algo parecido a un consejo único que pueda evitar a las personas la mayor angustia al comienzo de una relación, es este: ¡asume la exclusividad bajo tu riesgo!

No falta quien argumente que después de muchas citas, se da a entender que dos personas son exclusivas basándose en el hecho de que se han estado viendo mucho, hablando todos los días, mandándose mensajes de texto sin parar, etc. No parece descabellado, en especial cuando han compartido tanto tiempo que necesitarían un reloj *giratiempo* del Ministerio de Magia para poder ver a otras personas.

No me gusta ser el asesino del romance, inyectando escepticismo en algo que debería ser un proceso hermoso y orgánico en el que dos seres humanos se enamoran perdidamente o sienten un enorme deseo sexual, pero tras ver a tanta gente herida de esta manera, puedo decir, desde un punto de vista estadístico, que debes tener la conversación sobre la exclusividad de manera proactiva y preventiva, porque la desventaja de *no* hacerlo es mucho peor que cualquier malestar inmediato que puedas sentir al sacar el tema.

En cualquier caso, las únicas conversaciones incómodas son aquellas en las que descubres que como pareja operan en mundos por completo diferentes — por ejemplo, cuando te dicen que quieren ver a otras personas y tú les dices que no—. Pero justo esas conversaciones te ahorrarán más dolor en el futuro.

De hecho, esas conversaciones no necesariamente interrumpirán el romance. Cuando se hace bien, incluso pueden *añadirle* algo más. Si están en la misma página de desearse mutuamente y solo entre ustedes, la conversación puede ser bastante divertida. "¿Soy la única persona que quieres? Vaya, me alegra mucho que hayas dicho eso porque eres la única a la que *yo* quiero. Ahora vayamos a celebrar en algún lugar apartado, más íntimo...".

A continuación, te muestro algunas formas de mencionarlo, así como algunas variaciones para diferentes situaciones. Digamos que estás en la primera etapa de las citas. Entonces puedes decir:

> Paso los mejores momentos cuando estoy contigo... y ahora, cuando alguien me invita a salir, ya no sé qué responder. No quiero ejercer ninguna presión indebida sobre esto porque disfruto mucho el

proceso de conocernos, pero me gustas, y mientras decidimos si esto de verdad puede ser algo, me gustaría darle una buena oportunidad para ver a dónde va y no salir con otras personas.

O:

No estoy saliendo con nadie más y quería saber qué piensas sobre eso.

También puedes adaptarlo para apropiarte de tu vulnerabilidad y mostrar quién eres:

Soy sensible y sé que me lastimaría si después me entero de que estás saliendo con otras personas porque de verdad me gustas. No debemos decidir qué es esto ahora ni ponerle etiquetas en este momento, pero sé que trataría todo esto de forma diferente si siguiéramos con la disposición de salir con otras personas en lugar de intentarlo solo tú y yo. ¿Qué opinas?

La intimidad también puede ser la precursora de la exclusividad. Si quieres volverlo físico, pero para ti es importante saber tu posición antes de hacerlo, puedes decir:

Me gustas y me atraes mucho, pero no quiero que nuestras interacciones físicas progresen si solo buscas algo casual en tu vida en este momento, aunque, claro, seguramente sería muy divertido. Por cierto, está absolutamente bien si es ahí donde estás, solo quería dejarlo claro, porque no busco tener intimidad con alguien que busca hacer lo mismo con otras personas. No es algo que vaya conmigo.

Quiero enfatizar que no se trata de usar esto para presionar a alguien. Presionar rara vez funciona. Se trata más de ser fiel a ti y a lo que quieres, mientras demuestras que no estás juzgando por la fase en la que se encuentra, incluso si eso significa que deben separarse:

> Esto no significa que debemos apresurar algo..., solo significa que si no es ahí donde estás, prefiero tomarlo con calma por ahora hasta que sientas lo mismo, y si no llegamos ahí, también está bien, ya que no todo está destinado a ser.

Este es el verdadero poder: mostrar amabilidad, serenidad y disposición de alejarse sin enojarse cuando la persona no está en la misma página que tú.

Si reconoces que algún tipo de situación te deja en algún callejón sin salida, declaraciones como esas pueden ayudar. Hay calidez y encanto en todas ellas, pero no falta de franqueza. Por supuesto, hazlas tuyas y expresa tu voz a través de ellas; pero pase lo que pase, debes poseerlas. Poseerlas significa comprender por qué funcionan, de modo que tengas convicción al usarlas y apegarte a ellas. Recuerda, los estándares no son tácticas. Las tácticas son transaccionales. Los estándares son consistentes, incluso cuando no nos brindan el resultado que esperábamos.

También, he recibido preguntas de otras situaciones muy similares: alguien que está con una pareja que parece tibia, esquiva o invisible cada vez que la conversación gira en torno al tema del compromiso. Pero en lugar de desafiar esa situación, sea cual sea el malestar que pueda causar, acepta los términos que le ofrece. Incluso parece dispuesto a defender su relación frente a sus amistades, como si ahora fuera una nueva y emocionante alianza amorosa donde lo mejor es no saber cuándo se volverán a ver o si eso volverá a pasar.

En uno de los seminarios web, una mujer llamada Cora apareció en línea para hacerme una pregunta (aunque fue difícil saber qué estaba preguntando). Presentó su relación de casi un año como la de dos "personas emprendedoras" con agendas ocupadas a quienes les resultaba difícil verse o hablar con regularidad. Empezaba a molestarle que sus amistades (quienes seguro se daban cuenta de que le gustaba más de lo que dejaba entrever) querían saber cuál era realmente la naturaleza de la relación.

Mientras describía cómo se relacionaban, había una extraña ausencia en el centro de su pregunta, como si me estuviera vendiendo algo que no la convenciera del todo, así que pregunté:

—¿La razón por la que no quieres más es porque estás feliz de que las cosas sean casuales y, en este momento, encontrar el amor es una prioridad menor que tu trabajo? ¿O en realidad así se siente *él*, y tú estás usando la misma excusa, cuando en el fondo sí quieres más, pero te preocupa que si se lo pides se asuste?

—Sí —respondió sonriendo—, supongo que, si soy honesta conmigo, seguro es eso.

Se había apropiado de su excusa para mantener la relación con él y, al hacerlo, había silenciado su voz. Cuando hablaba con sus amistades, no era Cora la que hablaba, sino el tipo que la estaba ventrilocuando para mantener un *statu quo* con el que estaba contento. Aunque el caso de Cora parece inusual, su situación no lo es: la complejidad es mucho más difícil de afrontar. Situaciones como esta son lo opuesto al amor a primera vista. Son compromisos extraños que se van creando poco a poco. Te empujan una y otra vez, hasta que casi puedes desconectarte de la realidad, como si te hubieras unido a una secta de dos.

Se necesitan meses para crear la lógica de una relación mala y poco fiable que genere disonancia cognitiva y es difícil de desenredar. En un seminario web, una clienta que se hacía llamar Songbird (¿sintió que la habían enjaulado?) intentó explicar su situación, pero cuanto más explicaba, más difícil le resultaba entender. Vivía en Michigan y había estado saliendo con un ciudadano canadiense "durante meses", pero recientemente él había dejado de enviar mensajes de texto con la frecuencia de antes (llevaba casi una semana sin alguna noticia de él). La comunicación era difícil, admitió, y dio varias razones: el servicio telefónico era irregular donde vivía; era un médico ocupado y tenía tres trabajos; ella no había podido descargar en su iPad la aplicación donde él le podía enviar mensajes de forma más fácil; por lo general se veían los domingos, ya fuera en Estados Unidos o Canadá, pero últimamente él estuvo esperando una visa y no pudo viajar para verla. Ella parecía feliz de que la relación se hubiera vuelto más física (él jugaba con su cabello, la rodeaba con el brazo y, un día, ella había pasado la noche en su casa), pero parecía un tipo que espera su momento. Entonces dijo: "Y todavía no me ha besado".

Había tantas señales de alerta en su historia y tantas preguntas que hacerle... Pero el hecho de que ella viajara con regularidad a otro país y, tras meses de salir, todavía no le preguntara por qué no la había besado... Bueno, eso indicaba cuan cómplice se había vuelto en la construcción de su extraña situación, que a pesar de todas las excusas que dio (había estado superando algo en su pasado, su timidez natural compartida, su apretada agenda), había estado viviendo en una fantasía. Ella tenía miedo de hacer las preguntas más simples que pudieran amenazar esa frágil estructura. Entre más intentaba sacarle una respuesta, más disociadas y emocionales se volvían sus explicaciones.

En ese punto, llevábamos casi veinte minutos de conversación y, a pesar de todas las *red flags* que estaba sacando, ni siquiera había llegado a una pregunta real, aunque asistir al seminario web fue en sí una especie de pregunta. Puede que no hubiera estado dispuesta a preguntarle a su "amigo" médico nada directo que amenazara su relación, pero su falta de cortesía, evidente en esta última semana sin un mensaje de texto, se había prolongado tanto que representaba un verdadero desafío para su disonancia cognitiva. Así que por fin habló con alguien que sabía que no la engañaría.

Ser realistas acerca de lo que estamos viendo es una de las bondades más básicas que podemos brindarnos mutuamente, en especial cuando ves a una amistad (en las primeras etapas de una relación) sentirse tan abrumada por todas las nuevas emociones, que parece haber perdido la capacidad básica para distinguir la fantasía de la realidad. Es como el corolario de "No te unas a una secta de dos": "Una amistad no es una cámara de resonancia". Sé la prueba de la realidad que quieres ver en el mundo.

Pero la situación de Songbird, como la de Cora, no es infrecuente. No es que los hombres, en masa, les hagan *gaslighting* a las mujeres, ni siquiera que siempre sea el hombre el ingeniero principal en toda relación tortuosa. Pero hay muchos chicos que adoran el lugar donde están y no quieren aventurarse más allá de su zona de confort, entonces de manera consciente o inconsciente empiezan a venderle a la persona con la que están saliendo, la forma de mirar las cosas . Les dicen: "Cada vez que mencionas eso, solo estás revolviendo algo bueno" o "piensas demasiado en nuestra atracción". Un hombre no puede vender eso a la primera. Pero poco a poco, la va alejando de lo que ella quería originalmente, hasta que, cuando las cosas se ponen tan mal, ella se conecta a Internet para hablar conmigo, y yo (y quienes la escuchan) quiero decir: "Pero ¡¿cómo diablos eso llegó tan lejos?!".

Hay una salida sencilla si ya llegaste a ese punto de la relación donde algo no se siente bien. No te preocupes por arruinar la fiesta, expresa lo que quieres con claridad. Tu certeza hará una de dos cosas: ahuyentar a alguien que no puede soportar lo que estás pidiendo, ya sea exclusividad o solo un beso después de una docena de citas, o alentar a la persona que está lista para lo mismo.

Siempre habrá alguien que intente venderte su lógica de por qué no puede darte lo que quieres o presentarse de la manera que necesitas. No tienes por qué evaluar si las excusas que te está dando son legítimas, solo debes escucharte y pensar si la realidad de lo que te ofrecen es suficiente para ser feliz. Eso evita todo el esfuerzo de intentar decodificar lo que alguien dice. Di esto para ti: "Esa persona tiene sus razones (reales o no), pero yo tengo mi realidad, y es mi realidad, no sus razones, la que determina si elijo seguir adelante".

6

Red flags

Acabo de buscar "*Red flags*" en YouTube para ver qué tipo de consejos hay. (¡Resulta que muchos son míos!). Pero como guía, todas esas observaciones pueden resultar confusas y abrumadoras. He aquí una muestra: ¿No te felicita? *Red flag*: egoísmo. ¿Te felicita demasiado? *Red flag*: love bombing. ¿Nunca hace preguntas sobre ti? *Red flag*: narcisismo. ¿Hace demasiadas preguntas sobre ti? *Red flag*: control. ¿Es irrespetuoso con su madre? *Red flag*: inmadurez. ¿Está demasiado cerca de su madre? *Red flag*: lo mismo.

Cuando empiezas a desplazarte por ese catálogo, olvidas que las personas son solo personas, imperfectas y propensas a cometer errores. No todo el mundo se ha recuperado por completo de sus traumas antes de tener una cita. ¿Qué pasaría si el escáner nos apuntara? ¿Veríamos una *red flag*? ¿Es útil saber todo esto? Si los extremos de cada actitud resultan ser grandes *red flags*, ¿quién queda en medio, en el pequeño grupo de "personas aptas para una relación" que resta?

La obsesión por las *red flags* centra nuestra atención en dos direcciones: el pasado y el futuro. No podemos comprender lo valiosa que podría ser una advertencia (o lo dañino que es ignorarla) sin realizar primero una especie de investigación forense sobre nuestras relaciones (con un poco de orgullo perverso en las peores de ellas), preguntándonos qué salió mal (tratando de relacionar a cada ex con una *red flag* u otra) y qué tan rápido nos dimos cuenta. Hay algo catártico en saber que lo sabíamos, incluso si lo ignoramos durante demasiado tiempo, con un costo real para nuestro bienestar y autoestima. Por un lado, es un inventario de nuestras cicatrices, una prueba de que hemos vivido y amado. Por otro lado, es una manera de decirnos: "No, en retrospectiva, no estaba ciego ni loco. Siempre supe que era el profesor Plum en la biblioteca, con el candelabro".

De cara al futuro, podemos convertir ese catálogo en un manual que nos ahorrará tiempo (y complicaciones). Si puedo detectar un comportamiento descalificador en la Cita Tres, entonces no tendré que perder un año solo para sacarlo a relucir en la Cita Cincuenta y Tres. Este tipo de ataque preventivo es bueno para todo mundo. El tiempo es limitado, ¿por qué sufrir de forma innecesaria o sumergirnos en situaciones que sabemos que nos causarán dolor?

Pero ¿en qué *red flags* vale la pena centrarse? En un campo abarrotado donde por lo visto cualquier rasgo puede interpretarse como motivo para terminar la relación. ¿Cuáles te harán más daño, ya sea ahora o en el futuro? A continuación, te muestro mi intento de resumir la lista en un pequeño número de señales que son, de manera desproporcional, responsables de causar el mayor daño; las que probablemente nos causarán más dolor si decidimos ignorarlas.

Hablan mal de la mayoría de sus ex

Quería llamarle a esto: "Tirarle mierda a tu ex", pero luego recordé que algunas personas de verdad tienen exparejas desastrosas. Y nadie debería sentir represión cuando se trata de hablar del sufrimiento que padeció en una relación anterior. Aprender sobre el dolor ajeno (y compartir el tuyo) es una etapa valiosa en el camino hacia la intimidad.

De acuerdo, pero luego te encuentras con alguien que dice: "Mis ex son idiotas, sin excepción" o "están psicópatas" y, con una situación así, hay de dos. A) Es una persona que no asume la responsabilidad de todas las formas en que puede ser difícil lidiar con su carácter y, por lo tanto, en lugar de mirar las actitudes que necesita cambiar, prefiere centrar la conversación en las formas en que su pareja fue horrible. (Las personas hacen lo mismo cuando las despiden de un trabajo). B) Es alguien cuyos/as ex de verdad volvieron la relación muy tóxica, ¡porque justo le atrae ese tipo de gente! Entonces, la persona del inciso "a" se volverá contra ti a la primera señal de conflicto y terminarás como el último ejemplo de su letanía de "expsicópatas". La persona del inciso "b", por otro lado, te pondrá a prueba para ver si puedes darle el tipo de toxicidad que la entusiasma, y con el que se siente cómoda o el que necesita rechazar, solo para sentirse bien. Si no quieres ser parte de su drama (y esa es la reacción saludable), te dirá que le das flojera, te encontrará amenazante y, quizá, te lastimará antes de pasar a alguien que desempeñe ese papel que busca.

Tratan mal a la gente cuando creen que nadie observa

Esta señal de alerta ocurre cuando las personas que están tratando de impresionarte, seducirte, acostarse contigo o enamorarte presentan una versión selectiva de quienes son. Los malos actores hacen esto, claro, pero también lo hace cualquiera que se comporta lo mejor posible. No nos engañemos, somos muy diferentes cuando actuamos de mal humor con un familiar a cuando tenemos una cita. Pero a veces, de verdad estarás saliendo con el doctor Jekyll, solo para verlo convertirse en el señor Hyde cuando interactúa con alguien más.

Todos sabemos observar con atención cómo las personas tratan a alguien que creen que no les es útil, en especial cuando ese alguien solo hace su trabajo: en un restaurante, en el bar, en el estacionamiento, en el servicio a clientes. Pero no siempre se puede confiar en las buenas críticas: tal vez tu cita sabía que estabas mirando. Mientras haya público, sigue siendo una actuación. La verdadera prueba es cómo tratan a las personas cuando no piensan o han olvidado que estás ahí. No recomiendo intervenir celulares ni ocultar cámaras en su lugar de trabajo. Pero pon atención. ¿Hay momentos de descuido en su desempeño? Ten cuidado de no quedar tan cegado por la adoración que te profesan y que no puedas ver cuan caprichosa es realmente su atención.

Una última advertencia: quizá es tentador disfrutar el hecho de que alguien trate mal a las demás personas mientras que a ti te trata bien. A veces, cuando las personas que son groseras con otra gente, nos tratan con amabilidad, sentimos la validación de haber domado a la bestia. Nos sentimos especiales, es maravilloso sentir que somos el punto débil de alguien: nos da un estatus único. Quién no vio *Juego de tronos* y quiso ser Daenerys Targaryen, Madre de Dragones, dueña del cariño de unas bestias que escupen fuego y que no permiten que nadie más se acerque. En la vida real, debemos tener cuidado de no subirnos a ese pedestal: es una trampa. La luz que alguien te dirige nunca debe ir de la mano del trato indigno e irrespetuoso hacia alguien más. Como corolario de esto, no ignores cuál sería tu experiencia si alguna vez decidiera cambiar su luz por fuego.

Love bombing

Una mujer en uno de mis eventos describió a un chico que había identificado como "muy intenso" en las primeras etapas; hasta nos citó el poema que le escribió donde le decía que era una diosa. Cuando expresé que resultaría un desastre, una buena parte del público dejó escapar un gemido audible ante mi cinismo. Pero (*spoiler alert*) mientras la mujer seguía hablando, resultó que él ya había sido un desastre y había desaparecido tan rápido como había aparecido.

Quienes hacen *love bombing*, como este espejismo de hombre, reciben el nombre por la forma en que te bombardean desde el principio con un nivel de adulación que es completamente desproporcionado con lo bien que en realidad te conocen. Se echan un clavado al amor, quieren que sigas su ritmo y, a menudo, se ofenden muy rápido si no muestras la misma emoción.

Hay algo fascinante en el *love bombing*. Encontrarse con alguien que se enamora tan rápido puede ser como entrar al *set* de una película, y eso es precisamente lo que están buscando: esas fantasías románticas que nos hacen tan vulnerables en una historia de amor. Vale la pena señalar que hay diferentes tipos de *love bombing*: van desde quienes tienen ideas inmaduras de qué es el amor combinado con un control deficiente de los impulsos, hasta actores con verdadera malicia que saben que, en la ansiedad por encontrar el amor, actuar rápido se siente como lo que hemos estado anhelando. Es el instinto del que se alimenta quien hace *love bombing* con malicia.

Así que debemos poner atención y no dejar que el deseo de tener nuestra historia de amor a todo color nos ciegue ante la extraña sensación de que algo parece dudoso en el ritmo apresurado que esa persona ha elegido. ¿Por qué alguien que apenas me conoce dice que soy el amor de su vida? Significar tanto para quien acabas de conocer desafía la lógica. Claro, sería bueno encontrar a alguien que vea lo especial que soy. Pero ¿en serio? ¿Después de un café?

Entonces, ¿cómo distinguir el *love bombing* de aquella persona bien intencionada que solo está muy entusiasmada con las primeras citas y no puede contenerlo? Un buen punto de partida es preguntarse si la intensidad ha sido un fenómeno mutuo o es solo suyo. Pregúntate: ¿He igualado su energía? ¿He dicho alguna vez: "Yo también te extraño muchísimo" o "Sí, quiero dejarlo todo para estar contigo?".

Recuerda, si una persona está interesada en ti de manera profunda, apenas empieza a darse cuenta de lo que está en juego entre ustedes dos, y lo último que quiere hacer es arruinarlo con su intensidad o dejando salir todos sus sentimientos irracionales. Ambas partes tantean el camino con cautela. En todo caso, las personas que sienten que se están enamorando la una de la otra pueden terminar siendo bastante formales e incómodas juntas, casi anticuadas en su toma y da.

Si notas una velocidad e intensidad provenientes de su lado que parecen inmerecidas en esta etapa inicial, no es necesario tener un juicio perfecto sobre si en realidad se trata de los focos rojos. En su lugar, solo intenta sugerir un ritmo más lento. La reacción será reveladora. ¿Se disculpa —tal vez con un poco de vergüenza—, y retrocede un poco, esperando que sea una buena manera para que vuelvan a sincronizarse? (Quizá no sea un foco rojo después de todo). ¿O continúa como si nunca hubieras dicho nada?

La paciencia, la moderación y la capacidad de retrasar los impulsos son señales sólidas de alguien que valora la relación que busca por encima de las experiencias inmediatas que su corazón (o cualquier otra parte de su anatomía) quiere tener. Si alguien no tiene interés en tu deseo (cuidadosamente expresado) de avanzar a un ritmo orgánico o no muestra vergüenza al colmarte de proclamaciones de amor de maneras que parecen desconectadas de tus reacciones, ten cuidado.

En el mejor de los casos, significa que su visión del amor es inmadura y desenfrenada, o que su imagen de ti es una proyección de perfección que quizá no podrás alcanzar, lo cual significa que las cimas de su "amor" llegarán a su punto máximo, seguidas de una caída igual de exagerada cuando aparezcan tus defectos y humanidad. Es decir, ten cuidado con quien ejecuta el *love bombing* con sus oleadas de afecto escandaloso como tapadera para encontrar fallas. Una espectadora lo resumió de forma perfecta en un comentario sobre un video titulado: "Cómo saber si un chico te hace *love bombing*", que publiqué en mi canal de YouTube:

> Jajaja... Recuerdo que salí de forma breve con un chico que, después de cortar, confesó que empezaba cada relación pensando que esa mujer era su futura esposa. Luego, poco a poco, descubría que no era así,

por lo que se alejaba con el tiempo hasta que la cortaba. ¡Era ridículo! Hice un trabajo interno para asegurarme de rechazar a ese tipo de hombres.

En el peor de los casos, significa que quien hace *love bombing* manipula a profundidad, tal vez incluso con malicia, y esta es una estrategia consciente para extraer de ti un nivel de inversión y una profundidad de sentimiento que nunca darías de forma natural en esa etapa. Un gran número de especialistas te dirá que esas son las características del narcisismo. En primer lugar, es egoísta crear sentimientos increíblemente intensos solo para abandonar a alguien ante la primera señal de imperfección humana; en otras palabras, justo cuando la conexión comienza a pasar del romance de fantasía al compromiso real. En segundo lugar, es deshumanizante. Alguien narcisista (o al menos la persona que se comporta de forma narcisista) solo quiere que te enamores para sentir validación como un ser amoroso supremo. No le importa cuáles serán las consecuencias para ti. "¿Ya te enamoraste de mí? ¡Excelente! Por fin puedo seguir adelante". Por eso le digo a la gente que tenga cuidado con las primeras citas extraordinarias. Este tipo de personas dan excelentes primeras citas porque necesitan desesperadamente dejarte con la boca abierta. Se te puede perdonar que pienses que se trataba de ti, pero, en realidad, el centro de atención era tu "cita". Recuerda, una persona con herramientas emocionales sanas, que se toma en serio el encontrar una relación, no busca una audiencia, busca conexión. Y una conexión real nunca fluye en una sola dirección.

No dicen "lo lamento"

Quizá has tratado con alguien que no puede disculparse, que ni siquiera puede murmurar un "lo siento" y presenta una combinación inquietante: falta de humildad y exceso de inseguridad. Decir dos palabras sencillas debería ser fácil, y optar por permanecer en silencio cuando se pide una disculpa, es exasperante. Y, aun peor, es una barrera para el crecimiento en el futuro. Cuando alguien admite los errores que ha cometido o el daño que ha causado, hay un acto fundamental de reconocimiento que también puede servir como puente hacia el cambio y el crecimiento. Una pareja que no puede disculparse no puede crecer, o solo puede hacerlo en secreto, alejada del apoyo amoroso que florece en la apertura y el reconocimiento mutuo. Al contrario de eso, regresa más tarde, después de idear su versión del cambio según su cronograma, lista para atribuirse el mérito de la versión nueva y mejorada de sí, pero sin disculparse nunca por la persona que solía ser ni reconocer el daño que causó. Reprimir o cerrarse a cualquier intercambio de disculpas significa negar los beneficios que surgen de una discusión exitosa: la comunicación de necesidades, la exploración de sensibilidades, la tranquilidad de saber que el orgullo individual es menos importante que ser parte de una relación en evolución. En cambio, la falta de disculpas te obliga a estar con alguien que insiste en un viaje solitario, lo que significa que el tuyo también lo será, y es probable que tu dolor tampoco pueda compartirse.

Más allá de perdernos los beneficios y las conexiones que surgen de un intercambio de disculpas y perdón, no decir "lo siento" amenaza con robarnos la cordura. ¿Por qué? Porque un rasgo que acompaña a la incapacidad de disculparse es la tendencia a manipular a quienes están cerca, haciéndoles pensar que siempre se equivocan o que han malinterpretado por completo la realidad. A veces esa manipulación se convierte en intimidación o algo peor. En una serie de pasos predecibles, el hecho de que otra persona no se disculpe conduce a la disminución de nuestra autoestima. Por eso, no ofrecer disculpas es un gran foco rojo. Al evitar parejas románticas que no pueden pedir perdón, nos mantenemos abiertos a la posibilidad de una conexión verdadera.

Casi nunca cumplen sus promesas, grandes o pequeñas

Nadie hace todo lo que dice y eso no nos convierte en personas mentirosas. Solo nos convierte en personas normales y bien intencionadas que no pueden cumplir todo lo que tienen en la lista. Pero hay quienes incumplen las promesas que hacen, quienes todo el tiempo dicen que harán algo y luego solo no ocurre. Cuando eso se convierte en un patrón, debes preocuparte.

Lo contrario también es cierto. Si alguien dice que hará algo y lo cumple de forma constante (si de verdad te envía el enlace que prometió o te pone en contacto con la persona que conoce en tu nuevo vecindario), vale la pena tomarla como una señal positiva. Aunque pueden parecer actos simples, en una relación, las primeras señales de la capacidad de seguir adelante son una forma significativa en que alguien demuestra que es el tipo de persona que estará ahí para ti.

Las personas dan todo tipo de razones para romper promesas:

- Tenían muchas ganas de lograrlo, pero tienen mucho qué hacer.
- No son buenas con la gestión del tiempo.
- Asumen demasiado y tratan de complacer a todo mundo.
- Tienen TDAH.
- No pensaron que fuera gran cosa si no lo hacían porque no parecía algo muy importante.

Sí, confieso que soy culpable de la mayoría de esos ejemplos. Quizá todo mundo lo es. Entonces, ¿cómo diferenciamos entre alguien que solo hace lo mejor que puede y merece una oportunidad y alguien que es una persona terrible en quien confiar y que te fallará de manera fundamental en el transcurso de una relación?

En un determinado momento de la vida, lo único que tenemos es nuestra palabra, y qué tanto creen en ella o sienten que pueden contar con ella las personas que se preocupan por nosotros. Por eso deberíamos luchar para construirla, mantenerla o repararla. Si conoces a alguien que no le importa que su palabra haya dejado de significar algo o que condena a cualquiera que desconfíe de su palabra (cuando todas las pruebas lo hacen razonable), corre.

Vale la pena señalar que: la incapacidad de cumplir con la palabra y la falta de voluntad para disculparse crean la combinación de *red flags* más peligrosa de todas. Yo la llamo *la pareja oscura*, dos cualidades que cuando se encuentran en la misma persona la hacen particularmente, incluso exponencialmente, destructiva. No pretendo enviarte a buscar un modelo de virtud inalcanzable, pero cuando alguien que te atrae no cumple sus promesas de forma constante, pregúntate estas cuatro cosas:

- ¿Sucedió varias veces con diferentes tipos de promesas?
- ¿Alguna vez ha reconocido su falta de tino? (Es decir, ¿mencionó su propio fracaso?)
- ¿Se disculpó?
- ¿Reparó el valor de su palabra asegurándose de cumplirla la siguiente vez que prometió algo?

O esa persona...

- ¿Siguió como si nada, esperando que no te dieras cuenta?
- ¿Trata de convencerte de que estás dándole mucha importancia a la nada?
- ¿Miente acerca de haberlo prometido o te hace sentir demente?
- ¿Te dice que no necesita disculparse por sus ocupaciones/estrés/falta de tiempo para hacer las cosas/incapacidad para cumplir con su compromiso?
- ¿Se desvía y te ataca por las cosas que has hecho mal y que nunca menciona porque "no es una persona tan quisquillosa"?
- ¿Sigue incumpliendo promesas, sabiendo que ahora tienes miedo de sacar el tema a colación por lo mal que salió la última vez?

Es evidente que esto es un esbozo del camino hacia el abuso emocional. No saques conclusiones precipitadas, tómalo con calma si alguien te trae un refresco cuando dijo que te traería una cerveza de raíz, o si olvida (de forma genuina e inocente) hacer algo que dijo que haría. Pero cuando un individuo crea un patrón al no cumplir lo que prometió, reduce las pérdidas y empieza a buscar compañía en quien puedas confiar.

Son incongruentes en la comunicación

Es fácil emocionarse cuando las personas inician una campaña enviándonos mensajes de texto sin descanso. Pero eso corre el riesgo de medir su potencial por los picos de intensidad y no por la coherencia de su comunicación. Aun así, ¿quién no ha tratado con alguien que te envía cincuenta mensajes de texto en una hora, para luego tratarte de forma silenciosa la siguiente semana?

Quizá no es tan emocionante cuando te envían un mensaje de texto al final de su jornada laboral o te llaman cada dos días, pero ese nivel de coherencia sirve para algo. Si para ti esa cantidad de comunicación es suficiente o no…, es una cuestión de compatibilidad, no un foco rojo.

Los focos rojos aparecen cuando la comunicación es inconsistente. En el mejor de los casos, significa que no quiere nada serio contigo. No busca una relación, busca experiencias. Si se despierta un sábado y de repente quiere cariño, cercanía y compañía para ese día, te escribe. Pero luego desaparece de nuevo, regresa a todo lo demás en su vida que, por lo visto, no te incluye. No le importa que esta predecible falta de coherencia acabe con el impulso; de hecho, esto le hace un favor. Los momentos cuando se acerca a ti mantienen tu atención, mientras los puntos negros en su comunicación hacen imposible el progreso, congelando la relación exactamente donde está.

En el peor de los casos, significa que vive una doble vida que no conoces. Cuando la comunicación se detiene contigo, significa que reinicia con la otra persona de su vida. Si empiezas a alejarte de alguien así, no te sorprendas si de repente se esfuerza mucho más. A menudo, solo es una forma de mantenerte vigente para la próxima vez que necesite un poco de atención.

El costo de ignorar las *red flags*

En una de mis clases magistrales, pedí a miembros del Club *Love Life* que recordaran sus relaciones y dijeran lo que les había costado ignorar una *red flag*. El chat se llenó de inmediato, casi antes de que pudiera terminar la pregunta. Las respuestas tendieron a caer en tres categorías:

Experimentar el abandono de forma abrupta:

- "Quedarme por mi cuenta de la nada y tener mucha ansiedad".
- "Con el tiempo me *ghostearon*".
- "Mi matrimonio: me dejó a los cuatro meses de la boda".

Muchas veces hay señales tempranas de advertencia de que alguien no es quien dice ser, no siente lo mismo que tú y no tiene el mismo nivel de compromiso que tú. Quizá sientes que las cosas terminaron de forma repentina o que la desaparición parece inexplicable dados los sentimientos que te expresaba y las acciones que tenía contigo, pero una mirada más honesta revela que hubo focos rojos que predecían la abrupta partida desde el principio.

Terminar en una relación abusiva:

- "Mi cuerpo: me agredió de forma sexual. Años en terapia para no culparme por su comportamiento abusivo".
- "Todo por lo que trabajé duro, el futuro que quería, mis ahorros, mi trabajo, mi cordura, todo".

Ignoramos los focos rojos desde el principio, cuando no sentíamos seguridad, no se satisfacían nuestras necesidades y había poca o ninguna coherencia en la atención que recibimos. Es posible que, incluso, nos convenciéramos de que, con más inversión, esos sentimientos desaparecerían. Pero nunca lo hicieron. De hecho, tuvimos que lidiar con la situación opuesta, donde cuanto más invertíamos en la situación, parecía empeorar.

Desperdiciar la vida en una situación donde sus intenciones a largo plazo no se alineaban con las nuestras:

- "Él no quería una relación y yo acepté una amistad con derechos, con el tiempo se enamoró de otra persona y me dejó".
- "Doce años y la oportunidad de tener bebés y la familia que siempre quise".

Quieres una relación profunda y comprometida, y la otra persona, no. Quieres monogamia y la pareja no cree en ella. Quieres una familia y ella no está interesada en tener bebés. Cuando ignoramos la desalineación de intenciones desde el principio, seguimos invirtiendo tiempo y energía sin darnos cuenta de que no estamos en el mismo camino que nuestro acompañante de viaje. Solo años después nos damos cuenta (o por fin aceptamos) de que todo ese tiempo fuimos en direcciones por completo distintas.

TRAS EL COLAPSO DE LA relación, podemos mirar hacia atrás y tratar de detectar las primeras señales de advertencia que debieron indicarnos que todo estaba condenado al fracaso desde el principio. Es fácil castigarnos por ignorar lo que, en retrospectiva, parecen *red flags* obvias. Es como ver una película de terror en donde alguien que sabe que hay un asesino suelto, escucha un ruido en el piso de abajo y, en lugar de tomar las llaves y salir de la casa, abre lentamente la puerta del sótano armado solo con una linterna que no funciona bien. Excepto que la persona a la que le gritan ("¿Por qué estás haciendo eso? ¡Salte!") ha sido nuestro vivo reflejo. Somos la víctima inconsciente.

La verdad, eso le pasa a cualquiera. Es tentador sentirnos mal por la incapacidad o falta de voluntad para actuar ante los focos rojos. Pero también podemos tomarlo como un recordatorio de nunca más dejarnos llevar, ir demasiado rápido para detectar las señales de advertencia, dejarnos envolver por nuestro deseo de estar en una fantasía romántica. En cambio, debemos detenernos ante los obstáculos y tener conversaciones claras sobre nuestras necesidades y reservas, mucho antes de ceder al impulso de solo caer en algo de lo que luego es súper difícil desenredarnos de forma emocional o lógica.

Uno de los aspectos más complicados de lidiar con las *red flags* es saber si algo que alguien hizo o dijo cumple con los requisitos. Si es así, ¿lo cortas y huyes? ¿Te quedas y ves si vuelve a pasar? ¿Deberías decir algo antes de que sea demasiado tarde?

El autor Robert Greene dio este consejo: "Al juzgar un carácter, busca patrones porque las personas se revelan en el pasado. Revelan quiénes son a través de sus acciones. Intentan disimularlo, pero lo revelan... nadie hace nada una vez".

Si Greene tiene razón, vale la pena investigar las relaciones pasadas: cómo terminaron (si tienes la suerte de escuchar la verdad), cómo trataron a las personas antes que a ti y cómo las tratan ahora. "Nadie hace nada una vez" es una regla general bastante buena. Sin duda la incluiría en cualquier tipo de manual sobre "cómo mantenerse con vida" (que quisiera regalarle a alguien a quien amo) y por eso la pongo aquí.

Si de verdad atendemos ese consejo, entonces vale la pena preguntarnos: "¿Qué tan malo fue lo que acaba de suceder?", "Y si esto sucediera una y otra vez por el resto de mi vida, ¿qué clase de vida sería para mí?". Si la respuesta está en algún punto del espectro entre "completamente insostenible" y "en desacuerdo con mi idea de una vida feliz y pacífica", considera prudente escapar.

Pero, de nuevo, volvamos la cámara hacia lo que somos: de seguro hicimos cosas que decidimos no volver a hacer nunca más. Quizá herir a alguien de forma imprudente y saber el daño que causó nos cambió para siempre. Esa capacidad de cambiar es la marca del carácter. Pero si podemos considerar algún error importante nuestro como una anomalía y no como un predictor de comportamientos futuros, ¿no deberíamos darle la misma oportunidad a otra persona?

El objetivo de este catálogo de *red flags* es ayudarte a reconocer comportamientos que te causarán dolor en el futuro, sin importar cuan generosamente intentes interpretarlos. Aun así, sabemos que la vida no siempre es sencilla. Hay grados de maldad.

¿De verdad le encanta bombardearme o solo se deja llevar? ¿Tiene un problema inaceptable con el hecho de decir "perdón" o, en todo caso, su ego ha ganado en algunas ocasiones? ¿Lucha con el compromiso porque de verdad no puede hacerlo o está a punto de superar el trauma de años? ¿Es incongruente con la comunicación porque tiene otra vida o porque estamos en una etapa muy temprana del proceso y aún no me he vuelto tan importante en su día a día (lo cual es comprensible)? Incluso el ser infiel, por muy reprobable que sea, deja a muchas personas del lado receptor preguntándome si deberían suponer que fue una señal de quién es alguien o aceptarlo como un arrepentimiento genuino que nunca se repetirá.

Es complicado.

La verdad es que, a pesar de ofrecer algunas *red flags* importantes en este capítulo, la idea misma de las *red flags* me inquieta. Son reduccionistas de forma inherente. La vida rara vez es tan sencilla y las opciones no siempre son claras. No estaba preparado para un compromiso serio cuando conocí a mi esposa. Entonces cambié. La gente lo hace a veces. Confiar en tal cambio o arriesgar tu futuro en él sería una mala idea (solo una forma de aplazar el problema para que se convierta en el dolor y la responsabilidad de tu yo futuro que deberá lidiar con eso). Pero tener más claridad en el presente ayuda a lograr el cierre que necesitas para saber si algo de verdad es una señal para detenerte o una invitación a una mayor comprensión, incluso intimidad.

Cuando es posible conversar sobre el carácter en cuestión, para ver si las cosas pueden mejorar, uso el término *focos amarillos*. Digamos que experimentas algo que no te gusta, pero quieres explorar un poco antes de decidir si es hora de tirar la toalla. Esa característica o tendencia se convierte temporalmente en un foco amarillo. Esta luz amarilla, con el tiempo, se vuelve verde (¡sigue adelante!) si la situación mejora, pero si se pone en rojo, ¡vete de ahí!

¿Cómo sucede eso? ¿Cómo puedo saber a qué color cambiará la luz amarilla? Empezando una conversación. Ese es un principio fundamental en mi trabajo: las conversaciones difíciles mejoran la vida. El señor Rogers solía decir: "Si es mencionable, es manejable". Bueno, en las relaciones románticas todo tiene que ser mencionable o nunca sabremos realmente si puede mejorar.

Cuando la gente viene a mí con sus problemas, muchas preguntas siguen este patrón: "Matthew, él hizo esto y a mí no me gustó. ¿Crees que puede mejorar?". Pero cuando les pregunto "¿ya lo hablaste con él?", la respuesta casi siempre es "no". Yo debería ser la segunda persona con la que hablan sobre el problema. Gran parte del problema es que, por lo general, yo soy la primera.

He observado cómo gente que ve las señales de que alguien no está buscando algo serio solo las ignoran, con la esperanza de que el simple hecho de acercarse a esa persona la haga cambiar de opinión. Un año después, descubren que la persona sigue igual que como empezó: sin ganas de una relación seria en absoluto.

A menudo no hablamos de forma directa con la persona involucrada porque tenemos miedo de asustarla, pero si dejamos que nuestro miedo e incomodidad nos guíen, solo estamos ignorando los focos que algún día nos perseguirán. Anteponer el miedo a asustar a alguien a nuestra necesidad de saber si esa persona de verdad puede estar a la altura de nuestros estándares es una receta para la infelicidad. Necesitamos revertir esa ecuación: *mi mayor temor debería ser desperdiciar mi vida con alguien que no me hará feliz, no asustar a alguien.* Incluso la persona que nos parece correcta será incorrecta *si no está comprometida con nuestra felicidad.* La felicidad, no la persona, es siempre el premio. Para encontrar la felicidad con alguien, debemos ser valientes en nuestra voluntad de comunicar las cosas que nos hacen reflexionar. Es más fácil demostrar esa valentía cuando nos damos cuenta de que las relaciones que vale la pena tener, en realidad se forman en el crisol de las conversaciones difíciles.

7

Tener conversaciones difíciles

Hace unos ocho años, la marca de condones Trojan me contrató para ser uno de sus portavoces en una campaña de servicio público sobre sexo seguro. Como "experto en relaciones de renombre mundial" (según los comunicados de prensa), me enviaron a hablar sobre las muchas formas en que las personas caen en comportamientos de riesgo. Primero me llevaron en avión a Nueva York para charlar con varios medios de comunicación y revistas, cada uno con audiencias distintas y riesgos específicos por grupo demográfico. En una revista, por ejemplo, me dijeron que todavía existía una cultura machista en la que los hombres no querían usar condón y las mujeres tenían miedo de empezar la conversación, incluso de pedir que se lo pusieran.

En muchos sentidos, el sexo seguro es la zona cero de las conversaciones difíciles, para parejas heterosexuales, homosexuales, queer... para todas. ¿Cuántas vidas han cambiado para siempre porque en un momento crucial alguien sintió mucha dificultad, vergüenza (o peor aún, intimidación) para tener una conversación incómoda? La cultura no ayuda. Recuerdo que en mi papel de portavoz me llevaron a una sala de sonido para conectarme con una estación de radio tras otra. Hice tantas entrevistas seguidas que no podría decirte quién estaba en la línea o con qué parte del país estaba hablando. Pero recuerdo a un locutor de radio en particular que seguro transmitía desde un área conservadora porque me dio la bienvenida diciendo: "Ahora tenemos aquí a un caballero, Matthew Hussey, quien nos va a hablar de..., y diré esta palabra solo una vez: *condones*. Entonces, Matthew, cuéntanos, ¿Qué crees que está pasando? ¿Por qué tanta gente tiene relaciones sexuales sin protección?".

No lo pensé dos veces antes de decir: "Bueno, en parte se debe a gente como usted, que por lo visto piensan que es una ofensa decir la palabra *condón* más de una vez, en una entrevista de radio". La verdad, si lo hubiera pensado dos veces, habría sido peor. Al menos todo terminó muy rápido.

Otra conversación difícil: bebés. A veces, titulamos "bebés" a esa conversación fácil tipo: "Claro, ¿quién no quiere tener bebés?", pero la versión más complicada es la del tema del reloj biológico (algo que discutiremos a detalle en el capítulo 11). He visto a personas evitar una y otra vez conversaciones difíciles (y es comprensible) que podrían poner fin a la relación con su pareja debido a opiniones desalineadas sobre tener bebés, lo que lleva a una devastación mucho mayor en el futuro y a un profundo sentimiento de arrepentimiento. Mi experiencia cercana con este tipo de arrepentimiento me ha convencido de una cosa: cualquier conversación dolorosa de hoy que nos salve de la angustia de un arrepentimiento futuro debe colocarse en lo más alto de la lista de prioridades.

Nuestra disposición a tener conversaciones difíciles es un reflejo externo de un estándar interno recientemente decidido (un estándar surgido del pleno reconocimiento del tipo de vida que queremos vivir). Conocer tus estándares y tener conversaciones difíciles van de la mano. Una vez que hayas decidido lo que quieres y puedas comunicarlo ("por muy sexy que seas, no puedo ir más lejos sin condón" o "sabes divertirte, me la paso genial contigo, pero no puedo continuar si no te interesa comprometerte con una relación" o "me encanta estar contigo y lamento que no estemos de acuerdo en esto, pero mi plan es tener un bebé, contigo o sin ti, antes de cumplir cuarenta"), podrás encontrar la claridad y la fuerza que necesitas para alejarte de situaciones que no te lo pueden proporcionar.

Las reglas de la negociación no cambian porque estés en una relación donde se mezclan las emociones y el sexo; siempre debes saber que tienes la opción de irte. Si buscas empleo, no considerarías dejar tu trabajo actual sin conseguir un puesto más importante, un aumento salarial o un trabajo más acorde con lo que deseas hacer. Si vendes una casa, sabes el precio que debes alcanzar para que valga la pena el esfuerzo de la mudanza. En cualquier caso, si no se cumplen tus condiciones básicas, terminas las negociaciones de forma cortés.

Las conversaciones difíciles surgen de tener un estándar en el interior y son el camino para establecer ese estándar en el exterior. Una seguidora de YouTube le envió al chico con el que salía un mensaje de texto que yo había creado para los momentos donde la relación no va a ninguna parte. El chico le respondió: "Eso no suena como tú". Un retroceso como ese es completamente normal y es de esperarse. En terapia familiar, se llama *tirón homeostático*: el deseo de cualquier sistema de mantener las cosas como están. Cuando escucho esa respuesta, mi reacción es "¡Genial! Ahora estás en camino a un resultado diferente al que has estado obteniendo". Es claro que el chico siente que las cosas van en una nueva dirección y está probando si ella de verdad cree en eso. Quiere saber si se trata de una decisión poco entusiasta que desaparecerá a la primera señal de problemas (en otras palabras, solo una táctica) o si ella está estableciendo un nuevo estándar muy real y mostrándole que ahora ambos tendrán que jugar con nuevas reglas.

La respuesta correcta a ese texto es "La verdad es que sí soy yo. Pero como me gustas, seguí hasta ver hacia dónde se dirigía esto. Ahora veo que no va en la dirección que me entusiasma, así que tengo que ser honesta conmigo y contigo sobre lo que necesito". Pero en vez de hacer eso, la mujer entró en pánico y le escribió: "Tienes razón. No suena como yo. Hay un chico que habla sobre relaciones en YouTube y te envié uno de sus mensajes porque me entristece que no pase nada entre tú y yo". Así, había renunciado a los límites que acababa de trazar. Sí, tenía razón, no sonaba como ella, pero ese era el punto. Era un nuevo estándar diseñado para indicar que ahora estaba tomando en serio sus necesidades y a sí misma. Por desgracia, no lo respaldó con una confianza más profunda y, por lo tanto, se vino abajo ante la primera señal de resistencia. Al retroceder así, todo el progreso que había hecho para cambiar la dinámica que tenían desapareció, y el chico aprendió que cualquier estándar que ella intentara establecer podía ser ignorado porque abandonaría su resistencia a la primera señal de confrontación.

Por eso son tan importantes las conversaciones difíciles (respaldadas por un estándar): no podemos mejorar lo que no enfrentamos. (El corolario negativo de esa regla es que aprobamos de forma tácita cualquier cosa o comportamiento que ignoremos). Aun así, es natural evitar meterse en esa situación. En primer lugar, tenemos miedo de decirlo todo mal y nos inquieta porque nos preocupa quedarnos sin palabras o avergonzarnos. En segundo lugar, tenemos miedo de asustar a alguien y de la soledad y el arrepentimiento que podrían surgir si lo hiciéramos. Y en tercer lugar, tenemos miedo de enfrentar la realidad de la situación en la que nos encontramos: enfrentar cualquier problema (preguntar sobre una comunicación inconsistente al principio de una relación o, más adelante, mencionar el matrimonio o la idea de tener bebés) podría terminar las cosas y obligarnos a regresar a la jungla de las citas.

Reconozcamos lo difícil que es todo esto. Si no has tenido una cita ni has estado con nadie de manera seria durante meses, incluso años, es aterrador iniciar una conversación sobre estándares (o sobre cualquier cosa, en realidad) que corra el riesgo de perder lo primero que aparece en tanto tiempo. Es como exponer todos los términos y condiciones mientras todavía intentas realizar la venta. En esas circunstancias, es más probable que elimines algunos términos solo para cerrar el trato. Si no has experimentado ninguna atención íntima durante un tiempo, es casi inconcebible tratarla como si pudiera ser reemplazada (la esencia de lo que llamamos *mentalidad de escasez*).

Al centrarte solo en cómo podrías asustar a alguien (olvidando por un minuto que no querrías estar con una persona que se asusta por una conversación difícil), pierdes de vista todos los resultados positivos que pueden surgir al confiarle tus verdaderas preocupaciones. Ser suficientemente vulnerable como para hacerle saber a alguien que tienes algo en juego es valiente, entrañable y crea intimidad en sí mismo. Le estás contando a esa persona sobre ti.

También le estás diciendo cómo verte. La vida no es sencilla y la gente necesita señales. Mostrarle a alguien que contigo no se trata de una relación casual o, más adelante, que te has preparado para construir algo real y duradero, le permite saber en qué categoría colocarte. Estás insistiendo en un valor que te separa de las relaciones poco serias. Hay un porcentaje de mujeres que son pasivas por miedo o porque les enseñaron que la pasividad es un comportamiento femenino adecuado. Con demasiada frecuencia saldrán perdiendo no porque no le gusten al chico, sino porque actúan como si estuvieran bastante contentas de permanecer en la categoría "informal". Ese es el verdadero peligro oculto de esperar que *nos* llegue el amor y una relación. Claro, el amor es una calle de doble sentido, ¡pero a veces debes dirigir el tráfico!

Casi no importa cuál sea el estándar (tema) de tu conversación difícil; la conversación en sí añade seriedad e intención a una relación. Un amigo que había salido un par de veces con una mujer que le gustaba fue a una convención de trabajo en Houston y, luego, decidió agregar un fin de semana largo en Austin. Cuando regresó y la llamó, ella dijo: "Me preocupé mientras no estabas y no supe nada de ti. Me pregunté si estarías compartiendo tu cama con alguien". (Para que quede claro, estoy casi seguro de que sí lo hizo, pero ese no es el punto). El hecho de que le dijera eso, hizo que de inmediato lo viera de otra manera. No solo se dio cuenta de que ella no era una chica a la que pudiera tratar de forma casual, también le pareció un poco excitante. Terminaron en una relación seria porque esa combinación (la comprensión de que ella hablaba en serio con él y lo sexy de decirlo) lo sacó de un período en el que andaba flotando entre encuentros casuales. Tal vez todo hubiera sucedido de todos modos, pero seguro la conversación cambió las condiciones.

La conversación más difícil es contigo

No es un secreto que soy fanático de las conversaciones difíciles. Como vimos en el capítulo 5 con Songbird, algunas personas se unen a mis programas porque se encuentran en una situación complicada y les resulta difícil ser honestas consigo. Saben que, al exponerme su situación, desempeñaré el papel del amigo que nunca evitará la difícil conversación. Esta no es una observación científica, pero siento que casi la mitad de las conversaciones difíciles que las personas necesitan tener son... consigo mismas. Cuando ese es el caso, lo mejor que puedo hacer es modelar el tipo de conversación que les cuesta entablar solas.

Una mujer australiana, vestida de manera conservadora, que asistió a uno de los eventos de mi gira en Sydney, se levantó para hacer una pregunta. Agitó el micrófono en una mano y el iPhone en la otra como si hubiera estado parada frente a una multitud como esa durante años. Pero su fragilidad apareció en cuanto empezó a exponer las contradicciones de su situación: llevaba ocho años soltera antes de conocer a este hombre hacía casi un año y de verdad lo amaba, pero "no tenemos un título". Él y ella "tratan de hacer un esfuerzo para verse cada quince días", pero cuando están separados, dijo (y aquí su voz cambió):

—Siento que él se ha olvidado de mí.

Estaba segura de la intensidad de sus sentimientos, estaba dispuesta a casarse con él si alguna vez se lo pedía, incluso dijo que "recibiría una bala por él", pero discutían mucho cuando estaban lejos.

—Se siente muy bien cuando están juntos —dije.

—Sí —contestó de manera poco entusiasta.

Esa respuesta confirmó la sensación de que no estaba desafiando a la multitud porque quisiera afirmación. Tras admitir que solo compartían dos días cada dos semanas, porque él trabaja de noche y vivía a unas horas de distancia, le pedí que hiciera los cálculos de toda la vida. Con casi cuarenta años, dada la esperanza de vida actual, con optimismo podría contar con estar en el planeta otros cincuenta o sesenta años más, con la perspectiva de felicidad disponible solo dos días cada dos semanas.

—Pero tal vez también discuten cuando lo están —supuse—, así que ni siquiera estás feliz en esos periodos de tiempo.

—Debo admitir que yo empiezo las discusiones —confesó.

—Por supuesto que sí ¡porque no eres feliz! —creo que se dio cuenta de que estaba indignado por ella (esa idea de que ella fuera la del problema porque tenía necesidades era profundamente corrosiva)—. ¿Cuántas vidas más crees que tendrás? Creo que solo una. No voy a apostar que haya más.

Mientras recuperaba la compostura, le presenté los peligros de adoptar un enfoque de vida de "futuras vacaciones", me refiero a la gente que vive cincuenta y una semanas al año esperando la semana de vacaciones para sentirse feliz, y cómo ella corría el peligro de agotar el tiempo de su vida haciendo lo mismo.

—Hoy no hay tiempo para que *no* seas feliz —le dije—. No tienes el tiempo que finges tener perdiendo doce días cada vez que lo dejas, esperando con ansias la próxima vez que lo verás.

Como un ser humano que atraviesa las etapas del duelo, pasó de la negación ("¡pero queremos estar juntos!") a la negociación ("pero lo lastimé tanto en nuestras discusiones... es mi culpa").

—Está bien —dije—. Pretendamos que es tu culpa. Puede que estés haciendo un muy buen trabajo siendo dulce y vulnerable aquí, ¡cuando detrás de cámaras eres una terrible pesadilla!

Las risas en la sala sugirieron que todos pensaban que esa idea era absurda.

Ella también se rio y siguió el juego:

—¡Cuando estoy enojada!

Le pregunté la principal razón por la que discutían y, de nuevo, su voz se quebró cuando dijo:

—Porque ignora mis mensajes de texto o no responde. Él no inicia la conversación. Nunca pregunta por mí.

—Entonces, aunque no discutas de la manera más productiva, en el fondo no estás obteniendo lo que necesitas de su relación. Así que podrían empezar a discutir de forma más productiva, pero si la raíz de su relación no cambia, seguirán siendo infelices. Y podrías pasar tu vida así de infeliz. ¿Quieres ser así de infeliz dentro de cinco años?

Negó con la cabeza.

Tras admitir que no quería sentirse así durante los próximos cinco o diez años, hablé muy claro sobre la verdad de su situación:

—Esto de lo que te estás convenciendo, esta cosa feliz a la que te aferras… no es algo feliz.

—Pero ¿por qué sigue rondándome?

—Porque tú lo *sigues* rondando! Hay personas que serán débiles si les permites ser débiles y otras que se aprovecharán de ti si lo permites.

Ese era el clásico comportamiento de un evasor (él sin duda) y una evasora (ella en menor medida). No estoy orgulloso de decir que yo también me comporté así en el pasado, por eso sentí tantas ganas de ayudarla a darse cuenta de que él continuaría tratándola con indiferencia si ella se lo permitía. Incluso quienes se arrepienten de haber lastimado a alguien más o haberle hecho perder su energía, no tienen el poder de devolverle su tiempo. Por eso es tan importante defendernos en el momento y no asumir que alguien nos va a defender.

—En este momento no puedes verlo porque estás cegada por tu amor. Pero no darte lo que quieres y seguir contigo es egoísmo. Él está siendo egoísta y tú no te estás protegiendo.

Nada de esto fue fácil de escuchar para ella. Requirió una valentía increíble de su parte para levantarse y ponerse en una posición en la que quizá sabía lo que escucharía. Pero proteger sus sentimientos no venía al caso. Teniendo en cuenta lo mucho que estaba en juego, cuántas décadas le quedaban por delante todavía, no hay dolor a corto plazo comparado con la importancia de plantar una semilla: cada semana que pierde con un hombre que le dice que no la ama tanto como ella a él... es una semana que no pasa con la persona adecuada para ella o en su propia y pacífica compañía. Hay una persona ahí afuera adecuada para ella, que la merece y a quien ella merece, incluso si aún no la conoce.

La sala estalló en aplausos, indicando aprobación y apoyo hacia ella.

—Ahora te voy a exponer tus opciones. Tú decides qué hacer. Déjalo, vive tu vida. Conoce a alguien que pueda satisfacer tus necesidades. Sé feliz... ¿Tienes hijos o hijas?

—Dos chicos, uno de dieciséis y otro de dieciocho.

—Así que puedes mostrarles dos ejemplos: el de cómo es una mujer fuerte o el de cómo es una mujer que permite que la gente la trate como quiera —deseaba orientar su atención hacia las formas reales en que estaba siendo maltratada y que había estado ignorando—. Es maltrato cuando eres descuidado con el corazón de alguien. No le haces eso a una persona que amas y que te importa. No la mantienes atada solo para que esté cerca cuando la necesitas... viéndola cada dos semanas porque te conviene.

Luego hizo algo muy común: desvió la conversación de la verdad más profunda, que él no quería como ella necesitaba, y la llevó a una barrera menos dolorosa, la de estar juntos:

—¿Y qué haces en esa situación? Cuando vive lejos...

—Te repites que, si dos personas quieren tener una relación, la hacen funcionar.

La situación de esta mujer claramente resonaba en la gente presente en el evento, quienes de nuevo aplaudieron. También resonó en ella. En especial, cuando pensó el impacto que su decisión final tendría en su familia. Podrían verla conocer a alguien que estuviera listo para satisfacer sus necesidades, lo que significaría que podrían verla más feliz y en paz. O podrían verla seguir en esta relación insatisfactoria, que, por lo general, la ponía en un estado de gran ansiedad. Cuando lo reducimos a esas duras decisiones, apenas parecía una decisión difícil. Tenía un último consejo:

—Por cierto, si te vas y él tiene un cambio milagroso y se da cuenta de lo que se estaba perdiendo, entonces tienes que tomar una verdadera decisión. Pero ahora mismo no hay ninguna decisión porque ni siquiera te ofrece la opción que deseas.

Insté al público a que le diera un gran aplauso y, mientras lo hacían, me acerqué para abrazarla, tranquilizarla y reafirmar en voz baja lo que acababa de decir públicamente: que su persona estaba ahí afuera. En verdad, la conversación más difícil no era la que necesitaba tener con él, sino la que necesitaba tener consigo misma, donde aceptó el hecho de que él no era esa persona.

Ten la conversación pronto

Algo que dificultó mucho la conversación de esa mujer fue el tiempo que tardó en tenerla: un año. Las conversaciones difíciles se vuelven aún más complicadas a medida que pasa el tiempo. Entre más tarden en satisfacerse nuestras necesidades, más se endurecen hasta convertirse en resentimiento e ira. Nuestra identidad se conforma por el rol que hemos estado desempeñando la mayor parte de nuestra vida, por lo mismo, se siente más difícil convencer, de repente, a alguien de nuestra nueva versión, la que queremos que se respete. En otras palabras, nos hemos acostumbrado a que nos vean de la manera en que nos ven ahora, y da miedo pedir o exigir que nos vean como algo diferente. Luego, por supuesto, está el hecho de que con el tiempo nos decimos que hay más en juego porque tenemos mucho que perder: lo que hemos construido con alguien: el tiempo invertido, la forma en que hemos orientado nuestras vidas en torno a esta relación (algo conocido como "la falacia del costo perdido", en inglés: *the sunk-cost fallacy*). Así que hacemos lo que yo llamo la *Apuesta de un día*: la terrible apuesta de que, algún día, la persona cambiará de forma milagrosa para convertirse en todo lo que necesitamos que sea.

Si aprendemos a tener conversaciones difíciles antes, podremos entablarlas de manera más informal, con la facilidad de alguien que solo está educando a alguien más sobre quiénes somos y qué necesitamos, antes de que salgan todas las cicatrices. Así, nunca tendremos que jugarlo todo en la Apuesta de un día. No tenemos que hacer grandes apuestas cuando realizamos pequeños experimentos con conversaciones difíciles que conducen a datos reales sobre el potencial de alguien.

Pero incluso en las primeras etapas, cuando nos enfrentamos a una conversación difícil, no podemos descartar el miedo a decir las cosas mal, a intervenir y estropear todo por nerviosismo, y terminar en una segunda discusión que se resume en: "No, en absoluto, eso NO era lo que yo quería decir".

Las conversaciones difíciles son un idioma para aprender y, como cualquier idioma, hay maneras más elocuentes de hablarlo que obtienen mejores resultados. Al aprender otras lenguas, es más útil que te muestren un ejemplo en el trabajo a que te lo enseñen de forma abstracta. Si te preocupa parecer una persona intensa, decir algo incorrecto o, en pocas palabras, "meter la pata" en una conversación difícil, a continuación, te presento un ejemplo con el que podemos trabajar en conjunto. No asumo que funcione en todas las situaciones, pero es un buen punto de partida. Intenta detectar en cuáles partes tu forma de decir algo difiere del ejemplo. Eso no significa que tu método sea incorrecto, pero resaltará cuan diferentes pueden ser nuestros resultados según la estructura del lenguaje que elijamos...

Busca un terreno neutral

En los siguientes guiones, te ofrezco frases que ayudan a mover las cosas de un territorio emocional hacia una especie de terreno diplomático. Cuando imaginé la siguiente conversación por primera vez, pensé en una situación hipotética en la que sentías que te habían mentido. Descubrirle a alguien una mentira no es el peor de los pecados (¿quién no ha tergiversado las cosas de vez en cuando?) y sacar el tema a relucir es una introducción, en pequeña escala, al mundo de las conversaciones desafiantes. Pero el lenguaje que puse también funciona en otras circunstancias donde alguien te ha lastimado o te ha hecho reflexionar. Por eso, en los lugares donde originalmente había puesto las palabras *me mentiste* o *mintiéndome*, verás que dejé un espacio en blanco, como un juego de palabras estilo *Mad Libs*.

Imaginemos que ya tuviste una discusión confusa/demasiado emocional/reactiva y esta es la continuación en la que vas a aclarar las cosas:

Saber que tú _____ (insertar actividad) me hizo sentir extrañeza/dolor/temor. Lo estuve repasando mentalmente y me di cuenta de que debería hablarte de eso. De verdad, no puedo tener tan cerca de mí a alguien que _____ (menciona la acción ofensiva de nuevo). Es inaceptable para mí y quiero hablar sobre por qué sucedió eso... porque quiero entender qué te llevó ahí para asegurarnos de que nunca vuelva a suceder.

Analicemos el lenguaje aquí y por qué es útil:

Decir que algo te provocó *extrañeza*, *dolor y temor* es muy útil porque no juzga a la otra persona, sino que se centra en el sentimiento que estamos teniendo, uno con cierta ambigüedad que te da espacio para maniobrar. Es casi como si aún no hubieras decidido cómo te sientes.

"Lo estuve repasando mentalmente y me di cuenta de que debería hablarte de eso", es excelente para áreas grises donde no sabes si estás en lo cierto sobre el tema en cuestión. Estás diciendo: "No sé si mis miedos están justificados o si estoy cayendo en una reflexión irracional, así que soy lo suficientemente vulnerable como para tener la conversación contigo en voz alta". Eso tiene el efecto de acercar a dos personas a pesar de las circunstancias, reafirmando que confían en que lo que tienen es lo suficientemente sólido como para manejar una discusión peligrosa.

"No puedo tener a alguien tan cerca de mí como tú (espacio en blanco)" casi parece un cumplido. Estás diciendo que la otra persona está cerca de ti y, por lo tanto, ocupa una posición importante, pero como es una posición tan significativa, hay un estándar que esperas de su parte. De alguna manera le das importancia a la persona, al mismo tiempo que despersonalizas el estándar que tienes. No se trata en sí de esa relación, se trata de la posición que ocupa en tu vida. Compara esta frase con algo que muchas veces nos sentimos con la tentación de decir en una situación así: "Nunca puedes volver a hacer eso". No hay nada de malo ahí, es audaz y asertivo, pero es más probable que traiga el ego a la ecuación. Queremos que la persona te escuche, no que luche ciegamente contra lo que percibe como agresión, juicio o control de lo que debe hacer.

Ahora que ya eliminaste el ego de la ecuación, eres libre de seguir la conversación con un poco más de firmeza:

> Es inaceptable para mí y quiero hablar sobre por qué sucedió eso… porque quiero entender qué te llevó ahí para asegurarnos de que nunca vuelva a suceder.

"Es inaceptable para mí" es donde estableces tu límite con claridad.

"Quiero hablar sobre por qué sucedió eso… porque quiero entender qué te llevó ahí" es un momento de compasión. Muestra un deseo de comprender por qué la persona hizo lo que hizo, lo que también es una oportunidad para que descubras si es capaz de ser introspectiva, consciente de sí y autocrítica.

"Para asegurarnos de que nunca vuelva a suceder", en realidad, demuestra un espíritu de trabajo en equipo para resolver el problema. Si *ambas partes* buscan esto (es decir, tener una relación), entonces *ambas partes* deben asegurarse de que eso nunca vuelva a suceder, porque está por debajo de la cultura de la relación con la que sienten comodidad y disposición para comprometerse.

Tener conversaciones difíciles es una de las formas clave en que afirmamos nuestros límites y estándares, y esas dos cosas son la base de una mejor vida amorosa. Si eres como yo o como los miles de personas con las que he trabajado, hay en ti una personalidad que complace a la gente y le gusta dirigir el espectáculo; una que tiene tanto miedo de hacer un remolino, que busca cualquier excusa para no hablar. Pero al volvernos más competentes en esta área, utilizando las habilidades de este capítulo y viendo lo prácticas que pueden ser, por fin empezaremos a trabajar en ese músculo quizá atrofiado hasta ahora. Con el tiempo, abogar por ti se convertirá en parte de tu identidad, una sin la cual nunca volverás a vivir.

Como cualquier otra cosa en la vida, las conversaciones difíciles requieren práctica y se vuelven más fáciles a medida que nos volvemos más competentes para mantenerlas. Pero puede ser emocionante descubrir hasta qué punto el lenguaje correcto en una conversación difícil puede abrir una puerta y hacer que atravesarla sea más atractivo, mientras que el lenguaje equivocado puede hacer que alguien se dé la vuelta por completo. Esto no aplica solo al tener una conversación difícil en la que alguien ha hecho algo que no nos gusta, también aplica cuando necesitamos decir cosas que nos resultan difíciles de expresar cuando lo único que queremos es agradarle a una persona y que nos acepte.

TENER CONVERSACIONES DIFÍCILES

Recuerdo un evento de fin de semana que realicé en Londres hace muchos años. En aquella época parte de mi programa incluía salir en la noche para que la gente practicara lo que había aprendido durante el día. Esto era posible cuando había treinta mujeres yendo a un lugar específico (enviar dos mil mujeres a un área específica ahora sería un poco excesivo). Al día siguiente les pedía sus observaciones. Una mujer dijo:

—Matthew, me divertí, pero nunca dejó de rondar por mi cabeza que tengo hijos y no sé cuándo sacar el tema.

Otra mujer, que parecía no tener una pregunta, sino ganas de compartir su emoción por contar su historia, levantó la mano y dijo:

—¡Intercambié números con un chico realmente atractivo!

—¡Muy bien! ¿Cómo empezaste a hablar con él? —le pregunté.

Me respondió esto (sin siquiera darse cuenta de que estaba relacionado con el conflicto de la primera mujer):

—Bueno, noté que tenía un hoyuelo en la barbilla, así que le dije: "Me gusta tu hoyuelo en la barbilla. No es tan lindo como los hoyuelos en las mejillas de mi hija, ¡pero me gusta!".

El público se rio e instintivamente percibió el tipo de energía divertida y atractiva que el chico debió haber sentido la noche anterior, cuando ella le dijo eso.

Ese fue un ejemplo perfecto de cómo una conversación difícil nunca llega a serlo para una persona, pero sigue siéndolo para otra. La primera mujer hablaba como si tuviera a Darth Vader esperando en casa a cualquier tipo que se acercara a ella. La segunda logró hablar de su hija al mismo tiempo que coqueteaba con alguien.

Esto resalta un punto vital sobre las conversaciones difíciles: las personas siguen nuestras indicaciones. Si tenemos miedo de tener una conversación, la gente puede sentirlo; si nos preocupa que "nuestro equipaje" asuste a alguien, es más probable que lo vea justo como un peso. Pero podemos aprender a llevar las cosas más a la ligera, incluso aquellas que alguna vez pensamos que nos harían invisibles o que harían que nadie nos quisiera. Es difícil pensar en un mejor ejemplo de esto que mi clienta Ángela, quien un día de la primavera de 2019 subió al escenario de mi Retiro y contó a toda una sala, incluyéndome a mí, superada por la emoción, la historia de su propia y dura conversación.

Angela

Angela es una mujer escocesa que asistió a uno de mis primeros retiros en 2010, cuando eran pequeños y todavía podíamos acomodar a quien asistiera en una gran casa en las afueras de Orlando —no era la primera vez que iba a alguno de mis eventos, también había asistido a una serie de charlas sobre la confianza en Londres—. Antes de hablar por primera vez en aquel retiro, había permanecido como una presencia reflexiva, vestida un poco fuera de lugar para Florida: con faldas largas que casi llegaban al suelo.

Luego, en algún momento de la semana, me preguntó si podía hablar conmigo de manera personal y privada, algo mucho más común en los primeros retiros en vivo, cuando la asistencia era de decenas y no centenas. La enorme casa tenía una pequeña sala de cine silenciosa, sombría, casi como una iglesia. Angela y yo entramos y nos acomodamos frente a la pantalla vacía. Cuando nos sentamos no dijo una palabra, cosa que no es tan extraña como parece, hasta que rompí el silencio y dije: "Sabes que me voy a quedar aquí hasta que me digas qué pasa". Mientras se cruzaba de brazos de manera desafiante, le dije que podía sentarme ahí todo el día y le aseguré que no había nada que no hubiera escuchado antes.

Entonces, de un momento a otro, su historia salió a la luz: a los veintitrés años, mientras caminaba del trabajo a su casa, un conductor ebrio que iba a ciento veinte kilómetros por hora la atropelló y escapó. Quedó tirada en la carretera. Perdió una pierna y, después de la cirugía, su brazo quedó lleno de cicatrices. Los médicos dijeron que tal vez nunca volvería a caminar, ni alimentarse por su cuenta, y que quizá no podría tener una familia propia. Sin embargo, gracias a lo que ella llama su *terquedad escocesa*, salió del hospital con muletas y desde entonces se mueve sola, "usando", como ella dijo, una prótesis.

Tras contarme, en un arrebato emocional, todas estas noticias devastadoras que había ocultado durante tanto tiempo, le dije: "¿Y qué?".

Me respondió que ahora le preocupaba que, cuando tuviera una cita, el chico nunca la quisiera porque le faltaba una extremidad.

Como *coach*, he aprendido lo poderoso que es romper el patrón de alguien, dándole una respuesta radicalmente diferente de la que espera de forma precondicionada. Así que le dije, con una especie de falsa indignación incrédula: "¿No te parece que eso es muy arrogante? ¿Necesitas que todos te quieran?, ¿como si todas las personas con las que tienes una cita tuvieran que enamorarse de ti y elegirte?". Angela me miró con curiosidad durante quince segundos completos y se rio. Luego rio un poco más, antes de que los dos estalláramos a carcajadas, lo que debió durar treinta segundos completos. Lo entendió de forma instantánea e instintiva: en el mundo del amor, no necesitamos que cada persona nos quiera, solo necesitamos que una lo haga. Y el rechazo solo nos ayuda a llegar a ella más rápido.

Ocho años después, a finales de 2018, Angela me contactó por teléfono, ansiosa por contarme sus buenas noticias y cómo mi respuesta, en parte frívola, le dio la confianza para hacer algo que nunca había imaginado. Estaba emocionado por ella. A pesar de su silencio en la sala de cine, Angela era una gran narradora ("un poco charlatana", como ella dijo), y le pedí que viniera a hablar sobre los grandes cambios en su vida en un evento antes de Navidad. Me explicó que no podía porque tenía un procedimiento en el hospital que le complicaba las fechas, así que acordamos que vendría como mi invitada al próximo retiro de primavera.

Cinco meses después, cuando la llamé al escenario, no tenía ni idea de lo conmovedor que sería lo que estaba a punto de compartir con nosotros. Charló con confianza sobre el accidente y mi reacción ante sus problemas en la pequeña sala de cine. Se ganó mi corazón al mencionar el incidente que tuvo una mañana en la cocina, durante ese retiro, cuando se resbaló, cayó, derramó café sobre el vestido largo y se sintió avergonzada, en parte porque la caída había dejado al descubierto su prótesis de pierna. Al parecer, mi mamá, que estaba allí, se acercó a ella, le dio la mano, la ayudó a levantarse y se ofreció a lavarle la ropa si subía a cambiarse. Angela saludó a mi madre, Pauline, que también estaba al fondo de la sala ese día, y le agradeció de nuevo su amabilidad instintiva esa mañana en la que se sintió tan expuesta.

—Por cierto, chicas —les dijo a todas las mujeres en la sala—, esta es la primera vez que uso una falda que muestra mis piernas —dijo, refiriéndose a la falda de algodón azul y blanca que dejaba ver sus piernas y unas botas cortas de gamuza pálida.

Las mujeres aplaudieron. Ella estaba agarrando ritmo y explicó cómo, después de dejar aquel retiro, empezó a poner en práctica las técnicas que había aprendido a través de mis programas y conoció a un chico. Después de una buena primera cita, decidió que en la segunda "solo sacaría el tema". Explicó:

—Estaba muy preocupada porque le iba a contar sobre mi accidente, de las cicatrices que tengo y que uso esto —señaló su pierna protésica—... Pero me dijo lo mismo que Matthew: "¿Y qué?". Entonces supe en ese momento que este era el hombre para mí —dijo riendo.

La multitud respondió y ella siguió:

—Pero la verdad es que, debido a lo que Matthew me había enseñado, incluso antes de reunirme con este hombre, me dije: "Si no le agrado por lo que soy, entonces lo dejo y sigo adelante. Mi valor no depende de sus intereses". —Ahora se dirigió directamente a las mujeres—. Si estoy parada aquí y pueden ver lo que tengo: mis cicatrices, mis inseguridades... Entiendo cualquier inseguridad que hayas tenido, lo he visto, lo he vivido. Y si yo pude, tú también puedes —dijo, relajándose en su dialecto escocés.

Luego contó la historia de cómo, unos meses después, su nuevo novio la llevó a Saint Andrews y reservó una suite de luna de miel, diciéndole con timidez que era la única habitación disponible. Esa noche, cuando salieron a cenar, él estaba muy nervioso, le temblaban tanto las manos que cuando le pasó un plato para que probara la comida, voló por los aires y cayó en otra mesa. Recordó que pensó: "En serio, ¿está así de nervioso? ¡Aún tengo lo mío!". Después la llevó afuera, bajo las estrellas y le dijo que cerrara los ojos. Ella le dijo: "¿Qué haces ahí abajo?". Y ahí, de rodillas, le propuso matrimonio. Seis meses después, se casaron.

En ese momento, todos aplaudieron. Cuando la sala se calmó de nuevo, dijo que tenía dos cosas más para compartir: "Matthew me ayudó a superar mi historia, eso de lo que no podía hablar, lo que me causaba más tormento, lo que más me frenaba. Ahora he creado una organización benéfica para ayudar a familias y niños afectados por borrachos y conductores ebrios".

Luego, Angela sorprendió a toda la sala cuando contó que, en Navidad, se había sometido a un procedimiento y que no había sido bueno, de hecho, le había cambiado la vida. Entonces habló de lo más triste después del accidente: le explicaron que, debido a la gravedad de sus heridas, no podía tener bebés. ¿Cómo te consuelas después de algo así? Buscó en su bolsa, sacó el teléfono, llamó a mi madre al escenario y nos mostró a todos una foto de ella en el hospital, con su marido junto a la cama y un bebé en brazos. ¡Su propia hija! La pequeña Hannah. Pensé que nos daría algunas palabras sobre la organización benéfica que había iniciado, pero en lugar de eso, esperó cinco meses, tomó dos vuelos para llegar a Miami, mantuvo su secreto durante toda la semana y luego programó su revelación a la perfección. Me quedé estupefacto y encantado.

—Por eso les digo: esto funciona —concluyó—. No hay que endulzarlo ni ponerle un bonito listón… Quería que mi vida fuera hacia una dirección, pero fue hacia otra. Aun así, ahora tengo satisfacción en todas las áreas de mi vida. Sé que habrá caídas, pero ahora tengo herramientas para mi autoestima y confianza. Y sé que lo que he aprendido de ti, Matthew, se le voy a enseñar a Hannah y se convertirá en una personita maravillosa.

8

Atención no es intención

Cuando nos sentimos hambrientos de atención romántica, cualquier cantidad que provenga de una persona que consideramos deseable parece la luz del sol. Claro, si se sintió tan difícil conseguir esa atención, no queremos dejarla pasar a la ligera. Pero cuando queremos una relación, nuestros estándares deben ser más altos que eso.

Si llevas tiempo siguiendo mi trabajo, me habrás oído decir: *No inviertas en alguien en función de cuánto te gusta, invierte en alguien en función de cuánto invierte en ti.*

Es una gran regla para protegernos. Desvía nuestra atención de lo bien que se siente cuando la energía de alguien está sobre nosotros/nosotras hacia lo mucho (o poco) que invierte *en* la relación de forma constante. Nos impide justificar nuestro tiempo y energía en función de lo grandioso que creemos que es alguien o de lo especial que creemos que es nuestra conexión con esa persona.

Aunque esta regla funciona para evitar que se aprovechen de nuestros sentimientos, si se sigue de forma extrema, puede hacer que adoptemos una actitud tan pasiva que nunca pase nada. Si siempre esperáramos a que la gente sea quien invierte en la relación y no al revés, ninguna relación despegaría. Alguien debe dar el primer paso el día que dos personas que no se conocen se ven; alguien debe enviar el primer mensaje de texto después de una cita; decir el primer "te amo"...; proponer la relación seria o el matrimonio. No podemos movernos al unísono todo el tiempo. De hecho, la decisión de una persona de dar un paso adelante puede ser lo que nos haga mejorar el juego. Por eso debemos encontrar el equilibrio entre el orgullo y la proactividad. Si cargamos con demasiado orgullo, nunca nos arriesgaremos a hacer nada. Este es el caso de muchas personas a las que ayudo porque no crean suficientes oportunidades románticas para aumentar las probabilidades de encontrar el amor. Sin embargo, con demasiada proactividad nos convertimos en una bola de ansiedad y en alguien susceptible a que se aprovechen de nuestra forma de ser.

Una forma para ayudar a la gente a encontrar este equilibrio es añadiendo un detalle que acuñó mi hermano Stephen Hussey: "Invierte, luego prueba".

Si das medio paso adelante, ¿la persona con la que estás saliendo también lo da? Considera cada paso proactivo que des como un miniexperimento y observa qué pasa. Por ejemplo, mándale un mensaje de texto matutino que diga: "Hola, tú/guapura/encanto. Espero que tengas un gran día". Puede que no parezca mucho, pero de un mensaje como ese se pueden sacar muchas cosas buenas. No estás haciendo un gran esfuerzo para llamar su atención, ni siquiera estás haciendo una pregunta para intentar obtener una respuesta. Pero es un mensaje abierto, amable y vulnerable. Ya que lo hagas, quiero que pongas mucha atención a lo que pasa. ¿A la mañana siguiente, temprano, te envía un mensaje de regreso? En otras palabras, ¿tu proactividad conduce a su proactividad? Me dirán: "Sé que le agrado porque siempre me responde los mensajes", pero eso solo es reactividad. Mi

ATENCIÓN NO ES INTENCIÓN

pregunta es "Claro, pero ¿alguna vez te envía un mensaje de texto antes que tú?".

Este es el peligro inherente al comienzo de cualquier relación: una vez que empiezas a sentir algo por alguien, cualquier atención que recibas parece una droga que reordena tu pensamiento racional. Incluso, puede ser más peligrosa que otras drogas porque, por muy bien que alguien se sienta al consumir cocaína, no despierta al día siguiente y fantasea en envejecer con ella. No se imagina llevando cocaína a casa de su mamá y papá para que se presenten. Al contrario de esto, la atención que recibes de una persona extraña y atractiva, un mensaje de texto de tu ex que nunca superaste, la perspectiva de un fin de semana romántico con alguien para quien tienes planes, todas estas cosas son esperanzadoras y, fácilmente, se confunden con intenciones más profundas.

Observa que dije: "Alguien para quien tienes planes". Ese es el problema. En esta etapa, todavía no tienes planes *con* la persona. "Con" sugiere intenciones compartidas, planes comunicados por ambas partes. Es común reconocer ese momento eufórico en la subida emocional de la promesa del amor; soñando y tramando planes *para* alguien que ya decidimos que será parte de nuestro futuro.

Empezamos a imaginarnos con esa persona en algún escenario futuro. Y sin siquiera notarlo, nos metemos de lleno en la historia de amor que creamos en la mente (una historia que no repara en cuánto están invirtiendo de su lado, pero basada en la emoción creada por la atención que hemos recibido). He visto a muchas personas resultar gravemente heridas porque, en esta peligrosa etapa, confundieron la *atención* con la *intención* de alguien. Recuerda, la atención es solo energía que un individuo te brinda en ese momento. La intención significa un deseo genuino de ver hacia dónde podrían ir las cosas, algo más difícil de identificar. No dejes que la atención que estás recibiendo ahora te distraiga de sus intenciones (o de la falta de ellas).

Caliente y frío

Uno de los ejemplos más locos de esta confusión se produce cuando una persona te colma de atención al estar con ella. Parece que no tiene suficiente de ti. Luego, en cuanto se separan, sientes que no existes. Es como vivir en dos universos paralelos, uno con una persona que está súper interesada en ti y otro con una que apenas piensa en ti. Esto es peligroso para tu tiempo y energía, como vimos en el ejemplo de la mujer de Australia en el capítulo anterior. La misma persona que te muestra mucha atención cuando quiere una *experiencia romántica,* pronto demuestra (con su desaparición casi total) que no tiene ninguna intención de respaldar esos sentimientos dando pasos reales para progresar en una relación.

¿Y qué pasa con las excusas que da cuando por fin vuelve a ponerse en contacto? ¿Se ocupó con el trabajo, con amistades, tuvo problemas familiares, pasó unos días fuera, por algún pasatiempo que de verdad le gusta? Cualquiera de esas cosas podría ser cierta, quizá se ocupó con esas otras prioridades. ¿Pero eso es razón suficiente para ignorarte durante una semana? ¿Deberías tolerar la inconstancia y el comportamiento que te hace sentir mal? ¿Qué deberías hacer?

El clásico error en este momento es reflejar su comportamiento; al devolverle la atención cuando concentra la suya en ti y, luego, apagar la luz cuando desaparece. Incluso puedes pensar que estás siguiendo mi consejo de invertir en quién invierte en ti, pero hay un problema: es casi seguro que le estás dando a ese romántico Houdini justo lo que quiere: estar disponible cuando quiere jugar y no molestarlo cuando no quiere. Eso no solo recompensa el comportamiento que deseas desalentar, también puede formar parte de un ciclo aún más peligroso: en el que terminas atrayendo a alguien que se entusiasma con tus retiros y luego pierde interés cada vez que le devuelves su afecto. En ese juego nadie gana.

Entonces, ¿cómo se rompe el ciclo caliente-frío? Tienes que tener la disposición de quitar tu atención *a través de la comunicación directa*. Eso significa que te retiras, pero primero le informas tus razones para hacerlo. Toma en cuenta que el momento adecuado para hacerlo no es en medio de uno de sus períodos fríos (si no te está buscando, no sirve). Solo es efectivo cuando la persona aparece queriendo algo de ti, cuando tú tienes el control. Puede hacerlo cuando te mande un mensaje directo, como "tengo muchas ganas de verte este fin de semana", o, cuando te mande un mensaje indirecto: "Te extraño". Cualquiera que sea la forma que adopte, ambas situaciones son un juego para llamar tu atención.

En este punto, le envías un mensaje de texto como este:

Hablaré con franqueza, me sorprende un poco que quieras verme [o: me sorprende un poco saber que me extrañas]. Últimamente, no siento que hayamos estado tan cerca porque no he tenido noticias tuyas, así que asumí que no estábamos en la misma situación.

No estás expresando ninguna emoción fuerte aquí. Estás mostrando objetividad: prácticamente pusiste en tiempo pasado cualquier problema o sensación negativa que hayas tenido, basándote en la falta de inversión de la persona. Tal vez de inmediato te envíe un mensaje de texto con su excusa. (Ver arriba: trabajo, amistades, familia, pasatiempos). Esta es tu oportunidad de enseñarle cuáles son tus estándares:

> Te entiendo perfecto. A mí también me pasan muchas cosas, así que sé cómo es. Pero valoro mucho la coherencia. Ya sabes, tú y yo somos increíbles cuando disfrutamos de nuestra compañía. Pero no siento mucho esa conexión cuando estamos lejos.

Estás mostrando compasión y comprensión, pero le enseñas que su falta de coherencia no pasa desapercibida y que no funciona contigo. Estás generando conciencia sobre cómo te sientes cuando están lejos y estás creando una invitación para que dé un paso al frente y sea mejor, sin señalar con el dedo.

Ya mencionamos los peligros de "jugar frío" al reflejar su nivel de inversión y apagarte cuando la otra persona lo hace, pero si no envías un mensaje de texto como el que acabamos de ver... corres un riesgo aún mayor: "El que calla otorga". En otras palabras, el silencio no solo constituye una aprobación tácita del comportamiento incorrecto; te niega la oportunidad de despertar el comportamiento correcto en la persona adecuada. A algunas personas, el mensaje las hará despertar y pensar: "Ese es justo el tipo de vulnerabilidad y fortaleza de carácter que he estado buscando". Si no anuncias lo que de verdad quieres, corres el riesgo de volverte invisible para el tipo de persona que quiere exactamente lo mismo.

Seis pasos para distinguir la atención de la intención

La atención se siente bien, pero ¿cómo saber cuáles podrían ser las intenciones de alguien con suficiente antelación para no perder el tiempo y sin caer en la intensidad (demasiado pronto) como para asustar? He aquí algunas cosas simples que puedes hacer y otras que debes observar en su comportamiento.

1. Siente curiosidad

Haz preguntas sobre su naturaleza, sus planes, lo que busca; no un interrogatorio formal, solo una curiosidad relajada y sincera sobre la persona que tienes enfrente. Pruébalo desde el principio, cuando salgas a tomar un café o una copa, cuando no haya mucho en juego. Es el momento ideal: no habrás arriesgado nada importante, ni llevan meses acostándose. No hay nada de sobreexcitación emocional en un café. Mantenlo todo tranquilo; no hay respuestas equivocadas. Solo mira de forma objetiva a la persona al otro lado de la mesa y pregúntate (¡en voz alta!) qué la hizo ser lo que es. En ese punto, es como una tarjeta de rasca y gana, donde cada área nueva revela una parte de su historia y personalidad.

Hay dos razones importantes para adoptar este enfoque:

- Te permitirá apartar cualquier expectativa o proyección y concentrarte en conocer a la persona que tienes frente a ti de manera genuina.
- Es más probable que la curiosidad honesta conduzca a la verdad. La gente responde más a un interés divertido y a un tono neutral que a un juicio inmediato. Entre más puedas

entender quién es ahora, menos probabilidades tendrás de perder el tiempo después.

Excepciones a esta estrategia: ten cuidado con quien, en respuesta a tus primeras preguntas curiosas y sin prejuicios, responde y se queda con el micrófono (en otras palabras, que ya no te deje hablar). La curiosidad es una de las pocas cosas que gana valor entre más se intercambia.

2. Nota que *la persona* tiene curiosidad

Algunas personas al otro lado de la mesa quieren conocernos. Otras solo buscan un rato de placer. ¿Cómo descubrir la diferencia?

Una forma de saberlo es si realmente siente curiosidad por *ti*. Alguien que quiera una relación hará preguntas que le ayudarán a descubrir:

- Tus valores.
- Por ejemplo: ¿esta persona es amable? (Es algo simple, pero es importante para mí).
- Tu historia.
- Por ejemplo: ¿tiene una buena relación con su familia? (Y si no la tiene, ¿eso le hace querer formar grandes amistades o un sentido de familia en otro lado?).
- Tu estilo de vida.
- Por ejemplo: ¿le gusta salir de fiesta con regularidad? (Ahora soy más del tipo "té de manzanilla en la cama" a las 10 p. m.).

En resumen, la persona quiere descubrir quién eres, tal como lo estás haciendo tú con ella. Alguien que te evalúa para desempeñar un papel más importante en tu vida, trabaja en una línea de tiempo diferente a la de alguien que tiene ansias por meterse en la cama contigo de inmediato. Por eso es peligroso clasificar una cita en función de lo fascinante que fue una persona o de lo bien que la pasaste. Claro, un momento horrible te dice todo lo que necesitas saber, pero tener la mejor cita de todos los tiempos puede resultar, de manera sorprendente, en un índice poco confiable.

Gente súper carismática que sabe cómo encantarte y excitarte te está *ofreciendo* una gran cita. A las personas que juegan con otras les encanta dar las *mejores* citas, no porque les gustes, sino porque su ego se nutre de que *te* gusten mucho. Les gusta seducir y quieren escucharte decir: "¡Esta fue la mejor cita de mi vida!". De hecho, a veces escuchan eso y piensan: "¡Fantástico! Más mujeres deben experimentar estas citas fenomenales".

Excepción: la interacción de interés genuino de ambas partes también puede ser maravillosa, fácil, conversacional, incluso tranquila. Lo opuesto a una persona jugadora y vistosa es una que te hace espacio.

3. La persona da seguimiento

No te deja preguntándote si querrá volver a verte. Claro, no es lo mismo que pedirte de inmediato una cita para mañana por la noche. En una vida ocupada, un cambio como ese tal vez no sea posible. Pero esa persona no esperará hasta el próximo viernes para enviarte un mensaje diciendo: "Debo verte mañana. No, ¡esta noche! ¿Dónde estás? ¿Podemos reunirnos en una hora? ¡Dios mío, me emociona mucho verte!".

Eso es solo un enfoque selectivo disfrazado de emoción. La persona decide concentrarse en *ti* esa noche, tal vez porque está caliente, porque sus otros planes se cancelaron o porque terminó una intensa semana laboral y su mente por fin está libre para pensar en algo divertido, quién sabe.

Por supuesto, acepta la salida, pero si quieres algo más profundo, no hagas nada que te haga sentir que te usan y que te hará resentir si nunca avanza más allá de la etapa actual, porque todo lo que tienes ahora es atención esporádica en lugar de verdaderas señales de *intención*.

4. Programa

Quería que esta sección se llamara "Planea", pero luego recordé que cuando existe la emoción por hacer algo en compañía, la planificación no es un compromiso; la programación sí. Quizá planeamos ir de safari algún día, pero no será real hasta que la persona reserve los vuelos y organice las vacaciones en el trabajo.

Los planes pueden ser peligrosos. Nos dan toda la satisfacción de hablar de una idea, incluso algo de disfrute de ella, pero sin el esfuerzo que requiere hacerla realidad. Hay quienes en las citas (y en los negocios) aman entusiasmarse con los planes a futuro. Es un grupo demográfico con un porcentaje desproporcionado de personas que pierden el tiempo.

Excepción: también hay personas que no tienen intención de ir en serio contigo y, aun así, te incluirán en sus vidas, llevándote a la cena de Año Nuevo o a unas vacaciones familiares con su mamá y papá. Es tentador interpretar esto como una señal de intención real, porque en su mayoría, la gente haría esas cosas con alguien con quien tienen intenciones reales. Por desgracia, esas personas (a menudo quienes hacen *love bombing*, de quienes ya hemos hablado) aman los sentimientos que producen esas experiencias. No tiene nada que ver con que piensen seriamente en un compromiso. Hay mucha gente que desea la experiencia de tener una pareja, pero no tiene ninguna intención real de serlo.

Una persona que programa algo es más probable que sea más seria, que una soñadora que nunca abre su calendario. Las aventuras amorosas que ocurren de un solo golpe son mucho menos valiosas que el esfuerzo constante. Eso no significa que alguien que presenta una idea divertida de algo que podrían hacer merezca una reprimenda ("¡No me presumas esas escapadas fantasiosas, Brian, a menos que tengas algunas fechas firmes en mente!"). En las primeras etapas, es divertido plantear ideas de actividades futuras que podrían hacer... y no hay nada de malo en seguir el juego. Es divertido y coqueto improvisar cosas que podrían hacer en una escapada extravagante. En esta etapa, no es necesario centrarse solo en buscar inversiones, siempre y cuando puedas distinguir entre el juego de roles y el progreso real.

5. Te involucra

Salir con alguien que te toma en serio no significa que ahora deba involucrarte en cada decisión que tome. Pero una vez que ustedes hayan superado las difíciles primeras etapas de la atracción y reconozcan su conexión, es importante notar cómo maneja las cosas que podrían afectar de manera significativa:

- La cantidad de tiempo que pueden pasar en compañía.
- Qué tan lejos podrían estar durante un período prolongado.
- Tu confianza en la otra persona.
- La posibilidad de que la relación progrese.

Que te *involucren*, dependiendo de la etapa de la relación en la que te encuentres, no significa que obtendrás voz y voto. Si alguien debe ausentarse durante un mes por motivos de trabajo, no te pedirá permiso. Pero es de esperar que te avise y haya mucha comunicación al respecto. Una cosa es segura: querrá asegurarse de que su partida no te haga dudar de su interés en ti o de sus intenciones de continuar la relación.

Las preguntas clave aquí son:

- ¿De verdad está tomando en cuenta tus sentimientos?
- ¿Le importas?
- ¿Se preocupa por incluirte en el proceso o es indiferente a tu experiencia?
- ¿Sientes como si fueras el último ser en la tierra que se entera de las cosas que suceden en su vida y, en general, como si estuvieras fuera del círculo de información?
- ¿Eres un daño colateral cuyas reacciones pasan desapercibidas hasta que tu dolor o frustración se vuelven imposibles de ignorar?

Una manera de saber que no te están tomando en cuenta: la persona considera tu reacción (cuando tienes una) no con compasión, sino con frustración, como si fueras un inconveniente en la realización de su plan en gran medida no negociable.

6. Es un espacio cómodo

Alguien que quiera asegurarse de que todavía estés en su vida dentro de una semana, querrá confirmar con anticipación que sientes comodidad con las cosas que está haciendo.

¿Irán a cenar con una vieja amistad que podría molestarte? Tal vez notes las formas sutiles en que deja en claro que esa persona es solo una amistad: está casada o es alguien que quiere que conozcas. No deja las cosas abiertas a interpretaciones ambiguas porque no quiere que nada ponga en peligro lo que está floreciendo entre ustedes. También quiere evitar esa angustia si ese tipo de ambigüedad viniera de ti.

Cruzando la frontera entre la atención y la intención

Quizá notaste que los seis pasos anteriores están ordenados más o menos de forma cronológica, desde los primeros encuentros hasta la conexión consciente. En otras palabras, hay un gradiente desde la atención coqueta hasta una intención más seria que corresponde a la transición de la atracción al compromiso.

El verdadero peligro surge cuando empiezas a asumir que a medida que aumenta la atención, esta va acompañada de niveles crecientes de intención. Es fácil confundir la intensidad del sentimiento con la seriedad del propósito, en especial si sientes que su nivel de compromiso crece y solo asumes que la seriedad y la intensidad van de la mano para la persona de la misma manera que lo hacen para ti.

Por eso suele ser más seguro tomarte tu tiempo, no por ser conservadores, sino porque el tiempo es la única forma de medir el indicador externo más confiable de la intención: la coherencia. La inconsistencia suele aparecer al principio de manera bastante incómoda. Pero la coherencia solo se puede apreciar con el tiempo. Ir despacio le da a la coherencia el tiempo que necesita para aparecer y les da a las acciones la oportunidad de ponerse al día con las palabras y los sentimientos.

9

Nunca satisfecho

> ALEXANDER: *Eres como yo, nunca estoy satisfecho.*
> ANGELICA: *¿De verdad?*
> ALEXANDER: *Sí. Nunca he estado satisfecho.*
> —Hamilton

La felicidad en el amor puede resultar esquiva de forma exasperante; no es una gran noticia para alguien en una relación con una persona maravillosa cuyos sentimientos son más fuertes que los suyos. Si pudieras juntar una o dos chispas de amor, parecería que podrías tenerlo todo. Pero a pesar de tus mejores esfuerzos, tu afecto nunca supera la tibieza.

Luego conoces a una persona que enciende tus pasiones e inspira fantasías vertiginosas sobre un futuro en común, pero esta vez la situación se invierte: solo sabes de ella de forma esporádica y, como nunca tienes seguridad de si te quiere, te sumerges en un ciclo de euforia cuando te llama, y de mucha ansiedad cuando no lo hace. En ese estado de "emoción", descubres que parece que no puedes comer, dormir ni concentrarte en nada.

Cuando por fin escapas de esa situación, sientes que de nuevo ha llegado el momento para alguien amable y digno de confianza, solo para descubrir que no te conmueves, emocionas ni estimulas y te preguntas si deberías esperar a alguien que te haga sentir esa vivacidad de nuevo. Sientes tanta seguridad que puedes dedicar todo tu tiempo libre a imaginar la vida que podrías llevar con alguien más.

¿Por qué es tan difícil hacerlo bien? Es como si al final de cada relación pidiéramos nuestros deseos mirando hacia atrás…, y arreglar un fracaso solo nos preparara para una próxima decepción completamente distinta. Basándonos en estos cambios bruscos, es fácil concluir que nada funciona. No solo nos cansamos de tener citas o de otras personas, sino que nos cansamos de lo único común en todas las relaciones fallidas en las que hemos estado: nuestra persona.

¿Acaso somos quienes están mal? ¿No conectamos bien? ¿Nuestra condena es hacer rodar una roca gigante montaña arriba, solo para verla caer cada vez que vislumbramos un atisbo de felicidad? Según Albert Camus en *El mito de Sísifo*, los dioses creen que no hay castigo más terrible que el trabajo inútil y sin esperanza. Con razón tiramos la toalla. Pero ni siquiera aceptar la renuncia ofrece paz: el deseo de una vida compartida, de intimidad nos sigue a todas partes, acechando cualquier espacio que alguna vez esperábamos que alguien más pudiera llenar.

Pero si todavía no queremos rendirnos, ¿cómo evitar enamorarnos de personas que no nos tratan con respeto, que no consideran que valga la pena aferrarse a nosotros? ¿Y cómo podemos generar entusiasmo por el tipo de personas que de verdad podrían tratarnos mejor?

¿Por qué decimos sí a la gente que no nos beneficia?

Empecemos con la primera pregunta: ¿por qué seguimos enamorándonos de las personas que juegan, que no están emocionalmente disponibles, que nos hacen perseguir, que no nos tratan bien? En cierto punto, debemos cambiar la pregunta de "¿por qué la gente es así?" a "¿por qué sigo dándole mi tiempo a alguien así?". ¿Por qué *otra vez* nos desmayamos por alguien a quien le acabamos de decir "nunca más"? Exploremos por qué *otra vez* nunca serán palabras que nos brinden seguridad.

1. La mentalidad de escasez

Llegas a una fiesta con tus amistades, con la esperanza de conocer al tipo de persona de la que has estado hablando en el camino. Bailas con algunas personas. Cada una tiene algo que te gusta, pero a cada una también le falta algo que necesitas. Una es divertida, pero más como una amistad. Otra es *hot*, pero no conectan. La persona que parecía la correcta, auténtica e intrigante usaba... esos zapatos. Mientras sigues mirando, sucede algo curioso: a medida que tu grupo de amistades se reduce, el tiempo empieza a jugar malas pasadas. Ves a tu amiga dirigiéndose a la salida con quien había estado bailando, pero parece que se conocen desde hace mucho tiempo. A solas y con timidez, sacas tu celular y de repente sientes como si hubieras entrado en otra dimensión. Tu amiga que acaba de irse con alguien subió una foto de su compromiso. Otra, a la que le perdiste la pista hace unas horas, acaba de publicar que va a tener un bebé. Incluso hay una publicación de la persona que se te hizo *hot* y con la que no pudiste conectar antes. Resulta que dejó la fiesta y ahora está de luna de miel en Santorini con su reciente cónyuge.

No puedes creerlo. "¿Cuánto tiempo llevo aquí?". La habitación está casi vacía. Ahora, la música suena menos como un ritmo y más como el segundero de un cronómetro. "¿Fui demasiado cruel al despedir a la gente? La persona atractiva y desconocida parecía incorrecta para mí, pero alguien más no lo creyó así. ¿Juzgué esa conexión con demasiada dureza?". Tu respiración se vuelve superficial. Dejas de preocuparte por encontrar la pareja perfecta y empiezas a buscar a alguien que pueda sacarte de ahí antes de que sea demasiado tarde.

Esa es la mentalidad de escasez en acción. Pintar un cuadro catastrófico de cuan desesperada es nuestra situación, nos insta a involucrarnos con gente que no deberíamos; a menudo, personas que nuestra red cercana pueden ver que son malas a un kilómetro de distancia. Está la persona que te dice con orgullo que no cree en la monogamia, pero que te dará el mejor sexo de tu vida; la que se queda callada cada vez que hablas de querer más con ella, pero con quien te la pasas de maravilla; la que ha estado divorciándose durante los últimos cinco años, pero cuida a su bebé de una manera hermosa y te ofrece la promesa de un futuro perfecto.

Todas estas personas tienen algo en común: puedes *sentir* algo con ellas. "¿Y qué hay de malo en eso?", te preguntarás. "La vida es corta, por qué *no* elegir sentir algo en el camino?". Este tipo de lógica nos permite justificar las subidas emocionales mientras ignoramos el daño a largo plazo de todo lo demás. En este punto, debemos poner atención a Irving Rosenfeld, quizá el mejor ejemplo de estafador en la historia del cine, quien, en *Escándalo americano*, rinde homenaje a la tendencia casi universal de las personas que se engañan a sí mismas:

Nosotros nos convencemos de las cosas, ya sabes, nos vendemos cosas que tal vez ni siquiera necesitamos o queremos. Ya sabes, las disfrazamos. Ignoramos el riesgo, apartamos la fea verdad. Pon atención a eso, porque todos nos engañamos a nosotros mismos (de una u otra forma), solo para sobrevivir en la vida.

Condenamos a quienes nos mienten y luego ignoramos las mentiras que nos decimos: que somos felices, que pueden cambiar, que nuestras necesidades están siendo satisfechas, que no corremos el riesgo de arrepentimientos devastadores si seguimos viviendo así. Los delirios de este tipo son las mentiras más peligrosas. Nos impiden dejar a las personas que se interponen en el camino de la felicidad y, al hacerlo, nos convierten en cómplices del robo de nuestro futuro.

Disfrazamos nuestros engaños con justificaciones frívolas: "Sé que esta persona no es adecuada para mí, pero por ahora me estoy divirtiendo un poco, sin tomarme las cosas muy en serio", "no todo debe tener una etiqueta", "solo estamos viendo hacia dónde va, además, es una situación complicada". Pero la "diversión" puede ser la trampilla hacia las relaciones tóxicas. "Por ahora" es a menudo la cara benigna de la traición de nuestros sueños. Nos conformamos con estos eufemismos porque son más fáciles que afirmar la verdad de la mentalidad de escasez: que cuando tenemos miedo de que esto sea todo lo que hay (o todo lo que valemos), dejamos de elegir lo correcto y empezamos a tomar lo que sea. Si queremos tomar las decisiones correctas para nuestra felicidad futura, debemos superar esta mentalidad de escasez. Pero eso no es lo único que limita nuestras posibilidades.

2. Lo que sabemos

Cuando nos encontramos en situaciones dañinas de forma repetida, se puede suponer que seguimos tomando esas decisiones por falta de autoestima. Quizá no es algo erróneo, pero resulta reduccionista. Un delfín en cautiverio puede girar y saltar aros para conseguir su próxima comida. Pero si lo liberamos en el océano, quizá se enfrente a dos problemas: primero, si sigue asociando a los humanos con la comida, descubrirá que está buscando en los lugares equivocados para sobrevivir. No solo es incorrecto, sino potencialmente peligroso: acercarse a los barcos en busca de alimentos incluso podría ser fatal. En segundo lugar, los trucos que aprendió en el tanque son inútiles en el océano. Pero eso es lo que el delfín sabe y no es culpa suya. Si el delfín actúa porque con ello alguna vez obtuvo un pez, o si busca personas porque alguna vez fue una manera confiable de conseguir comida, no diríamos que el delfín tiene un problema de autoestima; reconoceríamos la triste realidad de que en la actualidad no sabe otra cosa, y lo que sí sabe lo dejó mal equipado para el océano.

Muchas personas que me buscan para *coaching* esperan desarrollar un sentido de autoestima, lo que sin duda es una búsqueda que vale la pena. Pero a menudo, para lograrlo, primero deben reeducar sus expectativas a nivel interpersonal, conductual y emocional. A nivel interpersonal, dado que las personas suelen caer en un patrón específico en una relación tras otra, resulta difícil imaginar que exista otro tipo. Si solo hemos estado con gente infiel, no importa de cuántas parejas felices y fieles tengamos como amistades, siempre terminamos con lo peor. Parece que solo reconocemos aquello con lo que tenemos un patrón de forma emocional. Quizá por fin dejaste a alguien narcisista, pero aún tienes esa sensación de temor y amenaza continua que envenena tu perspectiva, incluso cuando te conectas con alguien estable y con generosidad emocional.

A nivel conductual, tenemos trucos en los que confiamos (algunos los desarrollamos en la infancia tratando de ganar la atención de mamá y papá). Es posible que recurramos a comportamientos que adquirimos en conexiones románticas formativas desafiantes, y nuestra forma de ser no ha alcanzado la compañía que nos gustaría tener. Tal vez tienes la costumbre de poner celosa a la persona solo para llamar su atención, un comportamiento que funcionaba con tu ex porque le gustaba la persecución (aunque se aburría cuando expresabas cualquier afecto sincero). Alguien tratando de relacionarse contigo de forma auténtica no tendrá certeza de cómo tratarte cuando tus viejos hábitos reaparezcan, los cuales aterrizan de una manera completamente diferente en esta nueva relación, donde parecen indicar una falta de lealtad y respeto mutuo. Es posible que solo te tomen por alguien cuya bondad y vulnerabilidad son más accesibles.

Aun así, es difícil deponer las armas que han funcionado en el pasado. Conozco hombres que se quejan de mujeres que solo los quieren por su dinero, pero aun así no dejan de ir a restaurantes de cinco estrellas en la primera cita en vez del local de comida corrida que hay al final de la calle. Escucho a mujeres quejarse de que los hombres solo parecen querer sexo, pero todas sus publicaciones en las redes sociales apenas serían adecuadas en un ambiente laboral. Para encontrar el amor, a veces debemos renunciar a lo que nos llama la atención. Eso es más difícil de lo que parece, en especial cuando se involucra el ego y empezamos a preocuparnos de que, si renunciamos a la atención que sabemos atraer, nadie volverá a vernos.

A nivel emocional, el sistema nervioso se conecta a ciertos tipos de experiencias. Si normalizamos los cambios bruscos de comportamiento errático, puede ser difícil mantener incluso una relación sana que no proporcione esa volatilidad. Una amiga mía, Lucy, tuvo su primer novio de verdad en la universidad. Era irrespetuoso, la hacía sentir pequeña y era inapropiado con otras mujeres frente a ella. Cuando esa relación terminó, conoció a un chico atractivo, divertido, pero sobre todo amable. Las cosas eran fáciles entre ellos y ella sabía justo cuál era su posición con respecto a él. Al ir a casa unas semanas después, su madre le preguntó cómo le iba. "Es extraño, mamá, es demasiado amable conmigo", dijo Lucy, genuinamente perpleja.

"Así es como se supone que debe ser", respondió la madre, apenas ocultando su alivio. La amabilidad del nuevo novio de Lucy se presentó al principio como desconocida y desorientadora. Si te sucede lo mismo en tales circunstancias y cosas como la bondad y la paciencia te desorientan, date tiempo. Es normal. El mal trato que alguna vez fue tan familiar seguro no nos hizo felices, pero generamos una costumbre. Por eso se necesita algo más que querer algo nuevo. Desprogramarnos requiere que elijamos de forma activa lo desconocido sobre lo conocido. Cuando descubrimos que algo nuevo es posible, se necesita valor para aceptar el malestar que crea. Eso es difícil, y por eso la gente queda atrapada en su infelicidad durante tanto tiempo. Pero, así como podemos respirar a pesar del dolor en una intensa sesión de trabajo corporal, debemos permanecer un momento percibiendo de manera consciente esa incomodidad hasta que se libere. Si podemos hacer eso, lo que empezó como algo intensamente incómodo puede convertirse en una nueva fuente de placer. Si no queremos la condena de revivir estas emociones dolorosas, debemos sentarnos con las nuevas experiencias hasta que se conviertan en algo bien conocido y familiar.

Por suerte para mi amiga Lucy, ese cambio se produjo cuando tenía poco más de veinte años. Muchas personas no tenemos tanta suerte y repetimos de forma inconsciente los mismos patrones durante años o décadas porque es lo que sabemos, lo que atraen nuestros viejos comportamientos y a lo que responde nuestro sistema nervioso. Y cada vez que volvemos a nuestros viejos hábitos, eso nos deja con una sensación reducida de posibilidades. Es como si la vida validara una realidad dolorosa siempre que la complaciéramos. Comprender esto nos ayuda a ejercer la autocompasión. Identificar un comportamiento desconocido puede resultar difícil, pues el tipo de personas con las que nos hemos vinculado en la vida tienden a ser la señal más fuerte en nuestro radar. Aprender a hacer distinciones más sofisticadas requiere tiempo e intervención consciente: un compromiso de dejar de caer en nuestros viejos hábitos y empezar a adoptar algo nuevo. Como puede atestiguar cualquiera que haya intentado dejar de beber o fumar, no es una tarea sencilla. Significa entrenarnos para anular un instinto peligroso pero natural: el instinto de seguir centrándonos en lo único que estamos tratando de evitar.

3. Mirando a la pared

Cuando al piloto de Fórmula 1, Mario Andretti, le preguntaron cuál era su consejo número uno para manejar un coche de carreras, dijo: "No mires a la pared. El auto va a donde van tus ojos". A quienes ejercen esta profesión, se les enseña a anular este instinto. Pero ¿cuántas personas nos identificamos con el acto de dirigirnos de forma repetida y directa hacia eso que queremos evitar?

Mi padre era propenso a los conflictos cuando yo era niño. Recuerdo momentos en los que las cosas se intensificaban muy rápido entre él y otros hombres. En aquellas incómodas situaciones, en el mejor de los casos, me sentía avergonzado y tenso; en el peor de los casos, temía que se volviera violento, lo que sucedía a veces. Mi adrenalina se disparaba. A veces me disociaba, a veces no podía pensar en algo más durante horas después. Durante la adolescencia trabajaba en el club nocturno de mi padre (sí, sí, no está bien, ya lo sé), donde todas las noches era testigo de las cosas horribles que las personas borrachas eran capaces de hacerse entre sí. Aprendí a odiar las peleas y, al mismo tiempo, desarrollé un sexto sentido para saber cuándo estaban a punto de suceder. Este fue uno de los factores que avivó una hipervigilancia que me ha seguido la mayor parte de la vida, haciéndome monitorear el entorno en busca de amenazas de conflicto y peligro mucho más de lo necesario o útil. Como el mayor de tres hermanos, parte de esa hipervigilancia se canalizó hacia un instinto protector que, con demasiada frecuencia, me llevó precisamente al tipo de situaciones que se supone que quería evitar.

En un bar llamado Champion, en Golden Gai, durante un viaje a Tokio, nos hicimos amigos de la gerente, Melody, una mujer que conocimos porque me reconoció por los videos de YouTube. Golden Gai es un barrio con hileras de bares súper pequeños, como el de Melody, con capacidad para cinco o diez personas, apiñadas en una intrincada red de calles increíblemente estrechas. Cada vez que íbamos, Melody nos trataba como si hubiéramos sido clientes habituales de toda la vida. La noche en cuestión, mi hermano Harry cantaba a los cuatro vientos "*Hey! Ya!*", de Outkast, en el karaoke (no fue una elección fácil, como se podía ver por la cantidad de líneas que no alcanzaba a decir, aunque quizá fue el sake que bebió), mientras Stephen y yo mirábamos.

Mientras Harry estaba ocupado diciéndole a todo mundo: *Shake it like a Polaroid picture*, me fijé en un tipo occidental que lo observaba. Me molestó, no solo porque Harry es mi hermano, sino porque a pesar de medir casi dos metros es el tipo más dulce que jamás hayas conocido. Imagina un cachorro gigante, amante de la gente y que busca diversión… así es Harry. Nada en él deja entrever problemas. Pero este hombre no dejaba de verlo. De cuando en cuando volteaba para confirmarlo. (Como diría Andretti, no podía quitarle la vista a *la pared*). Y cada vez que lo comprobaba, esa misma mirada descontenta estaba fija en Harry.

Antes de darme cuenta de manera consciente, me acerqué a él, con la sangre hirviendo, y le pregunté: "¿Está todo bien, amigo? Noté que miras a mi hermano. Si hay algún problema, dímelo y lo solucionamos".

No sonó educado. De forma inconsciente había invocado mi acento *cockney* más marcado (aplausos, mamá y papá). Esa no es una buena señal. Veinte años de estudiar la dinámica humana y la comunicación positiva se habían reducido a esto: yo, el chico del amor de YouTube durante el día, interpretando a Michael Caine, como un gánster en un bar japonés por la noche. Lo que quería más que nada, lo que siempre he querido más que nada, era solo pasar un rato tranquilo y sin preocupaciones con las personas que amo. Pero ahí estaba, buscando pelea. Stephen, reconociendo los síntomas, me agarró del brazo: "¿Qué estás haciendo?". Melody, que sin duda había visto antes todas las versiones de este evento, también lo detectó. Rápidamente, como cualquier dueña de un *pub* en el este de Londres, se colocó entre el hombre y yo, y de esa manera encantadora que hace la gente sensata, dijo:

"Basta", indicando con la mano que cada uno se fuera a su respectivo espacio.

Solía preguntarme cómo sobrevivían mis hermanos sin mí cerca. Entonces me di cuenta: ellos no se encontraban en situaciones como esa. Para mí, esas situaciones estuvieron en todas partes, para ellos no. ¿Por qué? Porque yo estaba mirando la pared y ellos no (al menos no la que yo seguía viendo). Y cuando no había ninguna pared a la vista, de manera inconsciente, buscaba cualquier situación que validara mi anuncio de servicio público en curso para cualquier persona que amo: "No estamos seguros y todos debemos tener cuidado todo el tiempo". Pero no me di cuenta de hasta qué punto no solo estaba experimentando, sino creando, una realidad diferente a la de mis hermanos.

Cada persona trata de controlar el miedo de diferentes maneras. La mía fue acercarme lo más posible a la pared. Durante quince años, mis pasatiempos elegidos fueron el boxeo, el *jiu-jitsu* brasileño y un poco de *muay thai*, actividades que mantenían la pelea en mi mente y, a veces, en mi cara. Hubo días en los que mi director Jameson Jordan tenía que retrasar la filmación de un video porque mi cara estaba demasiado magullada por el entrenamiento. Me atraían los videos de YouTube de personas peleando que aumentaban mi adrenalina al mismo tiempo que alimentaban mi percepción de que la violencia siempre estaba presente (el algoritmo estaba feliz de complacerme). Sea cual sea la pared que estés buscando, la encontrarás, y tarde o temprano habrás pasado tanto tiempo mirándola que ya ni siquiera te darás cuenta de que es una pared; pensarás que así es la vida. Ahora, de forma consciente evito esos videos (algunas soluciones son bastante simples).

Cuando la mente busca la pared, la verá incluso donde no existe. Hace poco tuve una clienta que estaba aterrorizada de salir lastimada. En cuanto tenía miedo, alejaba a la gente. Estuvo saliendo con un hombre que, según ella, había sido muy decente hasta el momento. Luego, un sábado, tuvo una pequeña reunión con algunas amistades de su trabajo y no la invitó. Él no lo ocultó, pero de todos modos hirió sus sentimientos. Despertó temores de que él no sintiera lo mismo que ella, lo cual le disparó el miedo, aún más profundo, de no ser suficiente. El sábado, su dolor se había convertido en ira y le envió este mensaje: "¿Por qué no me invitaste?". Al darse cuenta de que la había afectado, se disculpó, le explicó que solo había salido con un grupo de amistades y le preguntó si podía llamarla más tarde esa noche. Ella respondió: "No te molestes". Pero cada día que él no la llamaba (algo que ella le había dicho que no hiciera), solo confirmaba sus sospechas de que había tenido razón sobre sus temores. Tenía derecho a sentirse herida por no haber sido invitada a conocer a sus amistades, pero su concentración en la pared convirtió una oportunidad de ser vulnerable y crear intimidad en una razón para explotar la relación. Y claro, había demostrado su teoría: inevitablemente todos terminaban lastimándola.

Debemos tener mucho cuidado con esa "normalidad" que estamos creando.. Hay muchas realidades diferentes, pero nuestro enfoque y elecciones nos pueden atrapar en una que no queremos. No dejes que tu pared se convierta en tu mundo.

4. Nuestro nivel

Ya establecimos algunas razones cruciales por las que seguimos diciendo sí a personas y situaciones que no nos hacen bien: el miedo a que se acaben el tiempo y las opciones nos lleva a una mentalidad de escasez en la que creemos que hay que tomar lo que se pueda; nuestras experiencias han dado forma a lo que sabemos;

y un enfoque peligroso en la pared nos conduce hacia lo que sabemos, no hacia lo que queremos. También hemos hablado de cómo (cuando intentamos apartar la mirada de la pared y ver hacia algo nuevo) podemos sentir demasiada incomodidad y, en vez de permanecer en ella de manera consciente, la mayoría regresa a lo que conoce, incluso si eso la hace infeliz. Parte de esa incomodidad se debe a que es una experiencia nueva y lo desconocido puede dar miedo. Pero en un nivel más profundo, hay otro desafío. Cuando experimentamos algo nuevo y eso representa más de lo que hemos tenido antes, no solo necesitamos familiarizarnos con ello..., debemos permitirnos sentir que lo merecemos.

Nuestro condicionamiento pasado no solo es responsable de lo que sabemos, también de lo que creemos que merecemos. En nuestra opinión, el pasado es un reflejo de nuestro nivel en la vida. Quizá queremos más, incluso vemos que es posible más para otras personas, pero es difícil creer que sea posible cuando se trata de nuestra vida. Interpretamos mal nuestra experiencia, creyendo falsamente que, si realmente mereciéramos más, ya lo tendríamos.

Entrenarnos para sentir comodidad con más es difícil. En el pasado, nos dijeron cosas (o nos enseñaron a aceptarlas) que redujeron nuestra percepción de cuál puede ser nuestro valor. Entonces aprendimos a sentir comodidad con un nivel en el que sentimos la mayor seguridad. Y una vez que nos establecimos en ese nivel, alcanzar más puede resultar extraño y asustarnos: miedo de no poder conservar ningún logro o mejora en nuestra vida; miedo de que nos descubran por no merecer nuestro nuevo puesto (la esencia del síndrome del impostor). Hay una retorcida sensación de seguridad al obtener menos. La seguridad es el diablo que conocemos. La seguridad es conocer el camino, incluso en terrenos difíciles.

Incluso si pedimos más, al obtenerlo de inmediato sentimos cierta inseguridad. ¿Alguna vez te has puesto firme con alguien a quien siempre estás apaciguando? Tras haber tomado una postura o mostrado tus sentimientos con más transparencia, ¿cuánto tiempo pasó antes de que empezaras a sentirte culpable por ello? ¿Qué tan rápido volviste a la dinámica que te hizo sentir resentimiento en primer lugar?

Hay seguridad en ser quien se queja del egoísmo de otras personas y hay seguridad en ser de quien se aprovechan. Sabemos cómo desempeñar ese papel. Pero es posible que nunca hayamos aprendido a desempeñar el papel de un igual.

Cuando nos damos cuenta de que obtener *más* puede hacernos sentir más inseguridad que cuando tenemos menos, empezamos a comprender por qué hemos pasado gran parte de nuestra vida con las mismas quejas. Es más fácil quejarse que entrenarnos para sentir comodidad en un nuevo nivel.

Quizá solo sentimos seguridad en una relación cuando hacemos más por nuestra pareja, de lo que le permitimos hacer por nuestra persona. Después de un tiempo, esa desigualdad fundamental incluso parece una sensación de control. Ese desequilibrio es más común cuando decidimos que alguien es deseable, o más deseable que lo que somos: atrae más, su éxito es mayor, tiene un gran carisma, es un encanto o resulta impresionante. Nuestro nivel de autoestima nos dice que sería demasiado estar con una persona así sin tener que soportar algún terrible efecto secundario como parte del trato: engaña, su comunicación es irregular, da menos, nos hace sentir inseguridad, solo es amable después del abuso emocional. Cuando te encuentras en esta situación y sientes una inseguridad psicológica a entablar una conversación difícil por miedo a perder la relación, tu *nivel establecido* te dice que estás pidiendo más de lo que vales.

El efecto neto de esto es que nos resulta cómodo recibir amor, pero solo cuando el amor viene con una trampa. Esta trampa nos da permiso de aceptar el regalo. Una vez, en una entrevista, escuché a la comediante Nikki Glaser describir su relación con el orgasmo:

> Siempre me ha gustado estar atada. Soy alguien que no siente que merezca placer sin sentir dolor. Por ejemplo, nunca celebro nada; solo puedo celebrar o relajarme si trabajo tanto que estoy muerta. Me es muy difícil disfrutar de la vida. Primero debo castigarme. Y entonces los orgasmos: me es difícil tener uno o permitirme tener muchos. Es demasiado. Es como Navidad. Hay que esperar un año para Navidad, no puedes tener Navidad todos los días. Por eso me gusta que me aten y me obliguen a pasar la Navidad.

Quizá veas en esto una descripción impactante de lo que siente que debe vivir para tener el privilegio de sentir un orgasmo. Yo veo la forma en que muchas personas vivimos la vida. Me cuesta creer que soy digno de momentos de alegría y paz sin someterme primero a un horario brutal, controlando mis niveles de productividad al minuto. Tal vez algunas personas aplican la mentalidad de "perseguir la chuleta" de manera que conduce a logros saludables. Yo no. La mía es una mutación por la cual la alegría y la autocompasión son regularmente prohibidas por un tirano interno que decide cuándo ya he sido azotado lo suficiente por un día. Justo cuando estoy a punto de desplomarme, una voz interior dice: "Está bien. Dale media hora de paz antes de acostarse. Pero asegúrate de que sepa que empezamos de nuevo temprano en la mañana".

Ser consciente de patrones como ese es un primer paso importante. Nos ayuda a ejercer la autocompasión, reconociendo la fuerza que nos inmoviliza, incluso cuando sentimos que hay más para nuestra vida de lo que nos hemos permitido en el pasado. Pero en vez de dejar que cualquier falta de valor nos convenza de que más es para otras personas, no para nosotros, debemos empezar a reeducarnos sobre cuál es nuestro valor. Es una especie de recrianza, en la que desaprendemos asociaciones antiguas, erróneas y arraigadas de forma profunda, y nos enseñamos unas nuevas, tal vez por primera vez, por ejemplo: el amor no debería venir con una trampa que me haga sufrir; está bien tener necesidades y expresarlas sin vergüenza ni culpa; merezco el mismo respeto, decencia y amabilidad que cualquier otra persona; no hay ninguna razón especial por la que merezca un trato peor, independientemente de cómo aprendí a considerar que no merezco; no importa cuán impresionante parezca alguien, porque en el fondo solo es otra persona como yo.

La mayoría vivimos esperando que alguien más nos enseñe cuál es nuestro valor. Pero es hora de empezar a vivir según una verdad diferente: aunque habrá gente especial en la vida que ve de manera única nuestro valor, en realidad es nuestro trabajo enseñar a *otras personas* cuál es nuestro valor, y no al revés.

Estas cosas son difíciles de aprender. Es como aprender a caminar de nuevo. Pero al igual que una infancia, necesitaremos paciencia, amabilidad y aliento mientras tropezamos torpemente con una nueva forma de movernos por el mundo.

5. Se siente bien
Cualquier exploración en las razones por las que seguimos gravitando hacia lo que no nos favorece estaría incompleta sin revisar

nuestro comportamiento a través del lente de la adicción. Muchas facetas de las citas son adictivas: el sexo; períodos de luna de miel; personas carismáticas y afectuosas, y la creciente oxitocina que sentimos en su abrazo; la dopamina que llega cuando el nombre de alguien reaparece en nuestro teléfono... Incluso el ciclo de altibajos que supone salir con una persona que nos hace sentir amor, luego ansiedad, luego amor de nuevo... es adictivo. Tiene un nombre en la psicología: vínculo traumático. Las sustancias químicas involucradas en el amor y las citas son tan adictivas que la mayoría haremos o aceptaremos cualquier cosa para seguir obteniendo nuestra dosis.

Buscamos la solución en el camino de menor resistencia: volver a las personas que no progresan en lugar de hacer el esfuerzo de encontrar a alguien nuevo. Regresamos a una dinámica poco saludable porque ofrece una subida emocional conocida cuando vuelve a mejorar. Nos conformamos con cualquier conexión a corto plazo, sin importar cuan baja sea, en lugar de experimentar la soledad y largos períodos de soltería.

Todas las drogas ofrecen una solución rápida para las emociones dolorosas. Pero las soluciones rápidas no duran (una cadena de acontecimientos que con facilidad convence a algunas personas de que no existe una solución a largo plazo para sus vidas amorosas). Esto es una especie de punto culminante de la mentalidad de escasez: la pérdida total de la esperanza. Cuando no hay esperanza, lo que empieza como una solución rápida se convierte en una forma de vida. El siguiente comentario, dejado en mi canal de YouTube, sirve como una importante verificación de la realidad:

Cuando comenzaste a enumerar las razones por las que justificábamos el salir con las personas equivocadas, dije: ¡SÍ, esa soy yo! Pero, la verdad, es mejor que nada. He vivido muchos años solitarios sin nada porque siempre quise encontrar a la persona adecuada y no perder el tiempo con parejas casuales. Mientras tanto, seguí creciendo y nunca la encontré, así que tuve que conformarme con la norma, que es casual. Si no saliera con los chicos equivocados, seguiría soltera. Al menos es más divertido así, en vez de soportar una soledad total y absoluta.

—Sarah, suscriptora de YouTube

¿Cómo no simpatizar con Sarah? ¿Quién no podría entender por qué podría solo decidir disfrutar lo que se le presente, en lugar de reducir los años de su vida esperando una relación comprometida y amorosa que nunca muestra señales de materializarse? Su franqueza nos obliga a afrontar la pregunta: ¿de verdad no tener nada es mejor que tener lo incorrecto? ¿Tiene razón el dicho "más vale solo que mal acompañado"? No se me escapa que, cuando describo los cuatro niveles de importancia en una relación (admiración, atracción mutua, compromiso, compatibilidad), un porcentaje significativo de la multitud me mira fijamente con los brazos cruzados, porque su experiencia es que incluso la atracción mutua no se encuentra por ningún lado. ¿Por qué preocuparse por la compatibilidad a largo plazo? Para alguien que no ha tenido a nadie durante años, la atracción mutua, sin importar cuan defectuosa sea, se siente como un bote salvavidas o, al menos, un momento divertido.

Pero ¿se trata solo de otro juego de poca confianza, con una falta de autoestima presentándose como una especie de fatalismo existencial? ¿Es solo otra manera de liberarnos, una evasión que nos convence de conformarnos con menos, distrayéndonos de algo más grande que la vida nos tiene reservado si tan solo pudiéramos romper nuestro ciclo? ¿Y cómo se ve en la práctica romper este ciclo? ¿Cómo atraer el tipo de relación de la que quizá hayamos comenzado a dudar de su existencia? ¿Cómo asegurarnos de que realmente nos entusiasme algo que es mejor para nosotros, en lugar de anhelar lo que nos hace daño? ¿Y cómo nos aseguramos de sentir que lo merecemos una vez que lo tenemos? Estas preguntas contienen la clave para encontrar satisfacción en el amor. Para encontrar esta satisfacción, debemos tomarnos en serio la tarea de crear una nueva realidad en nuestra vida amorosa. Necesitamos recalibrar de forma consciente las configuraciones predeterminadas que han gobernado nuestras elecciones hasta ahora. Ya sea que tengamos veinte o sesenta años, que nuestra soltería sea permanente o que salgamos de manera constante con las personas equivocadas, debemos comenzar a dar pasos diarios y a tomar decisiones que, de una vez por todas, reconfiguren nuestro cerebro en el amor. Aunque esto no es fácil, te prometo que se puede hacer y el mapa es más práctico de lo que crees.

10

Cómo reconfigurar tu cerebro

Tenemos patrones que han dirigido de forma automática el curso de nuestras vidas durante mucho tiempo, por ejemplo: permitir que los celos y la inseguridad se apoderen y destruyan nuestra experiencia de relación; un patrón de pensamiento ansioso que nos hace sabotear cualquier cosa buena que se nos presente, temiendo en el fondo que no seamos suficientes para aferrarnos a ello; permitir que los celos y la inseguridad se apoderen y destruyan nuestra experiencia de relación; perseguir todo el tiempo a personas inaccesibles de forma emocional; caer en dinámicas codependientes con parejas poco saludables, incluso abusivas; invertir demasiado y, en consecuencia, ahuyentar las relaciones saludables cuando nos gusta alguien; encontrar defectos y huir cada vez que termina el período de luna de miel y una relación se vuelve real porque, en el fondo, no sabemos cómo recibir un amor sano.

No es fácil desconectarse de este tipo de patrones dolorosos. Los patrones se convierten en hábitos, que se convierten en comportamientos automáticos, que al final parecen tan naturales... que incluso podemos terminar aceptándolos como parte de nuestra identidad. Estas creencias fundamentales sobre qué y quiénes somos pueden seguir causándonos daño. Aunque son difíciles de cambiar, tenemos la capacidad de crear un corto circuito en lo que parece automático y volverlo intencional. Una vez que identificamos los patrones persistentes que nos causan daño (algo que intentamos hacer en el capítulo anterior), comenzamos a reconfigurar el cerebro de forma consciente para una vida amorosa que nos dará más en paz y, ojalá, más satisfacción.

Los siguientes cinco pasos se tratan menos de los pasos a seguir cuando sales al mundo y conoces gente nueva, y más de las condiciones de tu mente, tu perspectiva y tus expectativas antes de hacerlo. Se ocupan de los hábitos de comportamiento más desgastados, por eso es importante calcular el progreso con compasión y recordar que los pequeños cambios suman.

Paso 1: volver necesario el cambio

El comienzo del cambio no es la creencia, es la necesidad. Ya que aprendimos, por experiencia, que no podemos seguir con lo que hemos hecho hasta ahora, se vuelve necesario hacer algo nuevo y diferente. Como dijo Platón: "Nuestra necesidad será el verdadero creador". Por desgracia, una comprensión clara de esa necesidad solo llega cuando nos conectamos con el verdadero dolor y el costo final de seguir los mismos hábitos.

¿Cuál es el patrón que nos causa un dolor intolerable? ¿Arruinar cualquier buena relación que se nos presente y terminar a solas y en pedazos? ¿Perseguir todo el tiempo a personas que no nos hacen bien y experimentar la traición? ¿Salir con personas inaccesibles de forma emocional que desperdician años de nuestras vidas? ¿Tener un apego tan ansioso (o evitativo) que nunca podemos relajarnos y terminamos saboteando cada relación? ¿Nunca defender lo que queremos en una relación y dejar que nos tomen el pelo? O tal vez el dolor no proviene de aquellas relaciones, sino de evitar las conexiones por completo: negar cualquier parte nuestra que quiera encontrar el amor; dividiendo el tiempo entre el trabajo y las cenas con amistades casadas, insistiendo en que "las aplicaciones de citas no me funcionan", pero sin hacer nada para conocer gente en la vida real. Y luego aparece el autodesprecio (por no hacer nada para cambiar la situación) que amplifica la soledad.

Un día el dolor llegará a un punto culminante cuando nos demos cuenta de los costos: de perder la oportunidad de tener una familia biológica (si eso nos resulta importante); de que se nos vayan años en alguien que nunca mereció nuestra atención; de nunca intentar, en serio, encontrar el amor. Para comprender eso, solo necesitamos ver dónde aterrizará nuestra trayectoria actual, un ejercicio que tiene menos que ver con viajes en el tiempo o poderes psíquicos, y más con el sentido común.

Con algunos patrones, como regresar con una pareja abusiva, el costo es obvio. Con otros, como mantener el contacto con una exrelación que no satisface nuestras necesidades, es más insidioso. A ese impulso lo llamo *microdosis de amor*. Nos decimos que solo veremos a esa persona hasta que aparezca alguien mejor, pero luego ese acuerdo casual termina siendo la razón por la que nunca sentimos la necesidad de encontrarnos con alguien mejor. Cada interacción, ya sean mensajes de texto, llamadas o sexo, reafirma su huella psicológica en nuestra vida. La intimidad nunca es suficiente para satisfacer, pero sí para distraernos de las demás personas. En pocas palabras: "Ni picha, ni cacha ni deja batear".

Gracias a las microdosis, en todas partes hay personas no disponibles que en realidad no están con nadie, pasando junto a posibles parejas con total indiferencia porque están semiabsortas en una relación fantasma. La ventaja del desamor es que se cura con el tiempo. Pero las microdosis son como un viejo vinilo con un rasguño en el que la aguja sigue saltando: un disco rayado de tristeza.

La microdosis es solo uno de los patrones que nos impiden encontrar el amor. Cualquiera que sea tu situación, si no funciona, conéctate con ese dolor. Decide que no estás para pagar el costo futuro de ese patrón. Esa decisión hace que el cambio sea necesario e inevitable, porque cuando por fin dices "No más", te enfrentas a la siguiente pregunta: "¿Y ahora qué?". La respuesta a esa pregunta requiere que tomes otra decisión: "¿Qué es lo más importante para mí en el siguiente capítulo de mi vida?".

Paso 2: elige lo más importante

Decidir qué defendemos en nuestra vida amorosa es crucial para descifrar a qué vale la pena dedicarle nuestro tiempo y a qué no. Desde el punto de vista de las prioridades, es prácticamente lo contrario a una lista de deseos (lista de verificación) de la pareja ideal: primero debemos elegir lo más importante *para nuestra vida*, los criterios más elevados para elegir una pareja. Estos criterios se convertirán en el mapa que nos guíe mientras navegamos por las citas.

¿Por cuál camino vas? ¿Hacia alguien que genera paz en tu vida o hacia la persona más sexy que puedas encontrar? ¿Hacia alguien dispuesto a planear un futuro en pareja o hacia alguien con un carácter impulsivo? ¿Alguien que busca el crecimiento personal o alguien que mida 1.80? La mayoría elegimos como si estuviéramos haciendo un *casting*, no buscando una pareja para la vida. Tomemos como ejemplo a Natalie, con el corazón roto, en la película *Amor sin escalas*, que explica lo que amaba de su ex (que sigue siendo el tipo de hombre con el que sueña terminar):

De verdad, encajaba a la perfección, ¿sabes? Clase media, 1.80 metros, graduado universitario, ama a los perros, le gustan las películas divertidas, cabello castaño, ojos amables, trabaja en finanzas, le gusta la vida al aire libre. Siempre imaginé que tendría un nombre de una sola sílaba como Matt, John o Dave. En un mundo perfecto, maneja una 4x4 y lo único que ama más que a mí... es un labrador color miel. Y una linda sonrisa.

La lista de verificación de Natalie de verdad parece la convocatoria para un *casting*; apenas hay algo que pueda convertir a alguien en una buena pareja. La vida real requiere que dos personas desempeñen muchos papeles en una variedad de crisis, no solo que realicen una actuación deslumbrante para una película candente. Cada vez que ayudo a una persona a superar a alguien, le pregunto qué le encanta de esa persona, sabiendo que rara vez sus respuestas tendrán algo que ver con lo que podría haberla convertido en una gran pareja. Una vez, al defender su inversión continua en un hombre que la había estado molestando durante meses, una mujer me dijo, sin ningún indicio de ironía: "Es súper educado, filantrópico, se hace cargo de las cosas y tuvo una gran salida de su empresa". Ninguno de esos rasgos se relacionaba con cómo la trataba o la hacía sentir. Es impresionante descubrir el mínimo impacto que tienen las cosas en las que hemos puesto el corazón sobre la calidad de nuestra relación.

Una señal de que nos estamos reorientando con éxito: los elementos de nuestra descripción del *casting* original comienzan a desaparecer. Una vez, un hombre felizmente casado me dijo que, aunque siempre había perseguido a las bailarinas, su esposa era una de las personas menos coordinadas que había conocido. Se rio cuando le pregunté si eso le molestaba. "¿Qué porcentaje de mi vida lo paso en una pista de baile? Mi esposa es la mejor mujer que he conocido, es una madre increíble y adoramos la compañía del otro. Esas cosas impactan en mi vida todos los días".

Al revisar las cualidades que de verdad importan, considera hasta qué punto el ego, y no la felicidad futura, ha sido la fuerza determinante. Una de mis clientas particulares, Lisa, es una de las mujeres profesionales más exitosas que he conocido y deseaba profundamente encontrar el amor. Pero cuando nos conocimos, muy pronto quedó claro que era su ego, y no su bienestar, el que impulsaba sus decisiones:

> Me fijo en los hombres que les gustan a muchas mujeres. Siempre busco a alguien que sea más deseado por las mujeres que yo por los hombres. Es decir, cuando un chico es el hombre del momento y escucho a otras mujeres hablar de lo maravilloso que es, me pierdo. Sobre todo, si creo que es más inteligente que yo o si está haciendo algo impresionante en su carrera o negocio. Al mismo tiempo lo deseo y me aterroriza su rechazo.

A pesar de su elevado estatus, Lisa vivía con un profundo sentimiento de poco valor que se manifestaba en sus relaciones con los hombres. Esta indignidad la motivó a demostrar que podía atraer a alguien que otras consideraban súper elegible, un logro personal que finalmente la ayudaría a sentir que había llegado. Pero cuando estos hombres la trataron mal, no se convenció de que podrían no ser buenos candidatos para su inversión; solo confirmó su temor de que no era lo suficientemente buena para alguien así. Eso la hizo esforzarse aún más por ganar su aprobación, sin importar cuánto sufriera: un círculo vicioso de autoabuso que la convirtió en el blanco de los tipos incorrectos. Con su inseguridad en la cabeza, se había desconectado de su experiencia, buscando no a alguien que pudiera hacerla sentir feliz, sino a alguien que pudiera hacerla sentir *suficiente*.

Lo que nuestro ego quiere y lo que nuestro corazón necesita a menudo son dos cosas muy diferentes. Muchas veces la palabra *ego* se asocia solo con un sentido exagerado de importancia personal, pero el ego también surge de la inseguridad que nos hace desear esa importancia en primer lugar. El ego que dice "soy increíble" es la misma voz que dice "no valgo nada" al día siguiente. Solo son dos caras de la misma moneda. Todo es ego. Hay libros completos sobre este tema y mentores como Eckhart Tolle son grandes docentes al respecto. Por ahora, solo necesitamos saber que el ego siempre está tratando de reforzarse y validarse. Cuando creemos que nuestras acciones son altas, el ego nos hace pensar que otras personas no son lo suficientemente buenas para nuestra vida. Cuando cuestionamos nuestro valor, el ego nos hace pensar que otras personas son mejores de lo que somos. Dejar que el ego tome decisiones es una mala estrategia para la felicidad en el amor. Es posible que tu ego quiera un guapo empresario, alto y exitoso que viva en un *penthouse* en la ciudad, el tipo por el que todas tus amistades te validarían. Pero tal vez tu corazón se ilumina por alguien con quien puedas ser tú y que te haga sentir aceptada.

Si alguna vez notas que la falta de esfuerzo de una persona la hace más interesante para ti, el ego te está impulsando. Vemos nuestra capacidad de "conseguirla" como la forma en que validaremos nuestro valor. Pensamos: "Si es tan valiosa y no cree que yo sea suficiente, entonces no lo soy". Y si esa persona le parece deseable a las demás, podemos caer en la trampa memética de basar tu valor en lo que estas consideran valioso. Ese es el problema de escuchar al ego por encima de la voz interna que nos dice lo que necesitamos. El ego nos lleva a la trampa de valorar lo que la multitud busca. Pero como me dijo una vez mi esposa, Audrey (¡mi prometida cuando comencé a escribir este libro!): "Nadie es más valioso solo porque sea el centro de atención".

Cuando escuchamos los matices de lo que nos hace felices (que son, por definición, particulares), nuestro interés se vuelve su propio centro de atención. Entre más sintonicemos con lo que nos importa, menos nos preocupamos por lo que les importa a otras personas. No tratamos de encontrar a alguien que sea ideal para la gente, queremos que *nos* resulte ideal.

Para descubrir qué es importante para ti, pregúntate: "Cuando me sentí más miserable con alguien (ya sea que estuvieras o no tratando desesperadamente de aferrarte a esa relación), ¿qué me faltaba para ser feliz?". Dicho de otra manera: "Antes de siquiera considerar lo que quiero en una persona, ¿qué necesito en una relación para ser feliz? ¿Qué necesito sentir de alguien para experimentar la paz? ¿Qué valores necesito que alguien comparta conmigo antes de que cualquier otra cosa importe?".

Aquí hay algunas posibilidades: compromiso total, inversión equitativa en la relación, comunicación abierta, amabilidad, coherencia, estabilidad, confianza, confiabilidad, lealtad, integridad, responsabilidad, ser un equipo, hacerte reír, sentir que te ve, que te comprende, que te acepta, sentir confianza de ser tú sin juicios ni vergüenza, saber que reconoce y se preocupa por tus sentimientos, tiempo de calidad, presencia, sentir seguridad en la relación, valorar un resultado compartido (por ejemplo, casarse o tener bebés).

En el pasado, quizá te aferraste a alguien con encanto, carisma, apariencia o estatus, pero cuando una necesidad crucial no fue satisfecha, las cosas que pensábamos que queríamos de verdad resultaron no tener ningún valor. Seguíamos convenciéndonos de que eran cosas que no podíamos perder, pero lo que faltaba hacía imposible quedarnos (en realidad, quedarnos y ser felices). Seguramente, la vida ha hecho que reconozcas ciertas cualidades con las que no puedes vivir, ¿cuáles son? Eso no solo se extiende a los valores de alguien, también a lo que quiere en la vida: su resultado. ¿A qué tipo de compromisos debe estar abierto para que puedas ser feliz con ese alguien? La persona adecuada es la adecuada y está lista.

¿Recuerdas la pared y cómo podías empezar a verla en todas partes, incluso donde no existía? Al reconfigurar el cerebro, debemos empezar a desconectarnos de la idea de que siempre conocemos a un tipo de persona, o de que siempre entablamos un tipo de relación, y empezar a conectarnos con la idea opuesta: hay personas por ahí diferentes a las que siempre me han atraído.

Una señal de que la reconfiguración del cerebro está empezando a funcionar se produce cuando las cosas que solíamos anhelar empiezan a parecernos innecesarias y poco atractivas. Una amiga mía siempre se sintió atraída por los tipos carismáticos y amantes de la fiesta, tan atraída que de manera constante ignoraba defectos de carácter más profundos. La engañaron y, peor aún, nunca se sintió aceptada tal como era. Cada vez que se relajaba y se comportaba como la persona amable y profundamente emocional que era de verdad, le decían que era "demasiado sensible". Su necesidad reflexiva de ser el centro de atención apenas dejaba espacio para sus sentimientos. Después de años de dolor en esas relaciones, reorganizó su jerarquía en función de lo que era importante para ella, comenzando por encontrar a alguien que apreciara su inteligencia emocional por el regalo que era. Se sorprendió al descubrir que cada vez la impresionaba menos, incluso la desagradaba, el tipo de encanto que una vez la había deslumbrado, un rasgo que ahora comenzó a registrarse como inseguro y egoísta. Desarrolló un nuevo aprecio por las personas con una confianza más profunda y tranquila, y puso especial atención a las conversaciones auténticas y recíprocas con personas que la hacían sentir cómoda siendo ella. Su yo más joven nunca habría imaginado terminar con el que ahora es su esposo, pero afirma con alegría que nunca ha sido más feliz.

Determinar qué es lo que más nos importa, crea un modelo para la felicidad en el amor alcanzable y a la medida de nuestras necesidades. Nos desconecta de las demandas superfluas, a veces impulsadas por el ego, de nuestro antiguo yo, y nos conecta con los ingredientes esenciales para nuestra felicidad a largo plazo, despejando el camino para que tomemos decisiones sobre a quién darle nuestro tiempo y energía. El siguiente paso es orientar la vida en torno a este camino, apegándonos a él incluso cuando nuestros sentimientos amenacen con descarrilarnos.

Paso 3: sigue tu camino, no tus sentimientos

Si nos tomamos en serio el camino elegido (y deberíamos, dado que ya sabemos dónde fallaron los caminos anteriores), diremos no a las cosas que solo brindan comodidad o entusiasmo a corto plazo. Aquí se aplica el viejo dicho: *si quieres una vida difícil, haz cosas fáciles, pero si quieres una vida fácil, haz cosas difíciles*. Cada vez que tomamos una decisión en consonancia con nuestro nuevo camino, afirmamos nuestras intenciones, enviándonos (y a cualquiera que lo note) señales inequívocas de lo que valoramos.

Por desgracia, la vida amorosa es un ámbito donde siempre hay alguien que dice: "Sigue tus sentimientos". A juzgar por los dilemas que la gente me plantea, seguir tus sentimientos parece el ejemplo clásico de hacer cosas fáciles para una vida difícil. Recuerdo una relación en la que tardé meses para reunir el valor de terminar, así como la confusión de mi madre al verme sufrir después. Cuando llegó al límite de ver este triste espectáculo, dijo: "Ay, cariño, si tanto te duele ¿por qué no regresan?". Por mucho que apreciara su mezcla de frustración y preocupación, incluso entonces sabía que, si seguía su consejo, solo confundiría lo que podría hacerme sentir bien y brindarme alivio en el momento con lo que me haría más feliz a largo plazo.

Ese dilema también ocurre al principio de las relaciones. Tras una primera salida emocionante, quizá quieras enviar un mensaje de texto que comunique tu entusiasmo, como "Oye, sé que nos acabamos de conocer, pero creo que te amo. Me parece claro que debemos casarnos y empezar nuestra vida en conjunto. ¿Qué piensas?". Por fortuna, parece haber un interruptor natural que nos impide presionar enviar, un botón de pausa emocional que nos permite apartar los sentimientos y preguntarnos: "¿Eso servirá para el camino que quiero seguir?". Casi no hacemos esta pregunta (la cual parece instintiva en situaciones como esa) a otras personas; pero debemos empezar a preguntarnos eso de manera consciente y frecuente mientras reconfiguramos el cerebro y remodelamos los comportamientos.

Una vez me entrevistó alguien que llevaba una camiseta que decía: "Tus sentimientos son válidos". En aquel entonces, no dije lo que escribo aquí, ahora: no creo que todos mis sentimientos *sean* válidos. Si los sentimientos se basan en pensamientos, considera cuántos pensamientos inválidos tenemos al día que surgen de ansiedades, miedos o frustraciones irracionales, que conducen a sentimientos completamente separados de la realidad. Es como si un ciego guiara a otro dentro de nuestro cerebro.

Seguir mis sentimientos todo el tiempo suele ser una mala idea. Claro, si lo hiciera, seguro iría al gimnasio mucho más seguido. Pero en vez de poner mis sentimientos-del-momento a cargo, siempre me pregunto: "¿Al terminar de hacer esto, diré: 'Me alegro de haberlo hecho'?". Para el tema del gimnasio, la respuesta casi siempre es sí. En situaciones o actividades como esas, sin importar la resistencia que sienta ante ellas, sé que debo superarla y las hago. Por supuesto, esto también funciona en sentido negativo: hay cosas que queremos hacer en el momento que seguro nos harán sentir peor después. Entonces podemos preguntarnos: "¿Qué pasa si me abstengo de hacerlo? ¿Después diré: 'Me alegro tanto de no haberlo hecho'?". Por ejemplo, tomar tanto y odiar la vida al día siguiente. Uno de los efectos secundarios de aplicar este tipo de intencionalidad a nuestras vidas amorosas es que nos ganamos el respeto de las demás personas, cuando ven que tenemos estándares sobre a quién dejamos entrar (incluso cuando nuestro corazón está acelerado), pues demostramos integridad. Es la evidencia de que nos valoramos y, al hacerlo, aumenta nuestro valor para ellas. También muestra que necesitamos más que un sentimiento momentáneo; necesitamos algo que también nos haga sentir bien después.

Cuando estaba en las primeras citas con Audrey, se encontró cara a cara con el tipo que te he dicho que evites en varios puntos de este libro (¡el horror! ¡Dios te libre de personas como esa!). La conocí en Inglaterra, tuvimos algunas citas sorprendentes y establecimos una conexión. Pero al regresar a mi casa en Los Ángeles, había un océano y un continente entre nosotros. Aunque empecé bien, durante las semanas siguientes mi comunicación se volvió escasa. Las llamadas telefónicas se convirtieron en mensajes de texto. Los mensajes de texto se volvieron esporádicos.

Luego, en un momento dado, después de no haber hablado en días, le envié un mensaje diciéndole que la extrañaba. Debió parecer inesperado y fuera de sincronía con la temperatura de nuestra dinámica en aquel momento, porque horas más tarde recibí la respuesta que sentí como un puñetazo en el estómago: "Oye, espero que estés bien. La verdad, siento que no hemos estado muy conectados ni cercanos por un tiempo… y ese mensaje (con o sin razón) pareció un intento de llamar la atención".

Ay. No bromeo cuando digo que fue como un puñetazo en el estómago. Me sentí regañado, descubierto. *Estaba* buscando atención. Me gustaba Audrey; mucho, de hecho. Pero no quería una relación de larga distancia. Incluso eso seguía siendo una excusa. No estaba buscando ningún tipo de relación real y ella podía sentirlo. Audrey te dirá feliz que le agradaba mucho cuando dejé Londres, pero cuanto más veía que nuestros caminos no estaban alineados, menos se interesaba en darme más de su energía. Vale la pena compartir que, aunque Audrey y yo ahora estamos felizmente casados, ese texto no generó ningún resultado inmediato por mi parte. Después de eso, tomamos caminos separados por un tiempo. Pero cuando por fin nos volvimos a conectar, supe de manera exacta con quién estaba tratando y qué esperaba de mí. Mientras tanto, Audrey no perdió ni un minuto con alguien que no pudiera conectarse con ella o encontrarla como ella quería.

La intencionalidad en ese nivel requiere que reorientemos el enfoque: debemos pasar de ceder a nuestros sentimientos a apegarnos a nuestro camino. Es una de las cosas más amorosas que podemos hacer en nuestra vida. Nuestro camino, al que llegamos con algún costo, se refleja en las decisiones, conversaciones y acciones cotidianas. Y cuando es así, puede ser revelador ver qué tan en serio empiezan a tomarnos las personas y cuan dispuestas pueden estar a fusionar su camino con el nuestro.

Paso 4: comunica tu camino sin pena ni vergüenza

Al reconfigurar el cerebro, debemos avanzar un paso más allá del camino al que nos hemos acostumbrado: también tenemos que ser suficientemente audaces como para compartirlo. Hacerlo les sirve a otras personas como una invitación a corresponder, lo que ayuda a ambas partes a ver si sus caminos tienen la posibilidad de alinearse. Le permite a alguien conocer los requisitos previos y evitar perder el tiempo con quien no pueda cumplirlos.

Mi amiga Tanya Rad solía producir mi programa de radio *Love Life* antes de que se convirtiera en el pódcast *Love Life*. Desde el día que la conocí (hace unos diez años) ha estado buscando una pareja formal a largo plazo, por lo que tomó en serio cada palabra que dije en ese programa. Un comentario de un seminario en vivo se le quedó grabado: "De cien personas solteras, quizá solo una o dos son adecuadas para ti. Así que, si conoces a una persona nueva cada mes, necesitarás vivir al menos otros cien años para garantizar un resultado positivo". Después de eso, trató el tema de las citas con la intensidad de un segundo trabajo; no iba a quedarse soltera por no haber conocido a suficientes hombres. Aun así, pasaron años sin que encontrara la relación comprometida que deseaba.

Casi diez años después, Tanya es ahora copresentadora, junto con Ryan Seacrest, de uno de los programas de radio más importantes de Estados Unidos. Y en algún momento, entre entonces y ahora, también encontró la relación que había estado buscando y se comprometió. Invité a Tanya a compartir su historia con la comunidad de Love Life Club, esperando que nos contara sobre la única cosa que le había faltado todos esos años.

Empezamos a hablar sobre citas e intimidad, donde tenía una idea que siempre la hacía sentir incómoda:

> Creo que, especial entre las mujeres, existe un mensaje como este: "¡Deschóngate! ¡Podemos ser como hombres! Consigue muchos amores de una noche". Pero me sentía rara, como que yo no soy así. No me puedo conectar de esa manera. Si tú eres así, bien por ti, lo respeto mucho, pero esa nunca fui yo. No podía tener sexo libre. Entonces dije: "Está bien, a partir de este momento, no tendré relaciones sexuales fuera de una relación comprometida". Y cuando dije relación comprometida, me refería a novio-novia (alguien comprometido conmigo). Y bueno, eso de verdad funcionó para descartar muy rápido a todos lo que no estaban interesados.

Esta era una Tanya diferente a la que recordaba. La idea de "descartar" mostró algo crucial: la voluntad de asumir una pérdida táctica en aras de una victoria significativa a largo plazo. Tanya pudo hacer esto porque había llegado al punto de necesidad del que hablamos al principio de este capítulo, ese primer paso para reconfigurar el cerebro. Evaluó el dolor y el costo de su antiguo patrón. Como resultado, tuvo claro lo que era importante: encontrar a alguien tan intencional en su búsqueda del amor como ella. Una vez que comenzó ese camino, ya no intentó apaciguar a la gente ni ceder a lo que le parecía emocionante en ese momento.

Eso la llevó al ingrediente que faltaba: dado que su objetivo ya no era privado, en realidad estaba dispuesta a comunicar su camino, sin importar las consecuencias. Explicó cómo se veía esta apertura en acción:

Recuerdo que conocí a este chico en un restaurante y le di mi número en la hora feliz. Me preguntó si podía invitarme a una cita y le dije que sí. Era lunes o martes y se suponía que íbamos a salir ese fin de semana. Me llamó solo para charlar y pensé: "Dios mío, ya nadie hace esto". Parecía realmente genial. Luego, mientras charlábamos, hizo una broma sexual; no recuerdo de manera exacta qué fue. No fue vulgar ni nada por el estilo, pero se convirtió en mi forma de abordar el tema y entonces dije: "Oh, ja, ja, ja, bueno, no tengo relaciones sexuales fuera de una relación comprometida". Y él respondió: "Yo tampoco". Entonces agregué: "¡Genial!". Pero a pesar de decir eso, yo sentía que era un mujeriego, ya sabes una persona que solo juega. Después de la charla esa noche... nunca me volvió a buscar. Creo que pensó: "No voy a conseguir lo que quiero", y solo no hizo nada, lo cual estuvo bien.

Ella vio que la conversación le brindaba muchas oportunidades para comunicar su camino. Algunos chicos harían bromas al respecto; otros no pensarían que fuera gran cosa. Pero todos la entendieron y, como estaba segura de su decisión, estaba en paz con cualquier reacción que obtuviera. Su comportamiento en ese momento no estuvo exento de matices: para ella, el sexo significaba penetración, así que podía hacer otras cosas siempre y cuando se sintiera cómoda. Y creo que vale la pena señalar que meses después de salir con su ahora prometido se acostó con él, antes de tener una relación comprometida. Esto me dijo al respecto:

Fue muy difícil para mí porque solo fue la calentura del momento. Y creo que, específicamente con él, desde el principio supe que era para mí, así que me permití sentirme segura en ese espacio y [en ese momento] era algo que él tampoco se tomaba a la ligera. Yo guie las cosas, nunca me presionó. De hecho, nos acercó más porque justo después tuvimos una conversación seria al respecto. Le dije: "Me hice esta promesa y siento que me decepcioné. No me arrepiento. Estoy muy contenta y me siento feliz con el rumbo que lleva todo, pero no quiero volver a hacerlo hasta que tengamos un compromiso".

Ella era su dueña, lo cual es atractivo de forma intrínseca. A pesar de estar abiertamente triste por lo que percibía como una decepción, también fue abierta con él acerca de no arrepentirse. Y no arrojó todo por la ventana solo porque se había desviado una vez. De hecho, romper su regla se convirtió en una oportunidad para reforzarla. No volvieron a tener relaciones hasta que se comprometieron (un mes después). Nadie tiene que ser perfecto. Pero Tanya permaneció consciente de su comportamiento, incluso cuando sus acciones la llevaron fuera de los límites.

Fue igual de directa con él sobre su deseo de casarse y tener bebés, lo cual no fue fácil porque él era divorciado y padre de dos infancias. "Hablamos de nuestras experiencias", me contó. "Y le dije: 'Sé que has estado casado y tienes hijos'. Eso es algo que realmente deseo en la vida. Estoy emocionada por casarme algún día y ser mamá. Estoy emocionada por esa etapa de la vida".

Si Tanya hubiera soltado ansiosamente: "¡Quiero casarme!", podríamos perdonar al chico por querer escapar. Una persona a quien apenas conocemos no debería tener la impresión de que la tenemos designada para un puesto que no se ha ganado ni remotamente. Pero Tanya estaba mencionando algo que la entusiasmaba. En realidad, no tenía nada que ver con él (excepto por el hecho de que él había pasado por eso). Pero el subtexto estaba ahí: si no quieres volver a querer esas cosas, hay que atribuirlo a una comida deliciosa y dejar todo por la paz.

Le pregunté a Tanya cómo lograba sacar ese tema en momentos donde no tenía una apertura de "papá divorciado", y me dio una respuesta igual de práctica:

Lo saco como una especie de *spinoff* de mi carrera, diciendo: "He logrado tanto en mi carrera... pero todavía hay mucho que quiero hacer en mi vida personal. Al concentrarme durante tanto tiempo en mi carrera, no me di la oportunidad de tener una relación seria y comprometida. De verdad deseo eso. Tengo muchas amistades casadas con matrimonios maravillosos a mi alrededor. Eso es algo que realmente espero con ansias. Y quiero ser mamá también. Siempre sentí que trabajaba demasiado como para pensar en tener bebés".

Ella nunca expresó una urgencia sobre estas cosas (incluso si las sentía), algo que no habría sido apropiado transmitirle a alguien que acababa de conocer, un error común que se interpreta como ansiedad y se siente como presión. En lugar de eso, solo planteó su camino en términos de su entusiasmo. El mensaje fue por completo positivo.

"¡Qué fácil para Tanya! ¡Bien por ella!", podríamos pensar cada vez que escuchemos una historia como esta. Pero el suyo, como el de la mayoría, no fue un "éxito" de la noche a la mañana. Tuvo que pasar por varios hombres, citas fallidas y "situaciones" para encontrar a alguien que fuera receptivo a sus estándares. Ella no cambió un día y al día siguiente se topó con un hombre que le gustaba y que estaba listo para hacer todo lo posible. Tuvo citas durante una década, llegó a conocerse mejor (lo que quería y lo que no), reafirmó su camino y por fin encontró a alguien que se alineaba con esa visión. Una de las mayores causas de impaciencia en la vida amorosa son esas historias que dicen algo así: "¡Hice tal, tal y tal y luego, de la nada, apareció la persona adecuada!". El crecimiento en la vida real es más lento, pero los resultados son mucho más reales. Como en tantas áreas de la vida, la batalla en la vida amorosa por lo general se gana mucho antes de tener alguien a quien mostrar.

Resumamos lo que hemos aprendido hasta ahora sobre reconfigurar nuestro cerebro:

- La necesidad es el origen del cambio. Al igual que Tanya, debemos ser transparentes sobre el dolor presente y el costo futuro de nuestro enfoque hasta ahora. Esta evaluación honesta no nos deja otra opción que hacer las cosas de manera diferente.
- El siguiente paso es decidir qué es más importante en nuestro presente: nuestro nuevo camino.
- Debemos seguir este nuevo camino, en lugar de ceder a los sentimientos en el momento de forma impulsiva. Por suerte, entre mayor sea nuestra conexión con el motivo por el que nuestro camino nos es importante, menos entusiasmo sentiremos ante las situaciones que no nos resultan adecuadas.
- Comunicamos nuestras intenciones sin vergüenza, sabiendo que está bien perder a las personas, por muy atractivas que sean. Nadie tiene vía libre en nuestro camino.
- Debemos comunicar hacia dónde nos dirigimos con una actitud mental positiva, ya que sentimos emoción y seguridad, no ansiedad e inseguridad. No se trata de los demás, se trata de nuestra vida.

Si haces estas cosas, evitarás el noventa y nueve por ciento del sufrimiento que existe en la vida amorosa y allanarás el camino para una relación sana. Pero ¿qué pasa con el elefante en la habitación? Ya sabes, hablo de esa profunda sensación (incluso cuando hacemos todo bien al decir "no" a gente y experiencias desalineadas con nuestro camino) de que nunca encontraremos a un ser humano que nos haga sentir como nos hemos sentido antes con alguien más o lo que dijeron que *deberíamos* sentir con la persona con la que terminemos... ¿Qué hay de la química?

Paso 5: no compares ofertas en el tema de la química

Imaginemos (tal vez no sea necesario) que conoces a alguien que te trata bien, es entusiasta y quiere las mismas cosas. Pero no te atrae y eso te genera cada vez más nervios. ¿Cuánto tiempo esperas antes de decidir que no está bien? ¿Deberías seguir buscando a alguien que te entusiasme o persistir porque cumple muchos otros requisitos?

La respuesta breve y contundente: no. No solo NO debes renunciar a la atracción, sino que te lo desaconsejo mucho. La química sexual es el factor esencial que separa la amistad de las relaciones románticas. Si no puedes imaginar o disfrutar a tu pareja de forma sexual, el camino será largo. Vale la pena preguntarse: ¿puedo vivir el resto de mi vida con el nivel de química que siento por esta persona? Si la respuesta es no, es hora de salir y seguir adelante. No intentes forzarlo; la atracción no responde bien a la coerción.

Incluso encontraremos más personas que nos atraigan si eliminamos algunas barreras. Una de esas barreras es seguir a rajatabla la "política de puertas" en las citas. Hoy más que nunca, rechazamos relaciones a una velocidad vertiginosa. La prueba más contundente la vemos en las aplicaciones de citas, donde mantenemos un estándar artificialmente alto que es mucho más despiadado que cualquier cosa que mantengamos en la vida real, donde nuestra lente tiene un enfoque más suave. El buffet digital hace que la gente parezca barata y desechable en comparación con una persona real parada frente a nosotros, diciendo cosas sorprendentes. El gran peligro de la tecnología es que, sin saberlo, rechazamos a personas con las que podríamos haber tenido verdadera química, y lo hacemos con facilidad, sabiendo que hay alguien más detrás de ellas.

¿Quién no ha descubierto atracción sexual por una persona que no habría elegido en un perfil de citas? ¡Quizá incluso te casaste con alguien así! Esto se debe a que la atracción sexual no es una imagen, es una obra de teatro: una trama en evolución que cobra vida o se pierde en persona. Incluso de forma superficial, gran parte de la atracción humana proviene de la animación, es decir, de cómo se mueve, sonríe, se para o camina. Es posible que nos sintamos atraídos por alguien solo por la forma en que asiente con la cabeza al ritmo de cierta música. Esta verdad se puede descubrir en todas direcciones. Podríamos ver una foto de alguien que consideramos, objetivamente, de muy buen ver, solo para sentirnos extrañamente impasibles cuando aparece. Quizá nos atrae de manera carnal alguien que acabamos de conocer en persona por primera vez, solo para descubrir que, para nuestro desconcierto, sus fotografías en línea "no le hacen justicia". ¿Alguna vez una amiga te enseñó el perfil de su cita de la noche anterior y pensaste en silencio: "¿En serio?". La diferencia no fue solo el gusto. Ella estaba ahí, tú no. No se trata de aliviar tu necesidad de química; se trata de darse cuenta de que la química no es nada simple, por lo que vale la pena suavizar la política de puertas que te impide descubrir si la tienes.

La química requiere más que una foto; a veces requiere más de un contexto. ¿Alguna vez te has enamorado de una persona que apenas habías notado antes? Un día hizo algo entrañable, apareció con un atuendo que te hizo verla de una forma nueva o te mostró lo atractiva que era en su elemento. Y así, sentiste algo. Por eso debemos tener cuidado con declaraciones como "Nunca he conocido a alguien que me atraiga". La atracción es más que un encuentro, de la misma manera que una playa es más que una cubeta de arena y una botella de agua salada.

También debemos tener cuidado con el papel del ego al interferir con la química. El ego dice: "No se viste como otras personas con las que he salido", "no es del tipo de persona que le gusta la vida al aire libre" o "mis amistades y familiares pensarán que no tiene nada de atractivo". Criterios como esos son retrospectivos, críticos y restringen nuestra capacidad de ejercer una elección real, dando demasiado valor a factores externos como la buena apariencia y el estilo por encima de cualidades que solo podemos encontrar atractivas de manera sexual una vez que estamos presentes y nos involucramos. La atracción sexual es personal, a menudo impredecible, y puede sentirse intensamente por alguien que no habría encajado en nociones preconcebidas de nuestro "tipo".

El ego no solo excluye la potencial química, sino que la identifica de forma falsa. Convierte a una persona esquiva y difícil de alcanzar en alguien valioso y deseable. ¿Por qué perseguir a quien no está disponible? Los altibajos inesperados se confunden con sentimientos de química, un completo *non sequitur*. Ten cuidado de no confundir un ciclo de ansiedad y alivio temporal con química.

Cuando eso se convierte en un hábito (incluso en una adicción), puede conducir a algunos resultados retorcidos. Meg, una miembro del Love Life Club, una vez me preguntó: "Me han herido mucho en relaciones pasadas, pero me resulta difícil sentir la misma atracción cuando salgo con otros hombres. ¿Qué debería hacer? También tengo miedo de que me vuelvan a hacer daño. ¿Qué cualidades debería buscar?". Meg ha resumido el extraño dilema de muchas de nuestras vidas amorosas: ¿Cómo encontrar otra persona como la que acaba de lastimarme, sin que me lastime de nuevo?

Pero cuando Meg y yo empezamos a analizar esa relación, quedó claro que su pareja no la lastimó solo cuando rompió con ella. Incluso cuando se suponía que estaban en la relación, ella nunca se sintió segura y en paz. Y eso es cierto en muchas relaciones: nunca sentimos que tenemos a la persona. Cuando ese es el caso, la persecución nunca termina. Todo el tiempo tenemos miedo y nos aferramos para poder seguir ahí. Como la seguridad nunca llega, la turbulencia emocional de las primeras citas nunca termina. Esa era la situación de Meg, quien creó una situación casi imposible para las nuevas parejas, quienes tenían que hacerle sentir el mismo nivel de deseo que sentía por su ex (excepto que siempre había sido un deseo basado en hacerla sentir incómoda). Sin embargo, nunca podrás sentirte a salvo con alguien que permanece fuera de tu alcance. Recuerda, en cualquier relación verdadera, te enamoras de la presencia de alguien, no de su ausencia.

También ten cuidado cuando la química máxima surge de condiciones que no se pueden reproducir con facilidad: el romance de vacaciones; la emoción de una infidelidad; la aventura de dos meses que adquiere una importancia enorme solo tras terminar de forma abrupta. A todos nos encantan los fuegos artificiales, pero para captar nuestra atención necesitan dos condiciones principales: el oscuro romance de la noche y el conocimiento de que se acabarán en breve. Quita cualquiera de los factores y todos esos fuegos artificiales se volverán comunes. ¿Cuántas experiencias que consideramos puntos culminantes fueron breves al principio y ahora están distorsionadas por el lente confuso de la memoria? ¿Qué pasaría si tu amante del trópico hubiera volado a casa contigo? ¿Qué pasaría si tu aventura de dos meses de repente te enviara un mensaje de texto para que pases por su receta médica? No puedes comparar la química rápida de una carrera romántica tipo *sprint*, con la resistencia necesaria de un compromiso prolongado tipo maratón. Mínimo, hay que moderar cualquier romance de este tipo y pensar que en realidad no tenemos idea de cómo hubiera sido estar con esa persona a largo plazo.

La conclusión es la siguiente: la química es crucial, pero no es la única cualidad que debes buscar en una relación a largo plazo. Cierto, es súper importante en la fase inicial, pero si elegimos basándonos en la química, entonces ¿por qué no buscar a la persona más amable, la que más nos apoya o la que mejor nos comprende (cualidades igual de importantes, si no es que más) para hacernos felices a largo plazo?

Nada de esto pretende sugerir que empieces a llenar tu agenda con pretendientes que no tienen ningún atractivo físico para ti, o que sigas teniendo citas con gente por la que al principio no sentiste nada. Solo es una invitación: a no formar juicios precipitados sobre la química y la atracción sexual, que necesitan cierto grado de exposición y apertura para lograrse; a dejar de poner los sentimientos que tuviste en el pasado (sentimientos que, por definición, nunca tuvieron que resistir la prueba del tiempo) en un pedestal; y a poner la química en un nivel apropiado de importancia, pero no en un plano más alto que otras cualidades necesarias para una relación feliz. Por último, debes resistir la tentación de hacer comparaciones constantes. Cuando tomas en serio la búsqueda de una relación de espectro completo, la química es un componente vital, pero no es una competencia que una nueva persona deba ganar.

PATRONES COMO LOS QUE DISCUTIMOS en los dos últimos capítulos pueden convertirse en una segunda naturaleza en nuestro día a día sin que nos demos cuenta, por eso no podemos confiar en la esperanza de que algún día solo despertaremos y empezaremos a sentirnos mejor o a tomar mejores decisiones. El cambio no nos sucederá; debe hacerlo por nuestra cuenta, lo que requiere más que solo una epifanía. Las epifanías (tal vez hayas tenido un par leyendo esto) solo iluminan el camino. La acción intencional es lo que reordena nuestra forma de ser, es una guerra contra nuestras viejas costumbres. Cuando algo no funciona para nosotros, debemos enfocarlo como un centinela que vigila las puertas de nuestra felicidad y, una vez identificado, decidir dejar de hacerlo y empezar a hacer lo que nos hará sentir mejor más adelante. Pon atención a las cosas que te gustan para ti. Alinéate con algo más elevado, como los valores que has llegado a apreciar en esta etapa de la vida. Decide de antemano qué es importante para ti en una persona. Identifica qué tipo de energía quieres a tu alrededor y qué cualidades te brindan paz en la vida y en las relaciones. Orienta cada aspecto de tu vida en torno a estas cualidades: la forma en que empleas tu tiempo, la energía que pones en el mundo, el tipo de personas en las que inviertes, incluso en las amistades. Satura tu vida con la energía que deseas atraer. No es una solución de la noche a la mañana, pero es más poderosa de lo que piensas. Cuanto más lo hagas, más notarás y serás visible para otra gente con estas cualidades.

Nada de eso es fácil. Es mucho más fácil buscar cosas que nos hagan sentir mejor en el momento, que hacer cosas que nos harán sentir bien a largo plazo, teniendo fe en que en algún momento atraerán a la persona adecuada a nuestra vida. Esto último requiere sacrificio, paciencia y compromiso. Requiere que todos los días sigamos entrenando la atención en nuestro nuevo objetivo: paz y felicidad. Es una disciplina que requiere que nos tomemos en serio. Así como a nuestro bienestar.

Es posible que lo correcto no parezca tan brillante al principio, y en momentos de tentación es esencial seguir reconociendo por qué las viejas costumbres nunca funcionaron. Pero pronto, si seguimos adelante poco a poco, nos encontraremos en un lugar más saludable, de calma y objetividad. Habremos salido de las corrientes frenéticas de la ansiedad y el trauma y nos adentraremos en las aguas más tranquilas de las citas conscientes, donde nos resultará mucho más claro qué es la atracción saludable y qué no lo es. Las personas equivocadas empezarán a perder importancia, incluso se volverán indeseables. El tipo de gente que antes podía entrar en tu vida y destruir tu paz, de repente parece completamente desagradable y fuera de sincronía con el ritmo de tu nueva vida.

Una vez que nos hayamos liberado del ciclo de adicción en el amor, empezaremos a encontrar una forma de química más serena, pero no menos gratificante, con nuevas personas que, antes, nunca habíamos considerado. No todo el mundo te atraerá por arte de magia, pero es posible que empieces a notar a la gente que nunca habías visto y, al hacerlo, descubras que tu grupo se ha ampliado. Eso crea esperanza. El dolor que instigó estos cambios en ti disminuye y da paso a la comprensión de qué cosas nuevas son posibles: no solo hay personas que nunca supimos que existían ahí fuera, sino que están más cerca de lo que crees. Queda claro que nuestro yo más joven en realidad no era el experto que decía ser en lo que necesitábamos para ser felices. Con cierta distancia, es posible que incluso nos encontremos disfrutando de un nuevo tipo de cierre: la capacidad de reírnos con alegría y amor de nuestras confusiones anteriores.

11

La cuestión de tener bebés

En los años que he estado compartiendo ideas y filosofías sobre el tema de la confianza y la autoestima con las mujeres, para muchas ha habido un miedo oculto que afectó su capacidad para mantener los estándares que establecieron mientras trabajábamos en conjunto. Aquí hablo en nombre de las mujeres que sintieron que tenían un tiempo limitado para considerar tener bebés.

Tengo pocos motivos para sentirme cómodo o confiado al opinar sobre este tema, pero mi malestar no es el punto: el punto es la conversación. Muchas de mis clientes sabían que querían ser madres desde que eran niñas. Puede que no siempre lo hayan expresado en la edad adulta por temor a que otras mujeres las consideraran retrógradas o demasiado intensas con los hombres, pero para muchas, tener una familia siempre fue su mayor objetivo en la vida. Incluso una de mis amigas más exitosas confesó que, hace poco, a pesar de su éxito, que la convierte en la envidia de muchas, su mayor sueño era, y sigue siendo, tener una familia; de hecho, mencionó que este era incluso más grande que cualquier sueño profesional que hubiera tenido, a pesar de lo duro que había trabajado.

Para otras, el deseo de tener bebés pareció sorprenderlas. Tras años de centrarse en otros aspectos de su vida (carreras profesionales, viajes, amistades), de repente y sin previo aviso, dieron paso a una necesidad intensa y abrumadora de satisfacer algo que de pronto parecía instintivo. A pesar de disfrutar de la vida, empezaron a sentir la presión. Esa presión no tiene por qué ser explícita. Quizá nunca sufrieron presión familiar, o con sus amistades presuntuosas, incluso nunca pensaron en la crianza como algo que querían y, aun así, se presionan a sí mismas. Ya fuera que el mensaje hubiera llegado silenciosamente desde el exterior, o emergido sutilmente como una voz desde el interior, se había hecho más fuerte.

Claro, no todas las mujeres sienten ese impulso. He asesorado a muchas que tuvieron que terminar una relación porque su pareja quería tener bebés y ellas no. Para otras, la presión familiar, social y cultural que aumenta con la edad las deja confundidas en cuanto a si su ansiedad es solo el resultado de la presión social y cultural o se deriva de algo que de verdad quieren.

También está la angustia común de la mujer que, aunque no siente la atracción gravitacional de la maternidad, se inclina a tener bebés como una especie de póliza de seguro contra el arrepentimiento futuro de no haber tomado ese camino. Esa desalineación interna las deja sintiéndose aisladas y agotadas mientras luchan contra la vergüenza y el miedo de tener que autoengañarse para hacer algo que "se supone" que es una de las mejores experiencias que existen, pero que para ellas se siente como una desconectada estrategia de aversión al riesgo.

Pero, para quienes lo sienten, el profundo deseo de tener bebés es un impulso que, a medida que pasa el tiempo, domina toda su atención. Les roba la confianza y, al mismo tiempo, alimenta una ansiedad, incluso un pánico, que conduce a decisiones de relación dañinas y, a veces, desastrosas.

¿Qué es ese miedo? Es el temor de que ese proceso esencial de la vida que desean experimentar con todo su corazón y que perciben como fundamental para su felicidad y sensación de plenitud en la vida... no suceda. No solo aplica para las solteras o para las que pasan de una relación a otra hasta que es demasiado tarde; también es cierto para muchas con una pareja dispuesta y entusiasmada, que descubren que lograr un embarazo exitoso es más complicado de lo que jamás imaginaron (debido a dificultades de cualquiera de las dos partes o de ambas)..., o completamente imposible.

Trabajé con una pareja que, incluso con acceso a los mejores médicos y rondas de congelación de embriones durante varios años, nunca alcanzó la etapa de implantación exitosa de un embrión. Otra mujer, con su pareja, lleva nueve años en un viaje de fertilidad, realizando FIV muchas veces (y rehipotecado su casa para hacerlo), pero sin éxito todavía. La vida no es tan simple como "Si no encuentro a mi persona a tiempo, no voy a poder tener bebés". Tener bebés biológicamente no está garantizado de ninguna manera. Para tener bebés dentro de la estructura tradicional, la cultura te dice que debes encontrar a una persona con quien quieras hacerlo, la biología exige que tú y tu pareja conciban dentro del marco temporal de fertilidad, sean compatibles, fértiles y lleven un embarazo a término completo (o al menos viable). Con razón ese objetivo en la vida hace que tanta gente se sienta fuera de control. Hay muchas variables en el camino que pueden ser abrumadoras.

Mi primera introducción a los desafíos que surgen del deseo de ser madre o padre no fue un bonito diplomado sobre ciencia, más bien fue un curso intensivo sobre el dolor que causa: no solo en forma de ansiedad o pánico cuando suena la alarma, sino a través del dolor agravante causado por las malas decisiones que se toman desde estos estados. A veces siento que mi único trabajo es bajar la temperatura de las citas de las personas en medio de un calentamiento global imparable que se produce en sus mentes conforme aumenta su anhelo de tener una familia. Aunque las invito a reducir la velocidad y no invertir demasiado rápido, esa fuerza contraria les dice que aceleren, que ignoren las *red flags* y se sienten a la mesa de negociaciones como alguien que necesita un salvavidas. Un médico especialista en fertilidad tiene un profundo conocimiento de qué está haciendo ese proceso en el cuerpo de las mujeres, pero yo llegué a un profundo entendimiento de qué le está haciendo ese proceso a sus vidas.

No pretendo comprender por completo las profundas corrientes de miedo y aislamiento que se apoderan de algunas mujeres cuando experimentan la reducción del tiempo para algo que consideran fundamental para su ser. Pero conozco el terror nauseabundo de sentirse fuera de control con algo que parece que tu vida depende de ello. Puede resultar paralizante. Doy *coaching* a muchas mujeres que siguen funcionando en su vida cotidiana fragmentándose a sí mismas (separándose de esa anhelante voz interior a través de las distracciones de la obsesión laboral, las obligaciones diarias y las citas inconscientes).

Pero esta voz nunca se queda tan lejos de la superficie como podríamos esperar..., permanece el profundo anhelo por algo que de alguna manera ya parece ser parte de ellas, aunque no haya llegado. Lo sé porque el más mínimo indicio de que vamos a hablar sobre este difícil tema hace llorar a muchas mujeres en un instante. Puede convertirse en una ansiedad crónica y tácita donde se sienten acosadas por un sentimiento desesperado por lo que ahora parece ser la clave de su felicidad.

Si te encuentras en un terreno donde ya no puedes tener bebés de manera biológica, quizá entres en un estado de duelo no resuelto o te sientas condenada a percibir que algo falta en tu vida. Aunque parezca que gran parte de este capítulo está dirigido a personas que se encuentran en una etapa anterior, espero que este capítulo también te genere una sensación de alivio.

Entre más me acercaba a este tema, más entendía y sentía la injusticia de todo. Muchos hombres creen que no hay prisa porque a cualquier edad pueden embarazar a una mujer (al menos en teoría). La biología de las mujeres dice lo contrario. Los hombres tienen su propia biología con la cual lidiar: hay mucha sobreestimación cuando se trata de qué tan viables son los hombres, o su esperma, para el proceso de tener bebés en años posteriores; y esta sobreestimación solo exagera la asimetría biológica entre hombres y mujeres. Los hombres han utilizado esta asimetría para justificar hacer chistes frívolos y a menudo crueles acerca de que las mujeres son "demasiado intensas" o "locas", solo porque exigen algún tipo de claridad en un área en la que pretenden no relacionarse. Mientras tanto, estos tipos actúan con toda la soltura de quien cree que tiene mucho tiempo de sobra (independientemente de si es cierto o no). A menudo me he preguntado qué tipo de desesperación visible veríamos en estos hombres si les dijeran que el mayor sueño de su vida, ya sea tener bebés, iniciar una empresa o convertirse en millonarios, solo estuviera disponible durante los próximos tres a cinco años (¡y dependiera de otra persona para que sucediera!), después de lo cual nunca volvería a estar disponible sin importar lo que hicieran.

Dado ese desequilibrio, y siendo yo mismo un fanático del control en recuperación, no pude evitar pensar en el terrible resentimiento que podría sentir ante la idea de tener que esperar a que mi pareja aceptara aprobar uno de los objetivos más importantes de mi vida. Ese instinto se vio respaldado cuando caminaba por la calle hace muchos años con la editora de este mismo libro, Karen Rinaldi, y le pregunté cuál era su opinión sobre todo el asunto, a lo que ella no perdió el ritmo: "¿Por qué confiarías en un hombre para eso?". Resultó que, a pesar de convertirse en madre dentro de una relación (en la que, no de manera insignificante, ya no existe), Karen ya había decidido tener bebés sola, incluso si nunca conocía a un compañero de vida con quien hacerlo. Esa no solo fue una frase dura de una feminista ardiente, que lo es; fue un reflejo de lo importante que era todo el asunto para ella.

Aunque puede que no estuviera preparado para decirles a las mujeres que renunciaran por completo a los hombres (después de todo, yo todavía quería encontrar novia), comencé a impacientarme, incluso hasta el punto de enojarme, cuando veía a mujeres perdiendo el tiempo con hombres que ni se preocupaban ni compartían sus objetivos. *¡El sueño de tu vida está en juego! ¿No te das cuenta de eso? A este chico no le importa en absoluto tu línea de tiempo o el arrepentimiento que sentirás más adelante si te quedas sin tiempo para tener una familia mientras huyes a algún lugar lejano con él... ¡Ahhh, pero le estás entregando la responsabilidad de estas cosas!* No siempre decía eso (aunque a veces sí, como puedes ver en mis videos de YouTube), pero siempre lo pensaba cuando apenas ocultaba mi frustración por la situación en la que una mujer seguía destacando la gran conexión que tenía con alguien mientras murmuraba en voz baja que él le había dicho abiertamente que no estaba listo para una relación. A veces siento que tuve la reputación de ser una especie de Scrooge en la vida amorosa, un asesino de romances, que todo el tiempo bromea sobre las historias que escucha. Pero soy un romántico. Solo me enoja cómo la

LA CUESTIÓN DE TENER BEBÉS

cultura les ha lavado el cerebro a las mujeres para que cedan su lugar al volante cuando se trata de su futuro. No me enojo con las personas, sino con la forma en que tenemos una predisposición cuando se trata de juzgar a las mujeres por sus necesidades y validar a los hombres que se niegan a entenderlo.

Vi a mujeres conformarse con relaciones abusivas por la posibilidad de tener al bebé que siempre habían querido. Asesoré a mujeres en el otro lado de esa dinámica, luchando con la crianza al lado de alguien que se propuso plagar su existencia y envenenar a sus crías en su contra en cada oportunidad. Conocí mujeres que seguían saboteándose en las primeras citas porque su ansiedad por quedarse sin tiempo les impedía ser ellas.

Nunca olvidaré a la mujer en uno de mis retiros que se metió debajo de una mesa durante una sesión de trabajo y lloró de forma incontrolable porque había permanecido casada con un hombre que siempre había esperado que aceptara la idea de tener bebés, mientras su ventana para hacerlo se cerraba poco a poco, solo para que, al final, de todos modos, él destruyera su matrimonio. Me senté con ella mientras lloraba por el embarazo que nunca tuvo.

El profundo nivel de dolor que he atestiguado en esta área me ha llevado a dos conclusiones: la primera es que cualquier consejo diseñado para empoderar a las mujeres de veinte a cuarenta años está incompleto si no incluye una conversación sobre este tema. La segunda es que nunca evitaré iniciar esta difícil conversación (que resulta ser una de las más difíciles) por miedo a equivocarme. Evitarlo podría ser la opción más fácil, porque soy el otro elefante en la sala fuera de la conversación misma. Pero podemos aceptar la imposibilidad de que yo pueda sentir este problema como lo siente una mujer y, en cambio, confiar en que he sido testigo del dolor. Te pido que me permitas, como lo han hecho otras en el pasado, cualquier torpeza que demuestre al abordar (de forma obstinada) un tema que creo que no se discute lo suficiente... y por múltiples razones.

El miedo de las mujeres a verse desesperadas y poco atractivas es potente. También la vergüenza que pueden sentir, incluso frente a amigas bien intencionadas que son madres, al admitir algo profundamente vulnerable: *Deseo con desesperación lo que tú tienes, pero siento que me estoy haciendo vieja y se me acaba el tiempo*. Es como si las mujeres se hubieran avergonzado al pensar que no está bien, no es elegante o atractivo tener esta conversación; mientras tanto, un gran número de hombres ni siquiera sienten la necesidad de tenerla porque creen que tienen todo el tiempo del mundo.

Escribí este capítulo para que pudiéramos afrontar esta conversación de frente. En conjunto podemos despojarlo todo y hablar de ello sin vergüenza. Como ocurre con todas las conversaciones difíciles, antes de tenerlas en voz alta con alguien, debemos ser suficientemente valientes para tenerlas de manera interna. Esto significa un examen consciente y exhaustivo de lo que queremos y de cuáles son nuestras opciones para hacerlo realidad, de modo que podamos tener mejores herramientas para tomar las decisiones correctas.

¿Por dónde empezar? Bueno, ya empezamos, así que, si llegaste hasta aquí, ya estás adoptando una especie de aceptación de que tener bebés no está garantizado, sin importar tus circunstancias. Sin duda, ese sentimiento es mayor si no tienes pareja. Pero más allá de eso, es hora de una aceptación radical de tu marco temporal desde donde te encuentras ahora, y en qué punto es seguro asumir que ya no será posible tener bebés de la forma que esperabas.

Eso no es derrotista. Ese tipo de aceptación es precisamente el punto desde el cual vas a evaluar con honestidad tus opciones y poner en marcha un plan. Este plan es clave para recuperar tu poder personal en esta área.

¿Qué tan importante es para ti?

Antes de hacer un plan, considera lo siguiente:

Para ti, ¿qué tan importante es tener bebés? ¿Y por qué?

Conocer la respuesta a estas dos preguntas influye en cualquier otra decisión. Pueden parecer engañosamente simples, pero sus respuestas son importantes de manera muy profunda. Te obligan a preguntarte: ¿Qué tan real es ese deseo? ¿De dónde viene? ¿Qué necesidad estoy tratando de satisfacer?

Ocupémonos de la primera. *¿Qué tan importante es?* Sea cual sea tu respuesta, te ayudará a tomar decisiones sobre qué hacer en el futuro. Si la respuesta es "no hay nada más importante", entonces eso debe determinar a quién y a qué situaciones les dedicas tu tiempo. ¿Por qué salir con alguien que no comparte tu visión de tener descendencia cuando es un objetivo fundamental en tu vida?

Si, por el contrario, no estás segura de querer una familia, esa es una claridad diferente. Podrías tomar medidas que te permitan ganar tiempo mientras buscas desarrollar sentimientos más fuertes sobre lo que deseas.

Cuando le pregunto a la audiencia *por qué* quiere tener bebés, siempre encuentro respuestas sorprendentemente amplias. Algunas mujeres dicen que quieren a alguien que las ame pase lo que pase; otras que quieren a un ser por quien puedan sentir un amor incondicional. Hay quien quiere darle a una persona una vida mejor que la que tuvo. Algunas dicen que quieren saber qué se siente o experimentar de forma biológica el ser madre, mientras que otras responden que quieren sentir que pueden ser la madre de alguien (una distinción vital cuando se trata de evaluar las opciones). Hay mujeres que quieren que alguien las cuide cuando sean mayores. Otras dicen que quieren que una parte suya continúe después de su muerte.

Es divertido jugar con las suposiciones de lo que les aportará tener bebés. Ofrece un poco de humor negro en una conversación que de otro modo sería pesada. Le recuerdo a la gente que no hay garantía de que te amen pase lo que pase al ser madre, o que te cuiden cuando seas mayor... ni siquiera puedes garantizar que te devolverán las llamadas telefónicas o los mensajes de texto. En cuanto a querer que una parte nuestra continúe después de que nos hayamos ido, siempre me gusta señalar que esto se siente como una veta de narcisismo muy humana: "¡Debo perpetuarme!". Por supuesto, me doy cuenta de que es un instinto común y no proviene de un mal lugar, pero tampoco estoy bromeando del todo.

Otras razones son más difíciles cuando se trata de aligerar: querer darle a alguien una vida mejor que la que se tuvo o el deseo de *ser* madre. Pero a veces, cuando escucho las razones, hay una flexibilidad inherente en las respuestas que no han reconocido. Una mujer, Andrea, me dijo que su deseo provenía de intentar "salvar a la niña que hay en mí y que nadie estuvo ahí para salvarla". Cuando habló frente a la audiencia, dijo que estaba confundida sobre si quería dar a luz o adoptar. Quería que ella se diera cuenta de que su respuesta le había dejado espacio para ser feliz en ambos resultados y que, por lo tanto, su incertidumbre en realidad era una señal positiva. Su confusión sobre lo que debía hacer significaba libertad sobre lo que podía hacer. No es una libertad que todas se permitan. Se apegan a la idea de que solo serán felices si tienen su bebé biológicamente y dentro de una unidad familiar tradicional. He visto el instinto maternal dirigido a generar un impacto de maneras sorprendentes a lo largo de mi carrera. He llegado a ver que hay muchas madres extraordinarias en este mundo y no todas han dado a luz.

Tus criterios

Entre más tallemos en piedra el concepto de cómo será nuestra satisfacción futura, más reprimimos las amplias posibilidades de la felicidad. Nos convertimos en rehenes de un camino que, irónicamente, puede terminar reteniendo nuestra felicidad. Cuando pasa eso, primero entramos en pánico, luego viene la resignación y después la depresión.

Explorar otras opciones, como la adopción o tener bebés sin pareja, puede parecer como cambiar de religión. A veces significa rechazar todo lo que te han dicho. Pero debemos invitar a una libertad de pensamiento que no se ajuste de forma ciega a las expectativas sociales o familiares, sino que esté hecha a nuestra medida. Conectarnos con lo que nos resulta excepcionalmente correcto para nuestro futuro requiere que nos alejemos de otras voces y escuchemos la nuestra. La confusión de Andrea, en realidad, la puso un paso por delante de la mayoría de las personas. Significaba que estaba explorando lo que *le* parecía adecuado *a ella*.

EN EL FONDO, HAY UNA LECCIÓN en todo esto que siempre he considerado una de las más importantes de la vida: todo lo que tenemos y valoramos satisface algún tipo de necesidad, o al menos creemos que así será una vez que lo obtengamos. Una de las formas más poderosas de recuperar el control de nuestra felicidad es darnos cuenta de que la idea misma (de que esa cosa o experiencia tan específica es la única manera de satisfacer esa necesidad) solo es una historia que nos hemos contado. Con un poco de imaginación, y tal vez de experiencia, nos damos cuenta de que la necesidad se puede satisfacer de otras formas que no hubiéramos creído. No existe una única manera de vivir una vida plena. En cambio, cada quien tiene un conjunto de criterios sobre lo que necesita para ser feliz, y existen innumerables formas creativas de cumplir esos criterios. Muchas creen que tener bebés cumplirá con algunos de sus criterios más fundamentales, y tal vez tengan razón, pero lo que no se dan cuenta al aferrarse a sus planos inmutables para el futuro es de cuántas otras maneras podrían lograr lo mismo.

Nada de esto quiere decir que no debamos tener un Plan A y aplicarlo de forma seria. Tener honestidad respecto a cuánto nos importa el Plan A influye en las decisiones grandes y pequeñas. Si queremos conocer a alguien y reproducirnos con esa persona, entonces debemos hacer todo lo posible para aumentar la inevitabilidad de eso, incluso decir no a cosas que reducen las probabilidades: como pasar años en una relación con alguien que no tiene ningún interés en el mismo futuro (sin importar cuánta química sintamos). Saber cuál es nuestra opción número uno nos dice qué valorar y qué no valorar. En mis años como *coach*, he trabajado con muchas mujeres que solo entretienen a cierto tipo de hombre (el *playboy*, el adicto al éxito, el que tiene fobia al compromiso, el tipo que no tiene un futuro familiar en mente) porque en realidad no han decidido o no han sido honestas consigo sobre lo que más valoran.

El Plan A, cuando se analiza a través de la lente de los "criterios", nos muestra que hay más de un camino capaz de satisfacer estos criterios. Podemos recurrir al Plan B, C, D, E, incluso F: todas las opciones con las que podemos encontrar satisfacción si nos brindan el resultado final que deseamos. Ser flexibles para llegar allí nos ayuda a alcanzar ese objetivo.

Ignorar lo que haríamos si nuestro plan original no se cumpliera es solo otra forma de enterrar la cabeza en la arena y evitar una conversación dura de manera interna y con las personas que nos apoyarían. Me parece interesante que la mayoría de los adultos asocia el término "Plan B" con una pequeña pastilla que se toma para evitar el embarazo (al menos en Estados Unidos, donde la píldora anticonceptiva de emergencia se llama así). Pero en mi experiencia, hay demasiadas que no conocen su Plan B si quieren quedar embarazadas. Si algo es imprescindible, entonces es lo suficientemente importante como para saber de qué forma se logrará si nuestro escenario ideal no se cumple. Esa es la esencia de la resiliencia y la adaptabilidad: el conocimiento de que todo en nuestro mundo puede cambiar... y que aún podemos encontrar nuestro equilibrio y felicidad en un lugar nuevo. Eso es un superpoder, ¿no?

La ironía es que este pensamiento y planeación crean una mentalidad abundante que nos permite relajarnos y comenzar a hacer cambios más seguros en nuestra vida amorosa (en toda la vida, en realidad), lo cual hace que sea más probable que el Plan A se cumpla (si lo que quieres es tener una familia con tu pareja). Hacer las paces con el Plan B, C o D podría ser uno de los mayores secretos para lograr el Plan A. Quizá parece poco romántico planear algo desconocido, pero curiosamente, planificar otras opciones puede ayudarnos a volverlo romántico y presente en nuestra vida amorosa.

Nada de esto pretende ser frívolo sobre lo difícil que es cualquiera de las alternativas. No pretendo ni por un segundo conocer los desafíos vividos por la adopción o por ser madre soltera criando una familia. Pero sé que la gente lo hace y lo logra. Y sé que hay vida después de esos escenarios... y que esas personas a menudo encuentran el amor, porque yo les he ayudado a hacerlo. Eso no quiere decir que deberías adoptar o ser madre soltera (estos son cálculos intensamente personales que cada individuo debe hacer). Christopher Hitchens dijo una vez que, en la vida: "Tienes que elegir tus arrepentimientos futuros". El arrepentimiento es algo inevitable en la vida. Todo el mundo lo sufre (y si no, no veo cómo han logrado aprender o experimentar algo). Cuando miras tu futuro, ¿qué te generará el mayor arrepentimiento? ¿Esperar tener una familia nuclear tradicional hasta que ya no puedas formarla biológicamente? ¿O embarcarte en la crianza como madre soltera? No es una pregunta capciosa. Algunas no consideran adecuado el ser madre soltera. Otras aprenden que tendrán dificultades para perdonarse si esperan a un hombre hasta los cuarenta años y todavía no toman cartas en el asunto. Lo correcto para otras personas no importa. Lo importante es que tengamos estas conversaciones en nuestro interior y con aquellas personas en quienes confiamos, para tomar decisiones informadas sin caminar dando tumbos inconscientes hacia nuestro peor miedo.

Es importante recordar que tendemos a ser más proclives a actuar cuando intentamos liberarnos del dolor, no cuando nos sentimos a gusto. Entonces, si pensar en estas cosas es doloroso para ti, es probable que sea algo positivo: al hacer avanzar el dolor, también estamos adelantando las decisiones, decisiones que de otro modo podrían haberse dejado hasta un momento en el que habría muchas menos opciones para escoger.

Dales la bienvenida a tus opciones

Para conocer tus opciones, empieza con información clara sobre tu situación. Hacerse un control de fertilidad es otra conversación difícil que muchas evitan. *¿Qué pasa si recibo una respuesta que no me gusta?* Recuerda, la información es poder. Saber que produces menos óvulos de los que pensabas puede generar urgencia, en el sentido positivo. Esta urgencia podría hacer que aceleres un cronograma que de otro modo habrías descuidado. Una respuesta decepcionante ahora puede ser la clave para un futuro feliz, porque informa tus próximos pasos. También lo es ser realista acerca de las tasas generales de fertilidad: saber que hay una caída pronunciada en la fertilidad en la mayoría de las mujeres entre mediados y finales de los treinta, y una disminución significativa en los cuarenta, con una mayor probabilidad de complicaciones. Entonces es importante hacer una autoevaluación honesta a la luz de los factores de salud y estilo de vida que contribuyen a la fertilidad. A todos mis lectores varones les insto a que hagan lo mismo. Tenemos la responsabilidad de educarnos sobre los plazos, nuestra fertilidad, la de ellas y tomar decisiones en equipo. Si tener bebés es algo que queremos "algún día", entonces ignorar o posponer la conversación de forma interminable es una abdicación de esa responsabilidad y solo obliga a las mujeres que nos importan a cargar solas con los pensamientos y las ansiedades que conllevan.

A partir de aquí podrás decidir que, al no haber conocido a nadie todavía, debes fijarte el plazo más largo posible para quedar embarazada. La congelación de óvulos puede ser una ruta viable para lograrlo. Sin considerar los complejos y costosos problemas médicos, congelar óvulos brinda cierta tranquilidad, una sensación de independencia y te ayuda a no depender de otra persona o permanecer en una situación menos que ideal, si no es que peligrosa. A estas alturas, he escuchado muchas historias de mujeres que congelan sus óvulos como un Plan B inmediato (incluso si es uno que parece poco probable que alguna vez necesiten, uno que resultará necesario solo en un futuro remoto) y ven un efecto inmediato en su confianza. Les dio la ventaja de fijar sus propios términos, de alejarse de algo sin sentir que estaban poniendo en peligro su futuro.

Cuando hablé sobre las ventajas de la congelación de óvulos en un pódcast reciente, recibí una larga respuesta de una oyente de toda la vida, Elizabeth, una enfermera titulada, que había congelado sus óvulos. Como alguien que todavía esperaba tener una familia y bebés a través de los medios tradicionales, Elizabeth hizo el cálculo financiero y emocional y decidió seguir adelante con el procedimiento. Aunque era una médica profesional y estaba plenamente informada, todavía se topó con una serie de dificultades que detalló en su carta. Dadas esas dificultades (que ella pensó que yo había subestimado al concentrarme en el mensaje de la confianza), pensó que mi percepción del procedimiento era demasiado optimista, tal vez incluso alegre hasta el punto de ser frívola.

Gracias a la carta de Elizabeth, que aprecié muchísimo, hice otro pódcast para leer su carta y tomarme el tiempo para evaluar realmente lo difícil que es esta decisión. Primero, quería recordarle a la gente (en especial a mí) que congelar óvulos no es la solución mágica que a veces parece. Hizo hincapié en la carga financiera, que se repite con cada ronda de recolección de óvulos, porque muchas mujeres necesitan más de una para sentir que se están dando suficientes óvulos para trabajar. Incluso cuando el procedimiento (que es más complicado, y para algunas más doloroso, de lo que la gente suele reconocer) es exitoso, eso no garantiza que podrás tener un bebé sano cuando decidas seguir adelante con un embarazo años después. En esa etapa posterior, se aplican los mismos gastos y complicaciones de la fertilización *in vitro*. Entre esas dos etapas, la recolección inicial y la fertilización años después, hay que pagar tarifas de almacenamiento por los óvulos que se congelan. Es mucho tiempo, energía y gastos para afrontarlo sin ayuda de nadie, afirmó. Encontró que el análisis de costo-beneficio era muy limitado, pero siguió adelante de todos modos.

En la segunda parte de su carta, me criticó por sugerir que congelar óvulos de alguna manera ponía a hombres y mujeres en pie de igualdad, al eliminar el reloj biológico de la ecuación, lo cual era parte de un cálculo que ella consideraba un atributo inherente y valioso de ser mujer. Ella vio un error en todo el concepto: cuando se trata de la formación de una familia, no son las mujeres las que deberían tener que hacer cosas dolorosas y costosas en sus cuerpos solo para poder disfrutar de la misma libertad que los hombres, sino que son los hombres quienes deberían pensar en una manera madura de formar una familia, y no solo llegar a la idea mágicamente cuando estén listos, a los treinta y cinco años, cuarenta, cincuenta y cinco o nunca. "Es razonable que las mujeres adultas esperen que los hombres adultos sepan cuál es su posición sobre el tema y puedan hablarlo sin que los hombres lo malinterpreten como una presión sobre ellos".

Luego hizo su propuesta:

Creo que en lugar de decir que en un mundo ideal todas las mujeres deberían congelar sus óvulos a los veintiún años, deberíamos decir que todos los hombres deberían someterse a una vasectomía reversible a los quince años (un procedimiento mucho menos invasivo) que se revirtiera cuando estuvieran listos para ser padres. Si eso te parece ridículo, entonces sabes lo ridículo que me parece que digas que debería congelar mis óvulos.

Me encantó. *Es* ridículo que además del marco temporal con el que las mujeres tienen que lidiar como un hecho de su biología, ahora haya una presión práctica sobre ellas para solucionar los problemas de retrasar la maternidad. ¿Por qué las mujeres deben enfrentarse solas a un procedimiento invasivo, doloroso y costoso, todo porque los hombres no pueden decidirse o decir algo más esclarecedor que "veremos qué pasa" cuando se trata de una cuestión fundamental de existencia? Y los hombres pueden hacerlo mientras sonríen con aire de suficiencia, porque saben que insistir más en la pregunta se puede tomar como presión y, seguro, no quieren asustarlos.

Creo que, además de lo que dice Elizabeth, hay mujeres que abordan ese tema con su ambivalencia sobre tener bebés (como se apresuraron a señalar las personas en la sección de comentarios en línea). Pero si fuera *coach* de alguien que quiere progresar en su carrera, pero aún tiene la opción de formar una familia, no creo que debatir las políticas ayude. Le haría las mismas preguntas: "¿Qué soluciones tenemos a la mano hoy para ayudarte a alcanzar tus objetivos?". Es en ese ánimo que hablo de la posibilidad de congelar óvulos, porque estaríamos ante el mismo análisis costo-beneficio que Elizabeth realizó cuando decidió hacerlo. La congelación de óvulos no garantiza tranquilidad y solo tú sabes si aumentar las probabilidades a tu favor de esta manera te dará una sensación de control o, al menos, la sensación de que hiciste todo lo posible.

Gracias a la elocuente carta de Elizabeth, me sentí inspirado a profundizar en esta conversación, así que seguí con otro pódcast. Esta vez invité a dos doctoras que hablaron de sus perspectivas profesionales y personales sobre el tema: la doctora Ioana Baiu, residente de cirugía en Stanford, y la doctora Serena H. Chen, médica especialista en fertilidad y socia fundadora del Instituto de Medicina y Ciencias Reproductivas. La doctora Chen señaló que los tratamientos de fertilidad no deberían ser un procedimiento electivo, sino que deberían estar cubiertos de forma universal, ya que cumplen un propósito vital. La doctora Baiu habló desde su experiencia, como una mujer de treinta años con una profesión de alta presión, que eligió someterse a dos rondas de tratamiento para congelar sus óvulos. Con tiempo limitado para tener citas, la doctora Baiu quería tener la opción de crear una familia más adelante en la vida, cuando las presiones inevitables que forman parte de la formación quirúrgica hubieran disminuido lo suficiente como para permitirle tener bebés. Habló en detalle sobre las dificultades imprevistas que encontró. Incluso, como cirujana muy familiarizada con procedimientos médicos complejos, todavía le resultaba desalentador llegar a casa con los montones de jeringas y medicamentos que tenía que mezclar hasta el microgramo, y los procedimientos que debía realizar a todas horas del día y que debían ser cronometrados con precisión. Hubo niveles hormonales que tuvieron que ajustarse de un ciclo a otro y un período de desequilibrio hormonal y fatiga después de la recuperación del que le tomó semanas recuperarse.

Cuando le pregunté a la doctora Baiu si todavía sentía que, en última instancia, valía la pena a pesar de estas dificultades, dijo que sí, que le quitó la presión y que ahora se preocupaba menos por si algún día podría tener familia. Sabiendo que la salud de los óvulos empeora con la edad, se siente mejor con los óvulos sanos que ahora tiene almacenados, listos cuando ella decida que está lista.

No puedo pretender abordar el tema en estas páginas con la minuciosidad que merece. Cualquiera que esté considerando el procedimiento debe buscar orientación profesional. Me sorprendió lo comprensivas que fueron ambas doctoras y cómo se esforzaron en enmarcar su discusión en los términos más amplios posibles, sabiendo la amplia gama de motivaciones que tiene la gente para investigar el tema.

Eso fue fácil de ver en las reacciones en línea, que provocaron un montón de comentarios. Una mujer francesa de treinta y cuatro años escribió que acababa de comenzar el proceso de congelar sus óvulos (gratuito para todas las mujeres allá) y esperaba que Estados Unidos hiciera lo mismo en materia de cobertura universal. Otra mujer había viajado a Barbados para realizarse el procedimiento en un entorno médico comparable donde los costos eran menores. Una mujer adoptada por una madre soltera dijo que ella también adoptaría si no conocía a alguien antes de los cuarenta. Una mujer que había "dado a luz muy joven" quería que la gente supiera que estaba bien no tener todo perfecto antes de formar una familia. Una mujer de cuarenta y cuatro años que decía: "todavía no he conocido a mi marido", estaba iniciando la FIV con esperma de donante y rezaba para que no fuera demasiado tarde. Una mujer que había asistido a una fiesta en su gimnasio CrossFit mencionó que cuatro de las cinco mujeres que había conocido allí, de entre treinta y dos y cuarenta años, habían congelado sus óvulos. Una mujer que había dejado de tener citas a los cuarenta y luego había tenido un hijo (que ahora tenía diez años) sola, gracias a un donante, estaba feliz de volver a tener citas ahora, sin la presión de tener que encontrar un padre.

Es muy conmovedor ver a tantas mujeres considerando el procedimiento y ampliando sus opciones, tomando el destino en sus manos, a pesar del dolor que implica o de las decepciones por las que han pasado. Claro, no es para todas. Hay quienes no lo seguirán por razones religiosas; no está disponible ni es práctico en muchas partes del mundo; es demasiado caro para muchas... Incluso quienes se someten al tratamiento no siempre usan sus óvulos, o si lo hacen, el procedimiento para fecundarlos años después fracasa, o las circunstancias para tener bebés resultan imposibles llegado el momento.

Es una solución imperfecta para una verdadera fuente de dolor en las mujeres, pero sigue siendo una opción muy empoderadora, que libera a muchas de un factor crónico muy estresante, en una vida de por sí ya ocupada. Siempre estoy a favor de crear opciones que potencialmente conduzcan a una mayor libertad y menos ansiedad.

Para mí, la parte importante no es el énfasis en la congelación de óvulos (o, en algunos casos, la congelación de embriones). Es comprender que el Plan B está vinculado a otras aceptaciones más importantes que una puede hacer y que brindan libertad y calma. Alguien puede decidir que el Plan A es conocer a una persona y enamorarse hoy, mientras congela sus óvulos como plan de seguro. El plan B es conocer a alguien en un futuro no muy lejano y utilizar sus óvulos viables del proceso de congelación si no es posible de forma natural en ese momento. El plan C podría ser decidir la edad a partir de la cual utilizará esperma de donante y tendrá su bebé de todos modos, incluso si eso significa ser madre soltera. El Plan D es adoptar si eso no funciona. El Plan E es orientar a infantes de otras maneras o amar a sus sobrinos y sobrinas como lo hubiera hecho como madre.

La libertad proviene de saber que, en cualquier momento, estás preparada para hacer del Plan B, C, D o E el nuevo Plan A. Se trata de decidirse a hacer algo, en vez de conformarse con algo. El Plan B no es un premio de consolación. De hecho, una vez que sabemos que el Plan B es el camino que estamos tomando, decidimos hacerlo extraordinario. Casi se convierte en un acto de rebelión, en el que te dices: si el Plan A no puede realizarse, entonces haré que el Plan B sea tan asombroso que nunca mire atrás, y terminará siendo el mayor regalo de mi vida que pasara de esta manera. ¿El plan B no puede suceder? Bien, entonces voy a convertir el Plan C en lo mejor que podría haber imaginado, hasta el punto de que estaré realmente agradecida de que el Plan B nunca haya existido. Ningún plan sigue siendo el "plan de respaldo". Cuando te decides por el Plan C, de inmediato se convierte en el nuevo Plan A, y hace que el nuevo Plan A sea tan hermoso que nunca miras atrás.

Para mí, así se ve la adaptabilidad práctica, tanto en este ámbito como en la vida en general. No es una solución mágica. Es una fórmula consciente que puede regresarte a un lugar de aceptación sobre dónde estás ahora. Te das toda la confianza de alguien que puede ser feliz pase lo que pase. Eso no significa que no sea necesario hacer duelo en momentos de la vida cuando decimos adiós a una idea muy querida de cómo sería nuestra vida… y que sufrir pueda ser necesario antes de llegar muy felices a un nuevo lugar. Al principio, descubrir cómo seguir adelante después de una decepción que cambia la vida resulta muy solitario, como si te hubieran dejado atrás después de que la vida que querías o con la que contabas se esfumó. Pero lo sorprendente es descubrir lo comunes que son esas experiencias de aislamiento. Perder un trabajo, terminar una relación, no casarte, descubrir que has desperdiciado años de tu vida con un narcisista..., la lista de decepciones que aíslan es extensa. Una de las comprensiones más simples y reconfortantes en estas circunstancias es ver cuan común y profundamente humana es la experiencia de una alienación dolorosa. Cuando lo asimilas, cuando puedes liberarte o reducir la velocidad y ver cuántas personas comparten contigo una versión de este dolor, incluso puede ser un consuelo.

En los próximos capítulos (en especial en "Confianza fundamental"), analizaremos ese paso crucial con mayor profundidad. Es un proceso de replanteamiento, por el que casi todo el mundo pasa, para ver estas decepciones inevitables desde una nueva perspectiva. Lo que me sorprende es cómo nada en la vida necesita cambiar de forma circunstancial para sentirse mejor. Puedes sentarte donde estás ahora y cambiar toda tu experiencia y las emociones que amenazan con abrumarte al reescribir tu historia. No es que reescribir sea sencillo, pero al hacerlo, recuperas tu poder y te conviertes en la autora o el autor de una historia *mejor*.

12

Cómo salir cuando parece que no puedes

A veces, las diferencias entre las personas las unen y la imprevisibilidad de la atracción resulta estimulante, sobre todo al principio. El viejo dicho "los opuestos se atraen" sigue vigente por una razón. Al explorar el territorio entre tu naturaleza y la de la otra persona, sientes que los límites de tu identidad cambian y se expanden. Por esa misma razón se recomienda viajar: al entrar en contacto con nuevas formas de vivir y pensar, nuestro sentido de posibilidad se expande de maneras que se quedan mucho después de regresar a casa.

Pero a veces podemos salir al borde del universo conocido e invitar a una fuerza que no solo nos es desconocida, sino extraña de verdad (una fuerza con la que nunca podremos coexistir porque opera de acuerdo con leyes diferentes a las que rigen nuestra vida).

La semana pasada, me atrapó un video en la *timeline* de una aplicación que empezaba de manera bastante inocente, con un grupo de cocodrilos descansando en un zoológico. Acostarse parece la ocupación número uno de estos animales y, al principio, la escena me pareció bastante tranquila. Luego, un cuidador del zoológico arrojó un poco de carne y, cuando los cocodrilos comenzaron a moverse, uno de ellos mordió a otro en la pierna, dio una vuelta mortal, retorció la pata del compañero y engulló completo el trozo ensangrentado. Se oyeron gritos detrás de la cámara. Después, ambos volvieron a echarse como si nada hubiera pasado. Hay muchos animales con los que puedo identificarme, pero después de ver este video, estoy seguro de que los cocodrilos no son uno de ellos.

Es tan peligroso relacionarse con algunas personas como con esos cocodrilos. No puedes razonar con ellas en términos normales. Sus acciones son indescifrables. También sus reacciones cuando las confrontas, porque, seamos realistas, al igual que los cocodrilos, estas personas no tienen nuestro mismo sentido de responsabilidad personal. Creen que debes aceptar lo inimaginable y superarlo. ("¡Era solo un bocadillo!", dicen). Como no sienten la empatía humana estándar, no entienden de qué estás hablando. Incluso se enfadan porque, mientras te enojas, no pueden conseguir lo que quieren: amor, adulación o solo que te olvides de lo que pasó para que puedan relajarse.

Este tipo de personas tiene varias etiquetas dependiendo de con quién hables:ególatras, narcisistas, sociópatas... Sin importar a qué conclusión llegues, todas describen un animal diferente a lo que somos de manera fundamental.

Aquí tienes una prueba aleccionadora para darte cuenta de con qué tipo de animal estás tratando: intenta recordar algo que hizo para lastimarte, o algo que hizo de forma descuidada o maliciosa para crear un caos en tu vida. ¿Alguna vez harías lo mismo, no solo a esta persona, sino a cualquiera?

¿Por qué no? Porque tienes conciencia y sabes que lastimar te lastimaría (la reacción apropiada al infligir dolor a alguien que amas). Ahora, sabiendo cuánto sufrirías *tú* si le hubieras hecho lo que te acaba de hacer, piensa en lo que te hizo. Cuando perdonaste y seguiste adelante, ¿luchó por el perdón en la forma que tú lo harías? ¿Redobló sus esfuerzos para asegurarse de que volvieras a sentir seguridad, confianza y amor? ¿O solo se relajó, como un cocodrilo flotando en un manglar?

Por lo general, después de que alguien así causa estragos en tu vida, solo quiere que todo vuelva a la normalidad lo más rápido posible. Esto podría significar restar importancia a lo que hizo, *gaslightearte* por la importancia que estás dando al respecto: hacerte creer que de alguna manera es tu culpa o devolver el ataque a ti y a tus defectos. Si nada de esto funciona, quizá adopte una táctica diferente, como enojarse, humillarse o mostrarte la versión más amorosa que jamás hayas visto en un esfuerzo por recuperar tu afecto. Pero recuerda, cualquier cosa que haga para tratar de recuperarte no está motivado por el remordimiento, sino por su miedo personal a perder ante la perspectiva de que te vayas.

Esto no significa que la persona no sufra. Y por supuesto, verla llorar nos genera dolor. Puede resultar muy confuso cuando, en un esfuerzo por comprender su comportamiento, hemos pasado mucho tiempo convenciéndonos de que es fría y carece de empatía. Entonces verla sufrir nos hace dudar de nuestro análisis. Si de verdad le duele tanto, tal vez, después de todo, nos hayamos equivocado.

Es tentador convencerte de que solo son lágrimas de cocodrilo, pero no es del todo exacto ni necesario. Son sinceras a su manera. Pero no importa que tan genuinas parezcan, no es el mismo tipo de tristeza (nacida del arrepentimiento, la empatía y la culpa) que sentirías si estuvieras en su lugar. La persona no está sufriendo porque *tú* estás sufriendo, está sufriendo porque *ella* está sufriendo. Es un nivel egoísta de dolor, como el llanto de un niño cuando le quitan su juguete favorito durante un tiempo. No te dejes engañar por las lágrimas que pueden ser *sobre* ti pero que nunca son *para* ti.

Aceptar esto es un paso difícil. Si estás en una relación a largo plazo con un reptil semiacuático, puede llevar años dar ese paso, con un gran costo para ti. A menudo son tus admirables instintos emocionales los que te frenan, porque estás proyectando la misma mezcla de arrepentimiento, empatía y culpa que te motivaría si la situación fuera al revés. Tu registro emocional funcional, el cual tiene mucho trabajo unilateral en esta relación, te impide dejar a alguien que ha demostrado que puede ser hiriente (una y otra vez) y no mostrar remordimiento.

En el mundo, incluso los más iluminados están en guardia. Claro, el Dalai Lama sonríe dondequiera que va, pero cuando está en las calles de Nueva York, hay tipos grandes a su alrededor que dicen: "Señora, retroceda, por favor, no puede estar aquí". Es agotador. Con las personas que conocemos, queremos dejar todo eso y ser lo que somos, en plenitud y con amor. Por eso nos gustan tanto los perros. Llegamos a casa y siempre se emocionan de vernos. Apenas pueden contener su cariño. (De hecho, a los perros les falta un gen que a algunas personas también les falta; las personas con esta afección, el síndrome de Williams-Beuren, deben ser entrenadas, por su propia seguridad, para no abrazar a gente desconocida). Pero *los cocodrilos no son perros*. De manera sorprendente, las personas enamoradas cometen ese error todo el tiempo. Advertencia: si parece un perro, pero se mueve como un cocodrilo y muerde como un cocodrilo, deja de intentar entender. No lo harás. Solo dirígete a la salida. Este capítulo te ayudará a dejar de engañarte y saber cuándo es el momento de irte.

CÓMO SALIR CUANDO PARECE QUE NO PUEDES

No te distraigas

En Tokio, todos los edificios altos tienen luces rojas en las esquinas de los tejados, que advierten a los helicópteros y aviones que vuelan bajo en la oscuridad. Pero al nivel de la calle, donde vertiginosas exhibiciones de letreros de neón parpadean arriba y debajo de las paredes de los edificios (una distracción a cada paso), es imposible detectar el suave pulso regular de esas luces de advertencia. Eso mismo pasa cuando nos adentramos en una relación: todas las luces rojas que se pueden detectar con facilidad a vista de pájaro se pierden entre los constantes destellos coloridos en la vida peatonal.

Algunas relaciones son tan dramáticas, tan llenas de altibajos vertiginosos y mínimos imposibles, tan salvajes e inestables, tan dolorosas y agotadoras, que estar en ellas es estar por completo monopolizado por la experiencia: requiere todo nuestro tiempo, energía y pensamiento. Y cuando una persona domina cada minuto de nuestra vigilia durante tanto tiempo, la vida ya no resulta reconocible sin ella. Podemos volvernos tan dependientes de ella que, incluso, sospechamos de nuestros instintos en los raros momentos en que tenemos la oportunidad de sentarnos a solas durante unos minutos y pensar.

No me refiero aquí a: esos momentos inevitables en una relación donde nos cansamos de alguien por un rato, a pesar de ser una pareja sólida en general; esos momentos donde fantaseas con irte, pero ahora tienes demasiado miedo a lo desconocido y no te has familiarizado con la persona que solías ser cuando vivías sola. No estoy hablando de aburrimiento. Estoy hablando de una pareja que no ha pasado la prueba fundamental de ser una fuerza para el bien en tu vida, alguien cuya presencia se ha convertido en veneno para tu salud mental, que te ha convencido de que, de alguna manera, tu mente o tus necesidades son el problema, en vez de la imposibilidad de vivir a su lado.

Antes en este libro, te advertí sobre la posibilidad de unirte a una secta de dos. Pero las sectas son engañosas, y no siempre sabes que estás en una hasta que te arrastraron y entregaste todos tus ahorros y las escrituras de tu casa. Muchas personas que salieron sanas y salvas de una secta hablan de esos momentos de júbilo al principio, cuando parecían estar en el único lugar de la tierra donde realmente eran vistas y comprendidas. ¿Te suena? Si estás leyendo esto con mucha atención con uno que otro destello de reconocimiento..., podrías ser tú.

Estar en una secta requiere mucho trabajo. Alguien debe lavarte el cerebro de manera constante (y sutil, al principio; después ya no importa), aislándote de cualquiera que pueda hacerte entrar en razón, robándote tu independencia y deformando tu realidad hasta que se sienta como si ambas partes vivieran en un planeta propio.

Para justificar permanecer en una situación como esta, te aferras a los buenos momentos compartidos. Vives por ellos, tanto por su recuerdo en el pasado como por la esperanza de más en el futuro. Y esos buenos momentos se sienten aún más exquisitos cuando llegan detrás de los "mínimos más bajos" (máximos que se realzan de forma artificial por su contraste con las incomodidades del resto de las horas de vigilia).

Hay profesionales de psicología cuya carrera entera está dedicada a comprender las motivaciones que nos mantienen junto a una persona así. En cierto modo, no importa qué fracción de estos comportamientos reconozcas en tu situación. Lo importante es qué haces tras darte cuenta de que uno u otro de ellos, solos o en combinación, te impiden vivir una vida de paz y felicidad mientras permanezcas con esa persona.

En las siguientes páginas adoptaremos un enfoque práctico, analizando primero los pasos necesarios en el proceso de separación. Esos pasos te ayudarán a encontrar la fuerza para actuar, evitar dudas y segundos pensamientos (y también terceros y cuartos) y fortalecerte contra la inevitable angustia de seguir adelante. Los pasos siguientes están enumerados porque se complementan entre sí y porque, a lo largo de años de *coaching*, he visto la importancia de realizarlos en secuencia. No te saltes ninguno. Es más importante completarlos bien que hacerlo rápido.

I. Asume que esa persona nunca cambiará

Ser *coach* significa que debo creer que la gente puede cambiar, porque de lo contrario, ¿qué sentido tiene? Pero con alguien que te ha maltratado de innumerables maneras, a veces durante años, asumir que nunca cambiará es un acto esencial de autoconservación. Hay tres buenas razones para concluir que no cambiará:

No quiere
No sé si alguna vez has ido a terapia. Si ya leíste hasta aquí, supongo que al menos lo has considerado. Según mi experiencia, se necesita mucho esfuerzo solo para ir (y no es una actividad agradable). Cada vez que cuento un chiste, mi terapeuta asume que estoy ocultando algo. El progreso muchas veces se mide en lágrimas. ¡Y esa es la parte buena!

Si alguna vez le has suplicado a alguien en tu vida que tome terapia porque sabes que la necesita (una madre, un hermano, tu mejor amigo o amiga), sabrás que es aún más difícil lograr que vaya de lo que fue para ti. Primero tiene que tener la disposición de admitir que está repitiendo patrones dañinos, luego debe querer cambiar esos patrones y, al final, comprometerse con el lento y, a menudo, doloroso proceso de cambiarlos. Eso es mucho pedir cuando alguien carece de interés o buenas intenciones. Pero si la persona está desmotivada, es egoísta, indiferente, se siente con derechos o es narcisista, de inmediato parece una causa perdida.

¿Qué lleva a las personas a reevaluar su vida y realizar cambios? El sufrimiento. Eso me motivó para ir a terapia cuando tenía veintitantos años. No estaba tratando de implementar un hermoso diseño de vida; quería dejar de sentir dolor. Fue como romperse un hueso: necesitaba arreglarlo rápido.

¿Así se siente tu pareja? Antes de responder, evita la trampa de decir: "Sí, Matthew, pero *sé* que en el fondo está sufriendo". Si alguna vez va a hacer algo para cambiar, no solo debe ser consciente de su sufrimiento "aparente" y del sufrimiento que te está infligiendo, también debe estar motivada para cambiarlo.

Comencemos con el hecho de que es muy poco probable que tu pareja se sienta motivada a cambiar si nunca ha sentido el peligro de perderte. Sí, seguro en ocasiones dijiste "ya basta" y amenazaste con marcharte, pero ¿lo hiciste? ¿Alguna vez ha aprendido de verdad que su comportamiento tiene consecuencias? Si no lo ha hecho, quizá nunca haya tenido esta motivación extrínseca para modificar su comportamiento.

Ahora veamos si su sufrimiento es realmente una motivación para que cambie. Cuando tú o yo nos damos cuenta de que estamos causando daño de forma constante a una persona que amamos, hay una reacción natural: "Será mejor que cambie eso. La estoy lastimando y eso me revuelve el estómago". Compara eso con alguien sin empatía que, en cambio, responde: "Dios, eso es un gran dolor. ¿Por qué tienes que estar tan emocional todo el tiempo?". Incluso cuando la compasión impulsa el deseo de cambiar, el cambio no resulta fácil. Así que imagina cuan minúsculas son las posibilidades de cambio cuando alguien carece de compasión.

Recuerda, si lo único que invoca su deseo de cambiar es que nos encontramos detrás, pidiéndolo, entonces no hay nada en su carácter que quiera hacer un cambio o que lo respalde a largo plazo.

Incluso con ayuda de expertos y mucha motivación, cambiar cosas sobre mí ha sido complicado; tropecé, dediqué mucho tiempo y eso continúa. Las batallas que gané fueron difíciles y muchas requieren mantenimiento y vigilancia constantes. No tengo dudas de que ha sido lo mismo para ti. ¿Por qué entonces el cambio les resultaría fácil? Como dijo Jacob M. Braude: "Considera lo difícil que es cambiarte a ti y comprenderás las pocas posibilidades que tienes de intentar cambiar a las demás personas".

Los cambios son demasiado grandes

Incluso un cambio del uno por ciento en nuestro comportamiento es difícil... y mantenerlo tampoco es fácil. Quienes reúnen la fuerza para cambiar tienden a hacerlo de forma lenta y en pequeñas cantidades. Cuando los cambios necesarios son fundamentales (cuando involucran rasgos de personalidad y valores básicos), se necesita aún mayor voluntad y compromiso. Si este capítulo parece dirigirse directo a ti, entonces los cambios que tu pareja necesita seguro son drásticos. Mis clientes que han cambiado lo hicieron de maneras sutiles que marcaron una profunda diferencia en sus vidas... No recibieron un trasplante de personalidad.

Aquí hay un experimento mental que la doctora Ramani Durvasula[1], la principal experta en narcisismo, propuso en una de nuestras conversaciones. Voy a hacer una suposición descabellada y asumir que tú, querido lector, tú, querida lectora (¡al menos tú, amable persona que has leído hasta aquí!), compartes ciertos rasgos con la mayoría de la gente que ha asistido a nuestros eventos en vivo, lo cual significa que eres una persona empática y cariñosa que piensa en otras y hace todo lo posible para ayudar a la gente a ser feliz. Ahora bien, ¿qué haría falta para que dejaras de preocuparte y empezaras a mentir, manipular y actuar solo por interés propio, incluso cuando lastimes a alguien a quien amas? ¿Lo podrías hacer? Apostaría los ahorros de toda mi vida a que eso sería casi imposible, por mucho que lo intentes. Es absolutamente inverosímil que puedas cambiar tanto de tu naturaleza fundamental, incluso con una pistola en la cabeza.

Al ver lo difícil que sería cambiar tu naturaleza y saber cuan diferente es su naturaleza de la tuya, ¿puedes ver lo improbable que sería que tu pareja logre ser como tú (tan improbable como que tú lograras ser como ella)? Aplica esta regla: si se necesita un trasplante completo de personalidad para que alguien se comporte como quieres… asume que nunca sucederá.

No solo son diferencias de comportamiento, sino de carácter

A menudo, cometemos el error del león: creer que todos son de su condición. Nos identificamos de forma tan intensa con la persona más cercana que solo asumimos que ella está haciendo lo mismo.

---

[1] Dra. Ramani Durvasula, *It's Not You: Identifying and Healing from Narcissistic People*, The Open Field, 2024.

Pero la cercanía y la dependencia no siempre son recíprocas y no crean ni reflejan valores compartidos de forma automática. De hecho, con demasiada frecuencia, compartir una rutina diaria puede cegarnos ante lo poco que tenemos en común. Pero, aun así, la identificación con la pareja sigue creciendo por la pura fuerza de nuestra cercanía. Después de un tiempo, esta identificación ciega se convierte en un elemento necesario de la relación, en especial si estamos en una posición de dependencia, ya sea por algo tan pragmático como las finanzas o tan fundamental como la identidad. Con demasiada frecuencia, esta conexión unilateral conduce a fantasías sobre cómo se desarrollará la vida, fantasías que se vuelven tan elaboradas y familiares que empiezan a parecer inseparables de la propia identidad. Para sostener esta fantasía, debes creer que tu pareja es, en esencia, como tú, y que te ayudará en la forma que necesites cuando más la necesites. La alternativa a esa fantasía es una versión del infierno, en la que nos damos cuenta de que nos hemos casado emocionalmente con un extraterrestre, una persona de otro planeta con la que no podemos identificarnos. Por desgracia, esto es exactamente lo que le pasa a mucha gente que, justo antes del divorcio, se da cuenta de que se estuvo mintiendo durante años, creando por completo un universo moral y emocional compartido en el que su pareja nunca puso ni un pie.

Pero antes de llegar a ese punto de ruptura, todavía esperas que sea como tú. Si eres amable, no podrás imaginar su insensible reacción ante algo que te lastimó. Si tienes muchos escrúpulos, no podrás entender cómo pudo tomar decisiones clave (grandes inversiones, reubicaciones laborales) sin siquiera consultarte. Si valoras colaborar en equipo, será muy impactante descubrir que, a pesar de todas las formas en que le has mostrado apoyo a lo largo de los años, cuando es su turno de ayudarte, parece no tener interés en absoluto. Si tu versión de amar se basa en el cuidado, la empatía, la compasión, la escrupulosidad y la bondad, y la de esa persona se basa en tener a alguien cerca de tiempo completo para satisfacer sus necesidades cuando le convenga, no solo terminarás terriblemente infeliz, sino que te agotarás de vivir en un mundo al que no puedes encontrarle sentido. La forma en la que tú amas no es la misma manera en la que otra persona "ama"..., y no hay comparación.

Eso no significa que tú y la persona con la que termines tengan que ser iguales. Parte del encanto de las relaciones que funcionan proviene de las diferencias y las distintas perspectivas que nos ofrecemos mutuamente, ese agradable roce de sorpresa y desafío que surge cuando dos individuos fuertes e independientes navegan por la vida en compañía. Pero si no podemos ponernos de acuerdo en aspectos básicos, como la necesidad de honestidad, lealtad o responsabilidad cuando nos equivocamos, entonces será inevitable depender de momentos de alegría que surgen solo en los instantes cuando nuestras necesidades comunes se cruzan por casualidad. Esos momentos nunca son los suficientemente largos para generar confianza; son breves interludios como las dos veces al día en que un reloj roto parece funcionar. Por favor, no le des ningún significado especial a esas dos superposiciones coincidentes. También tienes todo el derecho de que te amen los otros 1438 minutos del día.

2. No dejes que tu empatía se convierta en tu enemiga

La empatía es algo hermoso. Nos ayuda a ver a las demás personas tal como son y nos permite compartir su dolor, sus reveses, sus alegrías y sus triunfos. Despierta nuestra curiosidad, excita nuestra bondad, silencia nuestros prejuicios, suaviza nuestro juicio, despierta nuestra compasión. En el nivel más simple, nos ayuda a conocer a alguien, tanto a gente que nos resulta ajena como a nuestras amistades más cercanas. Y cuanto más sabemos, más fácil resulta llegar y hacer cosas sencillas que ayuden a las personas que conocemos en mayor o menor medida.

Pero la empatía se puede transformar en algo extremadamente peligroso. Cuanta más empatía llegamos a experimentar, tendremos más ingenio para identificar y perdonar los peores comportamientos de nuestra pareja. Y cuanto más conocemos a la persona, más contexto tenemos para racionalizar hasta sus comportamientos más dolorosos. Incluso puede convertirse en una insignia: "Conozco a mi pareja mejor que nadie. Quizá te parezca una locura, pero desde aquí no lo es". Sentimos orgullo de ser su confidente y contacto de emergencia, la única persona en la posición especial para perdonarla, incluso cuando la mayoría de las cosas por las que necesitan perdón son las que siguen haciéndonos.

Con demasiada frecuencia, ese es el problema con este nivel de empatía: toda nuestra capacidad de comprensión no les ayuda a cambiar. Seguimos siendo la primera persona que sufre por su forma de ser. Puede que seamos la única que sabe por qué nos hacen tanto daño, pero eso no cambia el hecho de que continúan haciéndolo, a veces con tanta frecuencia y facilidad que, incluso, parece que nuestra capacidad de empatizar hace que nos lastimen.

He aquí el segundo problema: el simple hecho de tener esa capacidad expansiva de empatía nos hace vulnerables a quienes se aprovechan de ella. Y aprovecharse de nuestra empatía tiene varios propósitos. Si la pareja nos "deja entrar" (en alguna experiencia difícil de la infancia que parece ser la clave de todo su dolor), no solo lo hace por intimidad ("cariño, sabes que no soy un monstruo"), también lo hace porque la transforma de perpetradora de dolor (aquí y ahora) a víctima (de algún trauma profundo y enterrado de hace mucho tiempo).

De esta forma puede convertir tu empatía en un arma. Cada vez que pasas por alto su horrible comportamiento reciente y, en cambio, te compadeces de ella y del dolor que ha sufrido durante tanto tiempo, te recompensa por "entenderla". ("¡Nadie más lo hace!"). Esto te valida (tú ganas el premio) al mismo tiempo que te aleja (eres el único otro habitante de esa isla). También genera un terrible precedente. Les estás dando tanta licencia ahora que se sentirá agraviada en el futuro si no lo haces. ("No puedo creer que después de todo lo que sabes sobre mí, mi vida, mi sufrimiento, todavía no entiendas por qué soy como soy. Pensé que me conocías").

Así es como la empatía se transforma de un instinto amoroso en una compulsión que alimenta la codependencia. Beth Macy, autora de *Raising Lazarus*, un libro sobre cómo superar la adicción a los opioides, dice que existe la idea errónea de que hay un fondo para las personas y que, una vez que alcanzan ese horrible nivel de dolor, volverán a tener una vida normal. En cambio, explica, resulta que el fondo tiene un sótano y el sótano una trampilla... y así sucesivamente. En otras palabras, es posible descubrir que sigues cayendo más lejos de lo que jamás habrías imaginado posible en tus pesadillas más locas. Esto también es cierto cuando juntas una capacidad inagotable de empatía con una voluntad implacable de aprovecharse. Con suficiente empatía..., no hay nada que no puedas justificar:

> Me miente de forma compulsiva: bueno, en casa nunca le permitieron hacer nada, y la única forma en que aprendió a vivir fue mintiendo sobre lo que hacía.

> Sigue engañándome: es una adicción que no sabe cómo detener y de verdad le duele porque todo el tiempo su culpa se vuelve tormentosa, porque me ama mucho. De todos modos, ¿cómo se suponía que tendría una relación normal con el sexo dada la educación que tuvo?

> Nunca me considera en las decisiones comerciales y financieras importantes que afectan nuestra vida y solo actúa sin consultarme: de todos modos, sabe más que yo y, aunque duele que no me considere en absoluto, sé que en el fondo solo está tratando de hacer lo mejor para nuestra vida como familia.

Al igual que la adicción a los opioides, la empatía no tiene fondo. No hay límite para los horrores que soportaremos antes de dejarlo todo: devastación financiera, aislamiento de familiares y amistades, destrucción de nuestra confianza y de cualquier sentido de nuestra persona, incluso situaciones que ponen en peligro nuestra vida. No hay salida hasta que cambiemos las reglas de nuestra empatía.

Cambiar las reglas de nuestra empatía no significa cambiar quiénes somos. Todavía podemos ejercitar la comprensión, pero debemos cambiar la tolerancia por una compasión distante. Podemos elegir sentir lástima por alguien que viene de lejos, incluso por alguien capaz de las cosas más despreciables, pero no podemos permitir que se quede en nuestra vida. La empatía es defectuosa si solo la aplicamos en una dirección. No dejemos que la compasión por una persona se convierta en una tortura regular infligida a otra, ¡en especial cuando esa otra eres tú! Eso ya no es empatía. Es algo mucho más profundo y destructivo que estamos disfrazando con nuestra empatía.

3. No permitas que tu empatía se vuelva una excusa para el miedo

Con una pareja o un miembro de la familia, parece aceptable, incluso noble, hacer concesiones por amor. En un juego que nos engaña, usamos la capacidad de empatía (una de nuestras mejores cualidades) para justificar la perseverancia en la relación, cuando en realidad, gran parte de las razones para seguir ahí tiene sus raíces en los miedos:

- Tengo miedo de perder a esta persona.

- No soporto la idea de estar a solas de nuevo.

- Nunca volveré a encontrar una conexión como esta.

- Nadie jamás me amará como lo hizo.

- Nunca volveré a amar a nadie así.

- Tendré que empezar de nuevo.

- He desperdiciado años de mi vida.

- No sabré arreglármelas por mi cuenta.

Cuando nos enfrentamos a estos miedos, casi de inmediato adquieren implicaciones existenciales: "Si pierdo a esta persona (a la que le he dado tanto de mi vida), ¿qué significa mi vida hasta ahora? Si he estado con alguien la mayor parte de mi existencia, ¿cómo puedo admitir quién es realmente sin invalidar toda mi vida adulta? ¿Quién soy yo sin ella? ¿Quién seré ante los ojos de la gente?". No sorprende entonces que, en lugar de abordar estos temores de frente, volvamos a buscar razones más aceptables, incluso justas, para quedarnos. Es fácil decir a tus amistades que solo tú entiendes sus comportamientos, o que hay algo único y complicado en la situación. Es más difícil admitir que no sabes quién eres, cuánto vales o cómo te las arreglarás por tu cuenta.

Recuerda, puedes ser una persona amable, leal, afectuosa, concienzuda y empática, pero no dejes que tu facilidad para desempeñar ese papel enmascare la verdadera realidad de lo que te mantiene en una relación dañina (incluso peligrosa). Para liberarte y disfrutar de una vida mejor, debes ver a través de tu máscara de empatía, deshacerte de ese disfraz y enfrentar tus miedos existenciales.

4. Debes tener la disposición para prender la mecha que explote tu vida

A veces una relación estalla sin que podamos opinar al respecto. Es horrible, como un accidente automovilístico emocional.

No importa si te golpeó de la nada o lo viste todo en cámara lenta, si nadie te dio a elegir, nunca tuviste la sensación de estar al volante de la situación. En casos como ese, contamos lo que nos pasó, como si fuéramos la víctima indefensa. Ya sea que tu ex te haya terminado sin previo aviso o te haya dejado después de una serie de pequeñas traiciones que culminaron en una ruptura total, parece que terminó antes de que tuvieras una oportunidad.

Pero ¿qué pasa con el tipo de ruptura en la que debes ser tú quien prende la mecha que hace explotar tu vida? Eso requiere agencia y resolución. No puedes simplemente esperar a que caduque por causas naturales. Tienes que poner todo en marcha y seguir adelante. Para eso necesitas una poderosa forma de valentía: la aceptación total. No el tipo de aceptación en el que reconoces tus limitaciones ("nunca correré un maratón"), sino el tipo en el que reconoces la realidad de una situación difícil. ("Esa no será la última vez, quizá no será la última vez en esta semana"). Requieres aceptar de forma total que tus necesidades no están siendo satisfechas, que la relación (así como quizá las condiciones de vida que crea) es insostenible, que eres profundamente infeliz y que nada cambiará hasta que admitas que tu versión fantasiosa de la relación no se parece en nada a tu experiencia vivida actual.

Para tomar el volante, debes admitir lo infeliz que eres ahora y has sido durante mucho tiempo... y lo infeliz que serás siempre si te quedas. Tienes que respirar profundo y admitir:

- No estoy en una relación/matrimonio funcional y esta relación/matrimonio se acabó.

- No tengo futuro con esta persona si alguna vez espero estar en paz.

- Esta persona ya no estará en mi vida.

- Voy a extrañar a esta persona, aunque me causó un dolor tremendo. Primero tendré que pasar por un retiro doloroso, un duelo y la soledad inicial que tomará su lugar.

- Tengo [insertar edad aquí] años y volveré a la soltería.

- Todo el tiempo que invertí en esta relación no la convirtió en el éxito que esperaba. Solo dejó claro que nada la cambiará.

- No estoy donde mis [familiares/amistades/colegas de trabajo/comunidad] creen que estoy. Siento más dolor del que he dejado entrever y no tengo la relación que todas las personas creen que tengo.

- Esto sorprenderá a algunas personas y yo sentiré vergüenza, en especial si mantengo de forma activa una imagen falsa de una relación feliz con quienes me rodean.

Este paso es el más difícil. Se necesita una aceptación radical de tu situación, coraje y la capacidad de adaptarte y reinventarte. Pero esto viene acompañado de un tremendo don: el rechazo de una identidad falsa y el don de una verdadera confianza. Esta analogía ayuda a explicar lo que quiero decir:

Digamos que les has dicho a todas tus amistades que tienes $100 000 en el banco cuando en realidad tienes una deuda de $20 000. Cada vez que mencionas esos $100 000, comienzas a sentirte más real. La validación que obtienes la hace sentir real para ti y se convierte en parte de tu identidad con tus amistades.

Ahora imagina que trabajaste horas extras, recortaste tus gastos y redujiste tu deuda a $10 000. Eso es enorme, a medio camino de lograrlo. ¡Pero no puedes celebrarlo porque todo el mundo piensa que tienes $100 000! Tendrías que renunciar a toda esa validación (y lidiar con las consecuencias de toda esa simulación) antes de que alguien pueda estar feliz por ti.

Deberíamos sentir un orgullo enorme por nuestros logros reales. Pero nunca podremos conseguirlo hasta que nos mostremos con franqueza sobre nuestra verdadera posición. Solo cuando aceptemos el hecho de que nunca encontraremos paz y felicidad si nos quedamos (nuestro verdadero punto de partida), encontraremos el coraje para prender la mecha que explote la parte rota de nuestra antigua vida. Puede parecer como retroceder cincuenta pasos, pero solo hace falta un paso honesto hacia adelante para empezar a sentir vivacidad y orgullo de nuevo.

5. Cuando se presente la realidad de esta difícil decisión, tu mente te engañará haciéndote pensar que esa persona y su vida en común no son tan malas después de todo

Cuanto más nos acerquemos al momento de la acción, a dar ese paso decisivo para salir de la antigua vida y entrar a lo desconocido, nuestros miedos y demonios aparecen para debilitar la determinación. Es una forma sutil de negociación que nos hacemos cuando enfrentamos cambios dolorosos. Saca nuestros mayores miedos: estar sin nadie, no saber cómo desenvolverse en el mundo, tener que redescubrir nuestra identidad ("ya no sé quién soy sin esta persona"), reconocer y lamentar una vida que nunca será.

La nueva voz dice: "Esto es una locura. ¿De verdad vas a pasar por todo esto solo porque se pelearon la semana pasada?". Esa voz te acusa de tener una reacción exagerada ante lo sucedido. Piensa en todas las cosas que intenta decirte en este punto de inflexión:

En el fondo, te ama mucho, lo sabes.

Hace mucho por ti, por tus hijos/hijas, por tu familia. ¿Recuerdas que un mes tu hermano necesitaba dinero y lo ayudó? ¿Recuerdas cuando te llevó de viaje a Italia? ¿Recuerdas cómo pagaba las colegiaturas?

En sus días buenos, puede ser excepcional. ¿De verdad quieres perder eso?

A pesar de todo, tiene buenas intenciones. Sí, es muy difícil y la relación tiene desafíos. ¿Pero qué relación no?

Han compartido momentos tan maravillosos… Tienes historia. Todo eso tiene que servir para algo. ¿De verdad quieres tirar todo eso a la basura?

El amor verdadero es incondicional. Si quieres que alguien te ame de forma incondicional, ¿no deberías hacer lo mismo por esa persona?

No vas a tener a nadie…, ¿te das cuenta de eso?

Todo eso es una mala dirección autoinfligida, diciendo: "Mira todo lo que estás perdiendo y no la montaña de dolor que te llevó a este punto". Es la primera de muchas pruebas para ver si finalmente tomas en serio la idea de poner fin a este sufrimiento en tu vida. Has estado aquí antes y regresaste, solo para encontrar el mismo dolor y sufrimiento esperándote. Esa voz ¿cuántas veces te ha convencido de volver? Es buena en lo que hace, te provoca dudas sobre si deberías escuchar a tu cansancio, angustia, enojo, tu total incapacidad o falta de voluntad para soportar más toda la situación.

Recuerda: quieres una relación. Has querido esta relación, la cual no ha sido fácil terminar o ya lo habrías hecho no una, sino cien veces. No necesitas ayuda para quedarte. Pero de alguna manera, a pesar de cada instinto de tu ser, terminaste en un lugar que ya no puedes soportar. ¿Qué tan malo debe ser algo que deseas con todo tu corazón para que después ya no lo quieras?

La respuesta revela la conclusión: se necesitaría una cantidad intolerable de dolor para hacer que te volvieras en contra de algo que deseas de manera profunda. Y sí: lo que tienes es una cantidad intolerable de dolor.

En esta parte del proceso, descubrirás que cada vez que terminas con un demonio, aparece uno nuevo. Quizá comparas tu relación con otra en la que el abuso es más obvio o extremo para justificar que la tuya ni es "tan mala"; o, en el otro extremo del espectro, una que es tan "aburrida" que no podrías imaginar intercambiar lugares. Y si puedes descartarlas, saldrá una última voz, la que sabe que, si las otras voces no logran convencerte de que tu situación es buena, al menos pueden hacerte sentir mal:

¿Crees que encarnas la perfección? Mira las cosas que has hecho mal a lo largo de los años. Y ni creas que estás libre de culpa en todo lo que hizo mal. La mitad de las veces, tu comportamiento fue su impulso para actuar así. Oye, al menos te quiere. ¿Quién más lo hará alguna vez? Piénsalo. Quizá esto sea lo mejor que puedas conseguir.

Tú tampoco eres una perita en dulce. Al menos esta persona te ama y quiere estar contigo, a pesar de todo.

Cada mensaje de resistencia dentro de tu cabeza tiene como objetivo distraerte de la única verdad que importa en esta situación:

6. Si te quedas donde estás, nunca serás feliz y nunca estarás en paz

El antídoto a todas las dudas del Paso 5, la respuesta a todos esos demonios es, estrictamente hablando, una "no respuesta". No tienes que decirte que no has hecho nada malo en tu relación (incluso si es verdad), no tienes que fingir que no tienes nada en qué trabajar, ni siquiera tienes que creer que encontrarás a alguien más. Lo único que tienes que decirte (cien veces al día) es que no importa lo que sea cierto, no puedes quedarte aquí.

Cuando la experiencia te ha enseñado que alguien te devastará o traerá el caos a tu vida (de manera confiable y predecible), quedarte no solo conducirá de manera inevitable a más dolor, sino a una cantidad de dolor que te hará sentir físicamente mal cuando imaginas que tendrás que pasar por eso. Ya no hay esperanza para todas las esperanzas que alguna vez tuviste en la relación. Capítulos atrás hablé de Pandora y de cómo cerró la caja antes de que pudiera escapar la esperanza. No puedo evitar ver cómo ese mito se aplica al tipo de relaciones de las que hemos estado hablando aquí. Al abrir la tapa de una relación como esta, nos sorprende por completo todas las crueldades que salen de esa caja.

Pero quizá la peor y más peligrosa de todas sea la esperanza. La esperanza hace que te quedes cuando ya no hay motivos para hacerlo. La esperanza puede comenzar pareciendo algo positivo, dándote la fuerza para creer en la mejor versión de alguien, pero luego, bastante rápido, se convierte en una especie de negación que te permite bloquear la realidad. Al final, la esperanza te quita el sentido de agencia, la capacidad de actuar, incluso te roba el instinto más básico de autoconservación. Mientras sigas encontrando consuelo en la esperanza, permanecerás en una postura pasiva y bajo el yugo de cosas que nadie debería soportar. Lo aterrador es lo diferente que te parece y cómo se ve desde afuera. La esperanza puede convertir este estado pasivo, en el que te has reducido, en heroísmo. Pero, desde afuera, ese comportamiento no se distingue de la adicción.

Por eso, por antinatural que parezca, debemos matar esa esperanza para salvarnos. Cuando extinguimos la esperanza, damos paso a algo más activo, asertivo, con más control. Solo después de apartar la esperanza y admitir que sí, nuestra situación es insostenible, tendremos la claridad para tomar las medidas necesarias para protegernos y lograr un cambio. No importa no ser lo suficientemente fuerte o merecer algo mejor; al ver y entender que el futuro que queríamos nunca lo encontraremos aquí, encontraremos la fuerza para hacer lo necesario. Cuando algo es necesario de forma desesperada, no es raro descubrir reservas de poder ocultas, como aquella mujer de Virginia, de veintidós años, que levantó un BMW 525i para rescatar a su padre y darle RCP. La necesidad es un antídoto maravilloso tanto contra la esperanza como contra la duda.

7. Que duela no significa que esté mal

Aquí viene la prueba final: el dolor máximo de la pérdida.

Una vez que te vayas, tu mente te jugará nuevas malas pasadas. Cuando empiezan las noches solitarias, no importa cuántas amistades tengas o cuan cerca esté tu familia, llega el momento en que sientes la punzada en el estómago y el dolor en el corazón. Cuando llegues a ese punto, no hará falta mucha discusión para convencerte de que has hecho algo terrible.

Pero el dolor no es un indicador fiable de una mala elección. Si cometes ese error, si te das la vuelta ante la primera punzada de dolor, puedes terminar condenándote a una vida de cómoda infelicidad. Puedes convencerte de regresar a algo que se siente cómodo o, al menos, más que la soledad que parece ser lo único que tendrás. Pero la comodidad no es felicidad, puede ser un infierno (antes lo era). Y muchas veces, el dolor es un precursor de la felicidad.

Al comenzar con "me duele mucho" y saltar a "quizá me equivoqué al irme", creamos un *non sequitur*. De verdad no hay conexión entre el dolor que sentimos y la suposición de que sentimos tanto dolor porque el amor que acabamos de dejar es importante y especial. Esta lógica ha hecho que muchas personas vuelvan corriendo hacia alguien que solo les romperá el corazón y envenenará sus vidas otra vez.

Pero dejemos de evaluar la intensidad del dolor como indicador de amor. Cuando alguien con adicciones intenta dejar la bebida, la heroína, la pornografía o el uso obsesivo del teléfono, experimentará un dolor emocional significativo (y en el caso de algunos de los anteriores, físico) en el proceso. Pero eso no significa que la heroína fuera especial y que nunca debería dejarla. Nadie observa a quienes están en rehabilitación por alcohol y dice: "Ay, mira qué mal se sienten; mejor no hubieran dejado de beber". En cambio, consideramos la intensidad del dolor que sienten como una medida de la gravedad de su adicción, no la importancia de lo que acaban de eliminar de sus vidas.

Cuando empecé con el *jiu-jitsu* brasileño, me advirtieron que me sentiría como si me atropellara un tren después de mi primer *rolling* (*rolling* es para el *jiu-jitsu* lo que el *sparring* es para el boxeo: enfrentarte a otra persona). Y así fue. Una señal reveladora del principiante: no puedes controlar tu respiración una vez que empiezas un *rolling*. Los nervios están altos, el ego está involucrado, luchas de manera frenética para tomar la delantera y, tras un minuto de tensar cada músculo y olvidarte de respirar, sientes que te estás ahogando. De inmediato lo confirmé con mi experiencia.

En ese punto, mi entrenador de *jiu-jitsu* me dijo que, en su entrenamiento con otros cinturones negros, a veces ponía sesenta minutos en el cronómetro y hacía un *rolling* tras otro durante ese período. Cuando vio mi sorpresa, dijo:

> Cuando tienes un *rolling* de una hora entera, sabes que va a ser difícil, así que, extrañamente dejas de entrar en pánico porque sabes que no terminará pronto. Entonces, en vez de tratar de salir, decides controlar tu respiración y, con una mayor sensación de calma y más oxígeno, solo te preparas para el viaje.

Desde entonces aprendí que al hacer eso, ya no sientes que te ahogas. Quizá todavía parezca un maratón, pero saberlo y aceptarlo te ayuda a darte cuenta de cómo vas a correrlo.

Cortar estas relaciones es lo mismo. Puede sentir que te está destrozando durante semanas, meses, incluso más, pero cuando experimentas desesperación por salir del dolor y no hay un final inmediato a la vista, te invade el pánico. En cambio, si solo aceptas que esta parte de la vida te dolerá por un tiempo, puedes dejar de contener la respiración (durante minutos, meses) y solo rendirte al proceso de superar tu dolor.

Es importante recordar que, aunque este camino duele, el otro es peor. En este punto, solo podrás recuperar tu felicidad avanzando hacia lo desconocido y no regresando a una situación que siempre te hizo infeliz. Ninguno de esos caminos es fácil, por diferentes razones. Si eliges quedarte, estás renovando un contrato que te garantizará el maltrato, no se cubrirán tus necesidades y no tendrás ninguna posibilidad de encontrar la paz o mejorar tu vida. Si decides irte para siempre, te estás aventurando hacia lo desconocido, preparándote para extrañar a tu ex y experimentar dolor (no solo el dolor por el fin de la relación, sino el duelo profundo y exquisito de la aceptación terminal y absoluta de que la persona nunca cambiará). En el segundo de estos dos caminos, por fin aprenderás a estar bien por ti. Ambas opciones garantizarán dolor. Pero solo una te saca de la oscuridad.

13

Confianza en la identidad

En páginas anteriores hablamos sobre cómo la etapa más peligrosa de la atracción llega cuando decides que alguien te gusta. Ahí es más probable que arrojes los estándares por la ventana, te distraigas en el trabajo, canceles tu sesión de yoga del martes o te saltes la noche de tacos con tus amistades para poder pasar cada minuto de vigilia con tu nueva obsesión, como si no hubiera vida antes de ella. (Es muy fácil caer en la trampa de pensar: "¡Esta nueva persona cubre todas mis necesidades!"). Incluso si evitas con cuidado estos errores (racionar la comunicación, no *stalkear* demasiado en redes sociales, etc.), todavía puedes tener problemas si pasas tu tiempo libre imaginando un futuro con una persona con la que solo has tenido dos citas. Porque incluso si esas fantasías son desconocidas para el objeto de tu atracción, tu fascinación tiene una manera de aparecer cuando lo vuelves a ver. En lugar de solo pasar el rato, ahora te preocupas porque no te lastimen. Puedes ver las pequeñas señales de que ya estás muy por delante de la otra persona, lo que te genera frustración y te deja en un lugar incómodo en vez de solo disfrutar de la película al aire libre que eligieron en conjunto para la quinta cita.

Se podría argumentar que no toda la culpa es tuya, ya que todos nadamos en las aguas del romance embriagador. Gran parte del entretenimiento masivo (películas, música, libros, anuncios) subraya la idea de que la verdadera felicidad es imposible sin amor. Este ataque puede hacernos sentir inútiles cada vez que debemos enfrentar el mundo sin la validación que proviene de estar en una relación.

En el capítulo 8, analizamos algunas técnicas para evitar invertir demasiado en las primeras citas mientras intentas detectar la diferencia entre atención e intención. Pero, incluso cuando lo que tenemos en frente muestra una intención real de su parte, existe el peligro de perder de vista todo lo que nos es importante. Una útil regla de vida es valorar aquello en lo que invertimos. Por eso, si dejamos de invertir en algo que no se relaciona con la persona, la importancia de nuestra vida, fuera de la relación, se reducirá, y crecerá nuestra dependencia a ella para ser feliz. Entre más fuerte sea la conexión con otros aspectos fundamentales de nuestra vida, más difícil será que nos desequilibre alguien que lleva tres horas sin responder un mensaje de texto.

Parece contradictorio, pero cuando creemos que encontramos a la persona de nuestros sueños es justo el momento de hacer cualquier otra cosa menos alimentar esa obsesión. Es hora de duplicar las otras fuentes de significado en nuestra vida: pasatiempos, familia, los libros que morimos por leer, las actividades que nos hacen sentir renovados y realizados, cualquier cosa que nos conecte con nuestro interior y nuestro sentido de propósito. Concéntrate en actividades que tengan más probabilidades de resultar en la convicción de que, por muy agradable que sea que esta nueva persona corresponda tus sentimientos, tu propia vida, tal como es, con todo lo que has puesto en ella, es suficiente para ti.

A menudo enmarco ese consejo en términos prácticos, diciéndole a la gente que lo mejor que puede hacer antes de una cita importante es tener una semana ocupada. Se trata de una estrategia a corto plazo bastante infalible. Te distrae de las ansiedades, elimina las oportunidades de exagerar expectativas y te entretiene tanto con las cosas que te encanta hacer (que necesitas terminar, que solo empezaste o te propusiste) que no hay espacio para preocuparse de manera ansiosa por tu próxima cita. Gracias a toda esta actividad, pasas sin problemas a vivir un rato divertido con una persona en quien no has pensado demasiado. Y, como resultado de cuánto has vivido desde la última vez que la viste, tienes mucho que compartir.

Quizá has escuchado el término "f*ck you money", algo así como "dinero, caraj*". Es la cantidad de dinero que necesitas para poder decir "no" a cualquier cosa que no quieras hacer: decir "no" a trabajos, jefes y trabajar con gente que te hace infeliz.

¿Qué pasaría si pudiéramos lograr tal efecto en el ámbito de la confianza interior en lugar del dinero? Imagina tu confianza como si fuera una mesa, con toda la solidez que aportan las patas que la sostienen. Los diversos soportes de tu vida le dan a esa mesa la estabilidad que necesita. Si el tablero es tu confianza, cada una de esas patas es una parte diferente de tu vida que le da fuerza, significado, propósito y amor.

Admitir que es muy importante para ti encontrar con quien compartir tu vida no tiene nada de malo. Pero al invertir en las otras patas bajo la mesa, cuando aparece una pareja potencial, no te confías de inmediato en que esa persona la mantendrá firme. La "confianza, caraj*" (*f*ck you confidence*) proviene de ya tener ese tipo de apoyo sólido en la vida.

El instinto de olvidar todo lo que tienes se vuelve más tentador cuando aparece alguien que te atraiga, tenga carisma o te impresione.

Pero ninguno de esos rasgos hace que tu mundo sea menos importante. ¿Y qué pasa si "atrae más"? ¿Y qué pasa si es más amable que toda la gente en la sala? Entonces, ¿qué pasa si todo mundo a su alrededor considera que es importante? Ninguno de esos atributos disminuye el tamaño y el valor intrínseco de tu vida y todo lo que hay en ella.

En *El hombre de dos reinos,* Tomás Moro le da consejos a un ambicioso Richard Rich, quien siente que no valdrá nada a menos que logre sus grandes ambiciones. Moro quiere que sepa que hay maneras más profundas de lograr un sentido de importancia:

> **MORO:** ¿Por qué no ser maestro? Serías un buen maestro, tal vez un gran maestro.
> **RICH:** Si lo fuera, ¿quién lo sabría?
> **MORO:** Tú; tus alumnos; tus amigos; Dios. Eso no es mal público.

Siempre que salimos con alguien que tiene una vida apasionante, resulta tentador devaluar la nuestra, como si de algún modo la hubiera hecho insignificante una presencia eclipsadora. Pero incluso la existencia más normal puede ser de profunda importancia. ¿Quién dice que la vida de un cuidador que dedica el tiempo atendiendo a un puñado de pacientes con demencia es más pequeña que la de alguien que gestiona cien colaboradores en una empresa de tecnología? Mantente en conexión con lo rico de tu mundo, con la diferencia que marcas en tu círculo inmediato, con tu familia y amistades, con el trabajo que haces, los pasatiempos que amas, las prácticas que mantienes. Si lo haces, nadie que venga podrá intimidarte. Nadie te hará sentir que necesitas trabajar horas extras para llamar su atención, como si tuviera algo que tú no tienes. Y cuando la gente ve que estás en conexión con el valor que creas y/o el amor que tienes en tu mundo, ya tienes lo que todo mundo anhela y quiere cerca: amor, significado y plenitud. Ni siquiera la vida más grande, emocionante o lujosa puede garantizar esas cosas.

Las diferencias entre las personas son excelentes para las relaciones. Pero si alguien no puede concebirte como su igual, sigue adelante. Es bueno tener esto en cuenta desde el principio: ¿qué tan pronto esta persona desconocida y atractiva te reconoce como su igual? "De inmediato" es la mejor respuesta aquí. No importa cuan atractiva sea tu contraparte potencial, esa es una prueba esencial; ninguna relación puede durar mucho tiempo ni brindar verdadera felicidad a menos que sea una relación de iguales.

La matriz de identidad

Hay un ejercicio que he realizado durante años en mis retiros llamado *la matriz de identidad*. Siempre ha sido una herramienta muy práctica para comprender qué podrías cambiar en la vida para que puedas desarrollar la "confianza, caraj*".

Primero pido a la audiencia que haga una lista de los diversos aspectos de su vida de los que obtiene un sentido de confianza: las amistades, la posición que ha ganado en su carrera, poder tocar un instrumento o hablar un segundo idioma, su preciado pasatiempo, la seguridad financiera que ha creado para sí. Cualquier cosa que nos dé un sentimiento de orgullo, atractivo o importancia, una sensación de que somos interesantes o una razón para sentir seguridad en la vida, son elementos que deben estar en la lista, en especial si son algo a lo que recurrimos de manera frecuente para nuestro sentido de valor o identidad. Para una persona que ha luchado por la ciudadanía en un nuevo país, su nuevo y brillante pasaporte puede estar en la lista. Otra podría enumerar la casa en la que ha invertido años de amor. Otra podría poner su vasto conocimiento o cuánto ha viajado al extranjero para experimentar otras culturas. Cualquier cosa que esté en esa la lista es un reflejo directo de la identidad que alguien ha construido en su vida.

Luego pido a cada participante que dibuje un cuadrado, con cuadrados más pequeños dentro, espaciados de manera uniforme (como un juego de gato, pero más grande). Pido que dediquen cada cuadrado a un elemento diferente de su lista. Lo que obtienen es una matriz de cuadrados que forman lo que yo llamo su *confianza en la identidad*.

Después señalo que, en realidad, en nuestra vida, el tamaño de esas cajas es todo menos uniforme. Entonces pido que vuelvan a dibujar su matriz, pero cambiando el tamaño de los cuadros para que reflejen de manera aproximada la importancia que tiene el elemento de cada cuadrado para su identidad. Por lo general, uno o dos de los cuadros son mucho más grandes que el resto, porque todos tenemos cosas en las que ponemos una cantidad desproporcionada de nuestra validación. Para mucha gente, es la carrera profesional. Para otra, el cuadro dominante es la relación. La matriz, como escribió alguien que asistió al retiro, deja de parecerse a un cartón de lotería y empieza a parecerse más a una pintura de Mondrian, con uno o dos cuadrados grandes rodeados de rectángulos más pequeños.

Elaborar una matriz de identidad no siempre es un ejercicio cómodo. Si lo haces con sinceridad, puedes descubrir que has dado más énfasis del que te gustaría a ciertas áreas de tu vida y menos del que merecen a otras. Algunas personas incluso descubren que no se les ocurre qué poner en su matriz. Si es tu caso, no te preocupes, seguro tendrás más ideas a medida que sigas leyendo.

Una de las cosas clave que debemos entender acerca de nuestra matriz es que el tamaño de los cuadrados refleja eso con lo que más nos identificamos. Tendemos a identificarnos con aspectos de nuestras vidas en los que confiamos por su validación y significado. A la persona recompensada en la infancia por ser siempre servicial se le dice en su adultez que es una "estrella" en su trabajo por quedarse hasta tarde, por nunca quejarse de una carga de trabajo inmanejable y por sacrificar su vida y su salud por la empresa. La persona que recibe una atención desproporcionada por su apariencia se obsesiona con mantenerla en el futuro, creyendo que es su valor principal. En muchos sentidos, desde el principio se prepara el escenario para lo que será nuestra matriz de identidad en el futuro, en función de lo que aprendimos que "nos funcionó" en los primeros años. No es fácil decir si la matriz de identidad refleja aspectos intrínsecos de la personalidad que habrían surgido de forma inevitable... o si solo hemos seguido las migajas de validación por el camino de menor resistencia hasta que, en algún momento, nuestra identidad se convirtió en lo que pensamos como *nuestra identidad*. Tal vez sea un poco de ambas cosas. Siempre intentamos satisfacer ciertas necesidades: seguridad, significado, un medio para identificarnos en el mundo; la matriz solo refleja nuestros mejores intentos para hacerlo. Pero la matriz de identidad que escribimos hoy nunca es un retrato final, es más bien una instantánea que nos muestra los músculos que más hemos usado hasta este período de nuestra vida.

Quizá sea más fácil verlo en la página que imaginarlo en tu cabeza. Entonces, he aquí un ejemplo con dos versiones: la primera es mi matriz a los veintiún años y, la segunda, es la actual, a los treinta y seis. Podría poner más cuadrados, pero la reduje a los más obvios a modo de ilustración (hice ambas en la misma semana, así que puede que haya tergiversado algunos elementos de mi yo más joven, ¡aunque lo dudo!).

21 años

Boxeo	Estar en forma	Éxito
Hablar un poco de chino mandarín	Tener éxito en las relaciones románticas	
Ser culto y que me consideren inteligente	Proveer y cuidar a la familia	Seguridad financiera
Amistades		

Puedes ver que a los veintiún años puse una gran parte de mi valor en lo exitoso que pensaba que era de forma externa y la idea de que estaba en una buena posición financiera. También puse proveer a mi familia, que, aunque se basaba en la generosidad y el sentido del deber, me hacía sentir bien y se convirtió en parte de mi identidad. El romance era algo bastante importante, pero se trataba menos de encontrar el amor y más de sentir que, de manera egoísta y heroica, tenía éxito en las citas y en atraer mujeres. Boxeé y eso aumentó mi confianza. No puse mucho énfasis en las amistades, estaba demasiado concentrado en mis ambiciones, pero de todos modos jugaron un pequeño papel en mi matriz. Tras un par de meses trabajando en Shanghái, hablaba un poco de mandarín, lo cual sentía que me hacía más interesante. Estar en forma era importante, pero estaba ligado a todo el asunto de "ser querido". Disfrutaba la idea de que había leído mucho (independiente de lo culto que fuera en realidad) y de que la gente pensaba que era inteligente cuando hablaba conmigo. Basta decir que tenía una buena dosis de inseguridad en la mayoría de las cosas que impulsaban mis decisiones sobre dónde invertir mi tiempo y energía, y en lo que me daba una sensación de importancia o significado.

36 años

Vivir en Estados Unidos		
Jiu-Jitsu	Sentido de propósito	Matrimonio
Crecimiento personal	Éxito	
Estar en forma	Estabilidad financiera	Relaciones más cercanas
Estar sano	Experiencias	
Ser culto y que me consideren inteligente	Hablar en público	Capacidad para escribir

Ahora a mi matriz a los treinta y seis. No se puede negar que mi carrera todavía ocupa una parte importante. Pero no es tan simple como el éxito externo. Una parte de eso sigue siendo el éxito, mentiría si dijera que ya erradiqué todo rastro de ambición (y, de todos modos, no me creerían si lo dijera), pero hoy en día le doy más importancia a tener un sentido de propósito, incluso si eso significa que mi carrera no crezca tan rápido. Estoy más orgulloso que nunca de mi crecimiento interno, por eso es un cuadrado importante en estos días. Cuando tenía veintiún años, el crecimiento interno solo era importante si me conseguía más éxito externo (todo lo que quería en aquel entonces).

Estar en forma sigue siendo importante para mí (no estoy por encima de la vanidad), pero hoy en día es igual de importante estar sano. Un cuadro nuevo, "Experiencias", refleja el hecho de que en la actualidad una parte mucho mayor de mi confianza e identidad proviene de vivir y no solo de trabajar. Ahora, en mi matriz de identidad, verás que no tengo un gran cuadrado dedicado a "Cuidar a la familia". Ahora se trata solo de "Relaciones más cercanas". Todavía busco estar ahí para mi familia, como ella lo hace para mí, pero ya no intento obtener importancia haciendo cosas para ella. En lugar de la obligación, ahora elijo el amor y la reciprocidad como base de esas relaciones (siento la recompensa de estar verdaderamente conectado en esas relaciones, no sintiéndome importante o valioso por lo que podría hacer por las personas). Ahora mi confianza se basa en la fortaleza de mi matrimonio, no en cuántas mujeres podrían encontrarme atractivo.

Hoy, las relaciones en general juegan un papel más importante en mi vida y, como resultado, son cuadrados mucho más grandes en mi matriz. Nunca he estado tan agradecido por el amor, amor que, sin darme cuenta, di por sentado cuando era más joven. Solía creer que las relaciones (amistades o familia) se quedaban donde estaban, como insectos prehistóricos congelados en ámbar, preservados para siempre de alguna manera sin que yo invirtiera en ellas. Ahora estoy mucho más concentrado en cómo puedo presentarme ante ellas. Más que nunca, soy consciente de que el tamaño de mi cuadrado de "Relaciones cercanas" es un reflejo directo de cuánta energía le pongo (como estoy mucho más agradecido por ese amor, esa energía ha aumentado de forma exponencial). Así se producen ciclos autocumplidos en nuestra matriz: entre más agradecidos estamos por algo en nuestras vidas, más lo respetamos e invertimos en él; cuanto más invertimos en él, más grande se vuelve el cuadrado.

Completar una matriz de identidad es una forma sencilla de mostrar honestidad sobre dónde están tus prioridades y qué debes cambiar para ser más feliz y tener más confianza. Esto no requiere meses o años de terapia. Tiene una cualidad orgánica y, en especial si te tomas la molestia de redactar una con cierta regularidad, descubrirás cómo tus prioridades cambian. Con esta lectura visual en la mano, es menos probable que sientas que las circunstancias dictan tu dirección y más como si estuvieras dirigiendo el barco. Puedes ver dónde eres vulnerable y dónde estás invirtiendo demasiado, y redirigir tu energía en consecuencia. No lo pienses mucho cuando dibujes tu matriz (es un ejercicio crudo e imperfecto). Solo traza de forma aproximada cómo crees que se ve en este momento y luego toma algunas decisiones sobre qué vas a cambiar para que sea más y más sólida.

Puedes ver que, a los treinta y seis años, no solo mi matriz tiene más cuadrados, sino que es más grande. ¡Es como si hubiera agregado un nivel de ático! Resulta que mi identidad se ha expandido a lo largo de los años: las fuentes de mi confianza y de donde obtengo el sentido de identidad se han vuelto más numerosas. Esto es tanto un reflejo de dónde pongo la atención como de la manera en que paso el tiempo. Si el tamaño de la matriz de identidad general estuviera relacionado con el tiempo dedicado a las cosas, siempre sería un juego de suma cero entre aspectos en competencia de tu personalidad y vida que te brindan una sensación de confianza. Para mí, la capacidad de vivir y trabajar en Estados Unidos es una parte importante de mi confianza en la identidad, pero no "toma tiempo" como lo hace mi afición por el *jiu-jitsu* brasileño en los últimos años; solo existe como algo de lo que estoy orgulloso y que me da una sensación de seguridad. Lo mismo ocurre con la capacidad para hablar en público, que, a pesar de no aparecer en la matriz de mi yo más joven, en realidad no refleja un aumento en el tiempo que le dedico (también lo hacía mucho a los veintiún años). Refleja el hecho de que ahora estoy mucho más consciente de lo maravilloso que es tener ese conjunto de habilidades. Me gusta en especial ese cuadrado porque es algo que permanecería incluso si tuviera cero centavos a mi nombre. Eso también se aplica a mi capacidad para escribir, que considero una habilidad fundamental que aún tendría incluso si perdiera todo en mi negocio. Cuando vuelvo a centrarme en lo afortunado que soy por tener estas habilidades, el tamaño de mi matriz aumenta justo por lo que elijo estar agradecido.

    Aun así, la mayoría de las cosas que nos dan una sensación de confianza toman tiempo, por lo que, naturalmente, una buena parte de lo que revela la matriz es cómo o dónde empleamos nuestro tiempo y nuestro enfoque, y eso nos da la oportunidad de considerar si estamos dividiendo ese recurso finito de manera que respalde nuestras metas a largo plazo y nuestros valores duraderos.

CONFIANZA EN LA IDENTIDAD

Cuidado con tus mutaciones y diversifica

Para bien o para mal, tendemos a formar lo que consideramos la "identidad" en función de los cuadrados de nuestra matriz. En la vida, luchamos por mantener nuestra identidad, porque nos da una sensación de seguridad: es "lo que sabemos". Puede que ni siquiera disfrutemos del trabajo, pero el título, el estatus y el dinero que conlleva se han convertido en parte de nuestra identidad y eso puede parecernos indispensable. Podemos llegar a sentir que perderlo equivaldría a perder una extremidad. El peligro aquí es que lleguemos a depender tanto de nuestras fuentes primarias de validación que se conviertan en nuestras mutaciones. Si no tenemos cuidado, estos músculos se convierten en los únicos que sabemos utilizar. Poco a poco, estas mutaciones se transforman en nuestra mayor vulnerabilidad. Si perder toda esa validación sería devastador para nuestro sentido de quiénes somos, fácilmente podemos encarcelarnos de esos uno o dos cuadrados sobredesarrollados en nuestra matriz. Si te costó trabajo descubrir cuál era el cuadrado más grande de tu matriz, solo necesitas hacerte una pregunta: "¿Qué tendría el mayor efecto en mi confianza si me lo quitaran?".

Para algunas personas, puedes ver literalmente la mutación: el chico del gimnasio con brazos enormes, la *influencer* de TikTok que usa un elaborado maquillaje de alfombra roja para aparecer en la tienda de *delicatessen*. Algunos son menos obvios, pero aún aparentes, como el padre adicto al trabajo que comenzó siendo ambicioso, pero años después no se atreve a desconectarse mientras está de vacaciones con su familia; o personas casadas que hacen de su pareja su único enfoque y corren el riesgo de perder la chispa de alteridad que mantiene vivo el deseo. Christopher Hitchens, quizá el mayor polemizador de su generación, confesó ser muy cauteloso a la hora de utilizar sus descomunales habilidades en casa con su familia, ya que claramente hay algunas discusiones que es bueno perder y otras ocasiones en las que el silencio es la opción más inteligente. Todos conocemos a personas complacientes que terminaron abrumadas y agotadas, o mamás y papás cuya crianza fue tan asfixiante que sus hijos/hijas hicieron casi cualquier cosa para escapar. Hay muchas maneras en que podemos exagerar.

Una buena pregunta que todos debemos hacernos es "¿Quién sería yo sin el cuadrado más grande de mi matriz?". Muéstrame tu respuesta a esa pregunta y te mostraré cuan vulnerable eres al fracaso, la crisis o la tragedia. No hay duda de que confiar demasiado en la seguridad que nos da un solo elemento de nuestra matriz de identidad es una propuesta precaria. En parte, esto se debe a que casi todas las cosas que nos dan confianza pueden cambiar. Nuestras personas cercanas mueren, las relaciones terminan, perdemos el trabajo, nos lesionamos, envejecemos o enfermamos de gravedad. Las habilidades que adquirimos con tanto cuidado se erosionan si no las practicamos (¡a veces se erosionan incluso cuando las practicamos todo el tiempo!) y con facilidad podemos perder el acceso a los lugares donde se ejercitan o al equipo que requieren.

Hay quienes ven las cosas con las que nos identificamos demasiado como una especie de armadura, como si nuestra propia matriz (así como toda la confianza que proviene de ella) fuera en cierto sentido una muleta, tal vez incluso uno de los impedimentos centrales para una experiencia humana de espectro completo. No se equivocan, es una observación que de inmediato señalarían en los círculos de atención plena. En definitiva, existe un nivel de

CONFIANZA EN LA IDENTIDAD

confianza más profundo e inquebrantable al que puedes acceder, la confianza fundamental, que exploraremos con mayor detalle en un próximo capítulo. Pero todos somos personas que vivimos una vida cotidiana defectuosa y nos enfrentamos al mundo igual (y probablemente mucho más) que a nuestro interior para encontrarnos.

Una de las mejores medidas para protegernos contra los riesgos asociados a nuestros principales activos personales es asegurarnos de que la vida no se centre en una sola cosa. Hay tres formas de diversificar la matriz. 1) Poner más esfuerzo en uno de los cuadros a los que no le has dedicado mucho tiempo o atención, para que crezca con mayor inversión. 2) Desarrollar un nuevo aprecio por algo que ya tienes; hazlo y descubrirás fuentes de confianza a las que ya tienes acceso, como hice yo con las habilidades de escribir y hablar en público. 3) Agregar un cuadro nuevo, empezando con algo que nunca hayas probado. Estoy seguro de que puedes pensar en cuadrados de tu matriz que, si retrocedes lo suficiente, no existían antes. Para mí es *jiu-jitsu*, lo empecé cuando las lesiones limitaron mi capacidad para boxear. Ahora trato de hacer un *rolling* al menos tres veces por semana, sin importar qué más tenga que hacer. Me he preocupado por mi progreso ahí y a menudo me descubro pensando en las lecciones que he aprendido.

A diferencia de solo centrarse en una nueva gratitud por algo que ya tienes, el problema de agregar un cuadrado o dedicar más esfuerzo a un pequeño cuadrado que te gustaría agrandar es que, en la medida en que la vida es un juego de suma cero, puede alejarte de las áreas donde tienes tus mayores fortalezas. Eso no siempre es malo. Tengo una amiga que es una maestra del sarcasmo, el cual usa para hacer reír a todo mundo, para controlar la conversación y para mantener las cosas ligeras y animadas. A veces, eso significa que aborda temas enteros de interés antes de que alguien pueda decir una palabra, otras veces significa que casi no hay lugar para la vulnerabilidad o la curiosidad mientras ella está a cargo, lo cual requiere espacio y sinceridad y, a veces, silencio en lugar de bromas y alboroto.

No he logrado en lo absoluto que ella se calme, y eso seguramente se debe a que le iría mucho peor en entornos sociales si siguiera mi consejo. Es casi seguro que se sentiría menos poderosa, interesante, cómoda y segura, al menos por un tiempo. Se sentiría como dar un paso atrás, incluso si desde la perspectiva de su matriz de identidad, sería un paso adelante, hacia la fuerza y la diversidad, lejos de la dependencia excesiva de una habilidad que claramente se está convirtiendo en una especie de evasión. ¿Quién quiere volver a ser un estudiante incómodo, lo que puede ser una experiencia intensamente humillante, en especial cuando sabemos que hay mejores lugares en los que podríamos estar y cosas en las que podríamos ser mejores?

Mi amiga y editora, Karen Rinaldi, escribió un libro que bien podría ser una oda a la diversificación de su matriz, titulado *Hazlo fatal, pero hazlo igualmente*. A Karen le gusta surfear, aunque como le dice a todo el mundo, lo hace muy mal. Eso no le impidió comprar una propiedad en Costa Rica donde podía escapar y pasar horas sobre las olas, caer, volver a subirse a la tabla y remar de regreso para ocupar su lugar en la vida normal. Escribió un artículo en el *New York Times* sobre algo de lo que había aprendido al fracasar con tanta regularidad. ("Fracasar está bien. Mejor aún, ¿no es un alivio?"). Para acompañar el artículo, publicó un video de ella en el mar. Un día una colega pasó por su oficina para decirle:

—Entonces, ¡sí eres malísima para el surf!

—¿Pensaste que estaba siendo modesta?

Su colega mencionó la imagen que había imaginado de la genial Karen, en Costa Rica y dijo:

—No era lo que vi en ese video que publicaste… ¡Realmente apestas!

—¿Y?

—¡Me hace feliz saber que de verdad lo haces mal!

Como señala Rinaldi, lo genial, increíble o *cool* (y la actitud de autoprotección que a menudo disfraza) puede ser un enemigo: de probar cosas nuevas, de la alegría que puedes encontrar al aprender, de la resiliencia que surge de no preocuparte por lo bien que te ves haciendo algo que nunca dominaste y que tal vez no tengas esperanzas de dominar nunca. Hay una recompensa al probar cosas nuevas. Afloja el control del perfeccionismo y deja espacio para la aptitud de principiante para el juego y el asombro. Tal vez algún día llegues a un punto en el que te sientas hábil, pero los beneficios son mucho más amplios que eso. Al emprender algo nuevo, sueltas las riendas del control de las cosas (de las que antes dependías demasiado). Y gracias a esa poquita luz del día, eres mucho menos vulnerable al colapso si las circunstancias de la vida te roban algo en ti con lo que siempre habías contado.

Combinación singular

Hay otra razón para diversificar, que va más allá de estas recompensas internas. Cuando nuestra confianza proviene de múltiples fuentes, ofrece la maravillosa ventaja de atraer más a la gente. Esto conduce a lo que yo llamo *combinación singular*, dos o más características en una persona que son cualidades atractivas por sí solas, pero que combinadas crean algo mucho más potente.

¿Por qué? Porque son inesperadas. Nos hacen darnos cuenta, casi de inmediato, de que no tenemos a esta persona descifrada, que es un enigma, impredecible. Nos hacen pensar no solo "¿qué más no sé sobre esta persona?", sino también "¿en qué parte del mundo podría volver a encontrarme con alguien así?". Un rasgo llama tu atención; el segundo la hace irresistible.

Como demostró Rinaldi (editora y surfista), no tienes que ser buena en los dos elementos de tu combinación singular. Pero deben apasionarte. Los dos polos distintos crean una especie de campo energético donde todo parece posible. Es fácil encontrar ejemplos entre personas que ya son famosas por algo, como el actor Seth Rogen y su obsesión por la cerámica. Y es posible que el expresidente George W. Bush haya ganado algunos votos de forma retroactiva cuando empezó a pintar retratos sensibles de veteranos e inmigrantes.

Mi amigo Jesse Itzler es un empresario exitoso apasionado por las hazañas de resistencia. Una de ellas la hace en su "patio trasero", una colina súper empinada que invita a la gente a escalar cien veces seguidas. Lo llama *El infierno en la colina* y confirmo que es el tipo de desafío tortuoso que solo alguien que haya completado un Ultraman (10 kilómetros de natación, 418 kilómetros de ciclismo, 84 kilómetros de carrera) podría afrontar. Un año me invitó a intentarlo (fue el desafío físico más difícil de mi vida), y cuando recibí la invitación al año siguiente, le pregunté si podía llevar a Audrey, mi prometida.

"¡Tráela! ¡A ella le encantará!", me respondió Itzler por mensaje de texto. Fue el año en que nos comprometimos, así que tal vez una parte de mí pensó que valía la pena descubrir cómo respondería a la colina antes de seguir adelante con esto en serio. (No le digas que dije eso).

Había visto videos de mí terminando muerto el año anterior, apoyado por dos amigos que me ayudaron en la subida final, y creo que decidió que solo había sido un mal día para mí y que quizá ni era tan difícil. Seguí diciéndole: "No, de verdad fue horrible", y, a pesar de mis protestas de que no faltara al entrenamiento, se perdió varias sesiones, convencida de que todo era una estrategia para tener compañía durante esas horas solitarias en el gimnasio.

A finales del verano, cuando llegamos a casa de Jesse en Connecticut, había una mesa de buffet con plátanos y el tipo de geles energéticos y brebajes de electrolitos que encuentras en los bolsillos de la gente que sube El Capitán. Una vez que comenzó el infierno y pasaron las primeras veinte colinas, Audrey seguía siendo Audrey, tomando agua para los dos y una rodaja de naranja al comienzo de cada subida. Pero en la cuadragésima subida, alrededor de la segunda hora, le quedó claro que no solo era tan intenso como había dicho, sino que ahora necesitábamos esforzarnos aún más en la segunda mitad para tener alguna esperanza de terminar. Después de setenta subidas, en la marca de las tres horas, el reflexivo ritual del agua de Audrey había desaparecido. A las ochenta, pude ver la ira silenciosa; ella estaba muda. La música sonaba a todo volumen, la gente se gritaba afirmaciones entre sí, pero Audrey no hacía contacto visual ni decía una palabra.

Esto no tenía precedentes en mi experiencia. Audrey es la persona más reflexiva, amable y compasiva que conozco. No solo se da cuenta de lo que sienten otras personas, sino que también descubre qué puede hacer para que se sientan mejor. Pero en este punto, ella estaba dirigiendo todos esos recursos hacia ella. En la cima de la colina, Jesse gritó:

—¡No hemos llegado tan lejos para llegar tan lejos!

En ese momento reconocí vagamente que era un mantra bastante bueno para la vida.

Luego, al vernos vacilar, dejó su megáfono y dijo:

—Oigan, Huss, Audrey, déjenme darles un consejo. Cada vez que terminen una vuelta —señaló un barril de agua helada—, metan las manos y los brazos allí durante diez segundos y luego sumerjan la cabeza. Créanme.

Seguimos su consejo y pareció funcionar lo suficientemente bien como para superar la siguiente subida, así que repetimos el procedimiento en cada subida a partir de ese momento. (Después de que termináramos, él revelaría que este "truco de mojarse en hielo" fue algo que él inventó por completo en el acto).

Habían pasado cuatro horas y mi entrenamiento adicional de ese año estaba dando sus frutos. Me sentía mejor que el año anterior, tanto es así que al final de la vuelta noventa y nueve, me volví hacia Audrey y le dije:

—Oye, nena, ¿por qué no corremos la última vuelta juntos y nos divertimos con ella?

—No.

La respuesta de Audrey fue inconfundible e innegociable, aun entre respiraciones constantes y agitadas.

Ambos terminamos. Audrey tocó la campana en la línea de meta, más para indicar el fin de la tortura que para celebrar una gran victoria. Alguien le colgó una medalla alrededor del cuello por haber finalizado la prueba completa y ella se desplomó en el césped llorando. De vez en cuando, por vergüenza, decía:

—No sé por qué estoy llorando.

Yo sí. Justo eso me había pasado el año anterior.

Antes de escalar sabía que amaba a Audrey y creo que mi atracción por ella fue bastante clara desde la primera vez que le dije:

"Hola". Pero nunca me había sentido tan asombrado por ella. Cuando entrenábamos, a menudo me decía que nos quedáramos en casa y pidiéramos pizza en lugar de ir al gimnasio. Entonces, en la ladera de la colina, emergió la guerrera. Al ver esa determinación de cerca, supe que ese era el tipo de compañera de equipo que necesitaba en tiempos difíciles. Sabía que era dura, pero tenía un equipo que nunca había sospechado, y sabía que sería un tonto si alguna vez dudaba de ella. Combinación singular.

Esto hacen las combinaciones singulares. Ves dos partes de una persona que nunca esperaste encontrar juntas en ella misma. Pero también sientes una tercera cosa, todo lo que hay entre esos dos lados de la persona que no ves, todo el valle bajo las nubes que aún tienes que explorar.

14

Sobrevivir a una ruptura

Hay dos tipos de rupturas: las que nos suceden en nuestra vida y las que hacemos que sucedan. Estas dos experiencias parecen tan distintas que es difícil imaginar algún consejo o estrategia de vida que se pueda aplicar en ambas. Pero las consecuencias en las dos situaciones no son tan diferentes como creemos. Ambas dejan un vacío en la vida que, como todo vacío, presenta un peligro real. Ambas nos dejan con arrepentimientos persistentes, incluso un profundo sentimiento de vergüenza. Ambas necesitan tiempo para recuperarse. (Lo cual es cierto incluso si saltamos directo a la siguiente relación).

"Siempre adelante, nunca para atrás" es un mantra de ruptura bastante bueno para ambas. Sobre todo, cuando acabamos de salir de una situación tóxica o abusiva. También cuando alguien nos termina: no podemos romantizar el amor que solo pensamos que recibíamos de una pareja que en realidad nunca estuvo ahí. Sin importar cómo empezó la ruptura, hay cosas prácticas para seguir adelante: evitar estancarnos en el lugar o, peor aún, regresar a la relación problemática que acabamos de dejar. Cada ruptura puede parecer dolorosamente individual (te sucedió a ti y a nadie más), pero puedes dar pasos que te ayudan a regresar a la vida.

Las siguientes seis estrategias se presentan sin ningún orden en particular porque el desamor es así: puedes pasar semanas o meses sintiéndote bien y luego llega un tsunami de emociones... y, de pronto, sientes que regresaste al primer día. Por eso úsalas de forma generosa y repite en caso necesario.

Conéctate con una nueva sensación de paz

En tus circunstancias actuales, quizá suena como si te pidiera que hicieras una tabla de surf con espagueti, pero todos los días asesoro gente cuya vida mejoró tras la ruptura. Sí, la persona en la que confiábamos ya no está y el costo emocional de esa ausencia es devastador. Parece casi imposible no pensar en ella, esperando que aparezca en la siguiente esquina y sean tal como eran cuando las cosas iban bien. Pero al obsesionarnos con el pasado, no nos damos cuenta de todas las formas en que la vida ha mejorado de manera objetiva ahora que estamos por nuestra cuenta.

Puedes ver la mejora de dos formas distintas. La primera es difícil de detectar debido a todas las emociones negativas que conlleva cualquier ruptura, pero no dejes que eso te ciegue para ver todas las emociones negativas de las que acabas de liberarte. Descargarte puede ayudar. Recuerda todas las situaciones en las que algo que hacía (o no hacía) te trajo tristeza, ansiedad, enojo o robó tu alegría. Quizá tu ex se portaba mal en las cenas con tu familia, nunca se interesaba por las cosas que te importaban, hacía menos tu trabajo o te mantenía en vilo todo el tiempo. Tal vez te hacía llegar tarde en cada viaje, por lo que al inicio de cada escapada supuestamente relajante, abordabas el avión con estrés, vergüenza y sin aliento, apartando la mirada de las filas de las caras enojadas en los asientos.

Courtney era parte del Love Life Club, un grupo en línea formado por personas de todo el mundo a las que asesoramos de manera continua. Acababa de pasar por una ruptura difícil y había descubierto que su marido no solo la había estado engañando durante años, sino que también había dejado a la familia con una deuda grave. Fue un doble desastre: ella y sus dos hijos tuvieron que comenzar una nueva vida por su cuenta, y ella tuvo que encontrar alguna manera de sacarlos del peligro financiero.

Pero, a pesar del repentino desorden de la familia y de la amenaza (muy real) a su seguridad a largo plazo, cuando recibía nuestras llamadas de *coaching*, solo se concentraba en su desamor. En esa situación, tengo una misión: reorientar o desviar la atención del dolor (de perder a la pareja) hacia la nueva paz que ahora tiene (porque dicha pareja ya no está). Quería que ella viera el contraste. Ya no más días enferma de ansiedad por algo que él no le decía, ni noches esperando en casa mientras él salía con otra mujer. No más semanas de pasar sintiéndose completamente invisible para el hombre que compartía su casa, mientras él la evadía igual que a la realidad de la deuda que crecía a su alrededor. Cuando le señalé estas cosas, dijo: "Sí, Matthew, pero a pesar de todo eso, en ese entonces todavía tenía a alguien conmigo. Es muy difícil estar lejos de él".

Luego revisamos más de cerca con qué frecuencia estaba allí y la verdad salió a la luz. Todas las noches entre semana trabajaba hasta tarde o no volvía a casa porque era "más fácil conseguir un hotel", todos los fines de semana se encerraba en su oficina con la computadora portátil. Se sentía aterrorizada de vivir sin él, pero no se había dado cuenta de cuánto tiempo llevaba haciendo justo eso. Cuando lo calculamos, apenas había una diferencia entre la vida anterior y la que vivía ahora. Llevaba mucho tiempo sobreviviendo sola; tenía miedo de hacer algo que ya había aprendido a hacer. En formas con las que todavía no había conectado, su vida se había vuelto más fácil.

Esa es la segunda forma en que la vida mejora después de una ruptura: tu vida gana valor de manera positiva. Ahora, en vez de quedarse en casa todo el fin de semana como una delincuente de cuello blanco y un grillete en el tobillo, podía salir con sus amistades. En vez de decirle a la gente que no podía verla porque no quería dejarlo "solo", ahora profundizaba en aquellas relaciones descuidadas durante tanto tiempo y pasaba fines de semana enteros con familiares o amistades. Su dolor disminuyó en cuanto dejó de fijarse en la fantasía de lo que había perdido. Comenzó a darse cuenta de que perdió menos de lo que creía y ganó más de lo que creía. Ahora era libre de decir sí a las cosas que enriquecían su vida y que la llevaron a más conexiones y más aventuras. Estaba redescubriéndose a sí misma.

Sé lo que piensas: "Matthew, tal vez eso funciona cuando tu ex era un narcisista ladrón y un tramposo abusivo, pero mi ex era maravilloso en todos los sentidos excepto en querer estar conmigo. ¿Cómo se supone que voy a superar eso?".

Hay casos en los que alguien con quien somos felices termina la relación de la nada. Separaciones como esa resultan devastadoras tanto para la autoestima como para la capacidad de confiar en nuestro juicio en relaciones futuras. Pero cuando alguien que ha pretendido ser feliz de repente te desanima, es útil buscar *red flags* en el camino que muestren que su carácter no era todo lo que te habías permitido creer. Descubrir *red flags* (formas en las que mintió, actuó de manera inexplicable o cosas negativas que otras personas dijeron sobre esta persona y que tú decidiste ignorar en ese momento) es invaluable para bajar tus sentimientos hacia ella de un pedestal, en lugar de permitir que se mantengan en un estado máximo de amor. La paz surge al darte cuenta de que no perdiste a la persona que creías.

Pero tal vez no puedas encontrar ninguna *red flag* en el tiempo con tu ex. Quizá era una persona maravillosa, tú eras feliz y te cortó. Incluso si todo lo anterior es cierto, nunca olvides la verdad fundamental y más profunda: el amor de tu vida solo puede ser la persona que te elige para su vida. Nunca podrá ser la persona que no te elija. Entonces, no importa cuán feliz hayas sido por un tiempo, no era la relación de tus sueños porque, por definición, la relación de tus sueños es una que dura. Seguir adelante se vuelve más fácil cuando nos damos cuenta de que perdimos algo que solo simulaba lo real, pero que en aspectos fundamentales ni siquiera se acercaba a lo real.

Retrocedamos por un momento: ¿de verdad eras tan feliz como dice tu desamor? ¿Siempre te sentiste feliz en su presencia (o ausencia) o tu felicidad estaba empañada por un sentimiento constante de inquietud? No es necesario que alguien sea un monstruo para que te sientas mal cuando estás con esa persona. Una de las razones por las que nos sentimos así es que notamos que el amor y la inversión en la relación no son iguales, algo que sucede cuando la pareja comienza a tener dudas sobre la relación. Incluso si no ha dicho nada y sigue cumpliendo las funciones de una pareja (incluso teniendo relaciones sexuales significativas), es raro que la intuición, de alguna manera que no podemos identificar, no se dé cuenta de que la persona ya nos sacó de la relación (o solo nunca estuvo igual de comprometida).

A excepción de alguien por completo sociópata, la gente no corta con alguien por capricho el mismo día que te dice que se acabó. Es un proceso interno que puede durar semanas, meses o años, hasta el día en que por fin decide que participemos en su decisión, claro en el momento que la persona elige. Esa disyunción (entre lo que ha pensado en privado y cómo ha actuado cuando estamos cerca) es una de las principales razones por las que la ruptura parece una traición. Esa persona ha ocultado su mundo interior, haciéndonos creer que estamos en un tipo de relación (la que llenamos de compromiso e intensidad) mientras está en otra diferente por completo (la que ha llenado de dudas y disimulo).

Darnos cuenta de que hemos estado viviendo una relación de fantasía es humillante. El peso emocional de todos los acontecimientos históricos de los últimos meses y años desaparece en un instante. La vida rica que creías llevar resulta ser un holograma. Eso también explica por qué la persona lo supera tan rápido: tal vez recibimos la noticia hoy, pero ella ya lo sabía desde meses antes de decir una palabra (quizá ya hasta andaba buscando en otra parte).

La intuición puede sentir que algo anda mal mucho antes de que pongamos todos los hechos en orden. Y entre más vivimos con esta disparidad, donde nuestros sentimientos no concuerdan con los acontecimientos de la vida diaria, más internalizamos la ansiedad, nos decimos que *estamos* haciendo algo mal, que hemos perdido la *cordura* y nos avergonzamos por nuestra inexplicable ansiedad. Muy pronto esto se convierte en un infierno, donde sentimos cada vez más inseguridad con la única persona que todos los demás consideran nuestra pareja perfecta.

En una ruptura típica, existe el instinto de demonizar, de catalogar todas sus fechorías y traiciones secretas, como si eso facilitara el superar a la expareja. Es más fácil y saludable concentrarse en cómo nos hicieron sentir. Y no me refiero a lo que sentíamos por la persona ni a todas las formas en que la admirábamos o amábamos. Me refiero a cómo nos sentíamos en el día a día en su compañía, cuando no se decía nada más: ¿Alguna vez sentimos seguridad, felicidad y amor? ¿Recibimos suficiente amor? ¿O nunca pudimos deshacernos del sentimiento de que faltaba algo, de que nuestra felicidad era un escenario inestable que llenábamos con simulación?

La persona equivocada para ti no se limita a ser "tóxica". También es un ser humano con quien no puedes lograr la paz. Y nunca lograrás la paz con una persona que no te elige.

Cuando perdemos a alguien así, sufrimos mucho al principio pensando que perdimos lo que queríamos más que nada en el mundo. Pero si nos lo permitimos, podemos conectarnos con una nueva sensación de paz. Ahora estamos libres de la ansiedad constante, libres de sentir que no éramos suficientes, libres de intentar aferrarnos a algo que no estaba destinado a ser. Lo que sea que estuvieras experimentando en la relación, no era felicidad, que solo se enriquece cuanto más le dedicas, como un jardín orgánico. Y aunque es posible que aún no hayas vuelto a encontrar el amor, verás que tu nueva sensación de paz se siente sólida y sustancial, no imaginaria. Cuando encuentres el tipo correcto de amor, lo sentirás como una continuación de esa paz, no como un alejamiento de ella.

Date cuenta de que necesitarás repetir la historia, mucho, y eso está bien

Ninguna conversación con alguien, por buena que sea, resolverá nuestro dolor de forma permanente. Quizá cambie el sufrimiento un par de grados (y esos grados importan). Es la cantidad de luz solar que puede significar la diferencia entre levantarse de la cama y quedarse ahí todo el día. Pero a las pocas horas de cualquier conversación, el dolor intenta reafirmarse. Escuchar las cosas correctas y sortear el dolor es algo que debe pasar muchas veces al día. Se necesitan enormes cantidades de repetición, en especial en las primeras etapas, cuando poco a poco intentamos escribir una historia diferente y más positiva sobre lo que significa todo esto. Haz muchos planes con amistades con las que puedas ser tú y cuéntales la verdad sobre lo que pasó. A veces, cuando no queremos que algo sea real (en especial, al final de un matrimonio que se ha convertido en la piedra angular de nuestra identidad), nos abstenemos de decírselo a las personas que más nos aman. Pero dejarles saber lo que pasó no es solo un paso vital para la aceptación; también les da a nuestras amistades el regalo de poder apoyarnos.

Vale la pena señalar que meses, incluso años, después de una separación, seguiremos sufriendo en silencio. Si sentimos que traspasamos algún límite invisible donde ya no es socialmente aceptable hablar de la ruptura, corremos el riesgo de experimentar una segunda ola de aislamiento. En esta etapa es útil tener a terapeutas y *coaches* cerca, aunque solo sea porque pagar el tiempo de alguien nos da licencia para repetirnos cientos de veces, sin cohibirnos o preocuparnos de que nuestros seres queridos y amistades más cercanas se harten de oírnos.

Elimina lo que te recuerde a tu ex (siempre y cuando no afecte tu calidad de vida)

Esto es simple pero importante: elimina las cosas que te recuerdan a tu ex. Debemos trazar una línea entre procesar la ruptura y rumiarla. El procesamiento es proactivo y nos ayuda a seguir adelante. Rumiar es reactivo y se vuelve compulsivo muy rápido. El procesamiento se puede realizar con terapeutas, *coaches,* en una conversación sanadora con amistades, tomándote un tiempo para conectar con la tristeza y la decepción de todo cuando estás a solas... Es como hacer ejercicio: vas al gimnasio para obtener los resultados de salud que deseas, pero no quieres estar todo el día ahí. Ve a entrenar y luego continúa con el resto de tu vida durante las próximas veintitrés horas.

Pero ¿qué hay de rumiar? Son las horas que perdemos cuando un recuerdo nos sorprende. En especial, somos vulnerables a eso si no logramos controlar la mente y las cosas que la desencadenan. Tras una ruptura, debemos ser tan poco sentimentales como un médico de triaje limpiando una herida, eliminando cada partícula que pueda desencadenar una reinfección. Tira a la basura cualquier cosa que te haga pensar en tu ex, dondequiera que aparezca, en el escritorio (ese cuadro de la puesta de sol en Tahití), en la habitación (la luz para leer que no apagaban), en el estante superior del refri (esa mermelada de ruibarbo mohosa), el teléfono (¿por qué seguir el estado del tiempo en Tahití?). Cambia su nombre en el teléfono para que no sientas esa punzada pavloviana cada vez que la pantalla se prende con él. (Una vez, un cliente cambió el nombre y le puso "Listo", sabiendo que, en vez de evocar una esperanza dolorosa, crearía una sensación inmediata de finalidad y empoderamiento). Limpia el botiquín y bajo el asiento del pasajero del auto. Revisa los cajones de la cocina, los estantes del clóset del pasillo, el contenedor de aparatos electrónicos rotos. Si queda algo que te recuerde a tu ex es porque no limpiaste bien.

Debemos ser sistemáticos si queremos superar a esa persona. Tras un barrido completo de la casa y guardar en bolsas las fotografías, sudaderas y calcetines novedosos que te la recuerdan, sácala de las instalaciones. Si es posible, aléjate de donde vives por unos días. Quédate en casa de alguna amistad, haz una caminata, visita una ciudad o un punto de referencia local al que siempre quisiste ir. Al menos ve a partes de la ciudad (restaurantes, bares, cafeterías) que no asocies con ella. Piensa en esto como una excusa para probar nuevos lugares y conocer partes de la ciudad en las que nunca has estado.

Al mismo tiempo, realiza una limpieza completa de redes sociales. No hace falta decir que debes dejar de visitar su perfil, incluso cuando creas que ya te sientes mejor (no necesitas saber qué está haciendo, eso solo sirve para hacerte retroceder). De hecho, da un paso más allá y no te limites a la regla de no buscar a esa persona. Asegúrate de que el algoritmo no te la traiga. Deja de seguir o silencia a tu ex para que ya no aparezca en tu *feed*, y haz lo mismo con sus amistades, incluso amistades en común: cualquiera que pueda publicar algo que reactive el dolor de la ruptura. Recuerda, en este momento no importa a quién puedas ofender; se trata de autoconservación. Siempre puedes llamar a las amistades en común y decirles: "Oye, para que lo sepas, te silencié en las redes sociales, no porque hayas hecho algo malo o no quiera estar cerca, sino porque ver fotos e historias de mi ex duele y me hace retroceder". Cuando veas a tus amistades en persona para ponerte al día, no dudes en decir: "Me ayudaría mucho si no habláramos de mi ex. No necesito escuchar ninguna noticia o actualización. Me encantaría que habláramos de cualquier otra cosa. De verdad me ayudaría a seguir adelante".

Pero algunas relaciones a largo plazo están tan entrelazadas con cada faceta de nuestra vida cotidiana (círculo social, espacio vital, geografía) que eliminar toda asociación con nuestro ex equivaldría a desterrarnos. Entonces, ¿qué hacemos cuando hay recordatorios en todas partes? No podemos ceder cada parte del mundo a nuestro ex (en especial las partes que nos pertenecían en un origen). ¿Compartían vivienda en Chicago? Chicago es su territorio ahora. ¿Les obsesionaba encontrar un buen sushi? El sushi ahora es suyo. ¿Les encantaba escuchar rock clásico? Lo siento, ahora es dueño del rock.

Por eso agregué la advertencia en el título de esta sección: "Elimina lo que te recuerde a tu ex (siempre y cuando no afecte tu calidad de vida)". Si vivieron en una ciudad durante diez años, gran parte de esa ciudad hará que vuelva a tu cabeza. ¿De verdad quieres renunciar a tu ciudad favorita? Si eliminar todos los recordatorios termina reduciendo tu vida de manera inaceptable, existe una estrategia diferente que puedes seguir. Aquí es donde tu Navy SEAL interno trabaja para recuperar el territorio que deseas conservar, no solo buscar y eliminar las cosas que no quieres. ¿Cómo hacer eso cuando las cosas se han vinculado con tu ex de manera indisoluble y emocional?

Cambia el significado de las cosas que no quieres perder

Muchas veces, las rupturas son demasiado opresivas porque provocan un cortocircuito en la parte razonable del cerebro y atacan las emociones, las cuales son abrumadoras y difíciles de cambiar. Hay tantas cosas que alguna vez compartimos con nuestra expareja que pueden hundirnos en un estado de confusión emocional sin previo aviso. Ves un par de tenis de colores, hueles una paella, escuchas un fragmento del tema principal de un programa que solían ver..., y, de inmediato, te encuentras cara a cara con todos los sentimientos poderosos y específicos de esa intimidad que ya no tienes.

En particular, los olores son desencadenantes emocionales muy fuertes, ya que el circuito sináptico que transmite los estímulos iniciales (el olor a cebolla y aceite de oliva..., la crema de cacao..., el mar) al sistema límbico del cerebro, incluidos la amígdala y el hipocampo, las regiones relacionadas con la emoción y la memoria, es el camino más directo para cualquiera de los sentidos, solo uno o dos enlaces celulares de principio a fin. Una vez me pidieron que dirigiera una sesión de *coaching* para quienes trabajaban en el salón de belleza de Harrods y Selfridges, dos famosos almacenes de Londres. Una persona tenía la tarea de rociar colonia a quienes se acercaban al mostrador. Siempre se sentía alegre con esta tarea, hasta que una mujer empezó a llorar de forma instantánea porque era la fragancia favorita de su difunto esposo.

Sabiendo lo poderosas que son las emociones, intento que las personas construyan, de manera consciente, desencadenantes para dar la bienvenida o generar emociones positivas. Los llamo *botones emocionales*: un estímulo que podemos usar de forma confiable para provocar la emoción que queremos. Cuando me preparo para subir al escenario y hablar con la gente, a veces durante horas seguidas, y quiero reunir una pasión y entusiasmo a los que el público pueda responder, reviso algunos de mis botones emocionales: pueden ser unos minutos de Steve Irwin, el cazador de cocodrilos. (Hay un video donde está encaramado detrás de un tronco, después de haber visto a un ejército de cocodrilos devorar el cadáver de un hipopótamo y decir: "¡Increíble! Esto ha sido lo más divertido que he tenido en toda mi vida"). Lo observo y dos minutos después me siento reconectado con la pasión que quiero plasmar en mi trabajo; es como tomar un trago de pasión justo antes de encontrarme con el público. Dedico mucho tiempo en mis retiros a explicar cómo funcionan los botones emocionales, porque quiero que las personas puedan tener una forma práctica de programar de forma consciente las emociones que quieren sentir de manera constante.

Pero el desamor puede derribar todas las defensas que construimos con tanto cuidado, justo porque crea muchos botones emocionales negativos: estímulos que siempre generan emociones que *no queremos*. Los botones emocionales negativos parecen casi cómicos, si no fueran tan dañinos. Una mujer a la que asesoré no podía pasar junto a un Victoria's Secret en un centro comercial sin enojarse, porque encontró unas prendas de lencería en el clóset de su marido y ninguna era de su talla. Otra mujer odió a todo un país ("¡que se joda Francia!") solo porque su ex tenía acento francés. Este es un gran ejemplo de la importancia exagerada que adquiere una expareja: una manzana podrida puede echar a perder a 67.7 millones de personas.

Guy Winch[2], psicólogo y defensor de los primeros auxilios emocionales, sugiere que deberíamos limpiar a las personas y los lugares favoritos de asociaciones no deseadas y recuperarlos visitándolos en diferentes circunstancias que creen nuevas asociaciones. Esa es una forma de revertir un botón emocional negativo. Por ejemplo, no necesitas evitar tus restaurantes favoritos (vuelve a ellos varias veces, tal vez con amistades que te hagan reír hasta que las nuevas experiencias reescriban tus sentimientos sobre los

---

[2] Guy Winch, *How to Fix a Broken Heart*, Simon & Schuster, 2018.

viejos lugares). Winch tenía una regla: no puedes hablar de tu ex mientras estás ahí.

Otra forma de eliminar a tu ex de cualquier asociación con algo importante para ti es reconectar con un sentido de escala. A una clienta de mi retiro le acababan de romper el corazón por el final inesperado de su relación con un conocido escritor. A ella le encantaba leer antes de conocerlo y los libros eran uno de sus botones emocionales positivos; es decir, los libros tenían asociaciones positivas que de inmediato la ponían de buen humor y estado de ánimo positivo. Y todas esas asociaciones positivas (el olor de las bibliotecas, la búsqueda de libros nuevos en su librería favorita, la sensación exquisita que un gran libro podía evocar, permitiéndole desaparecer en un mundo al que nunca habría tenido acceso de otro modo) la conectaron a ella y a su ex desde el principio. Pero el peor desamor de su vida invirtió todo y ahora los libros habían adquirido una asociación dolorosa. Una de sus cosas favoritas en el mundo se había convertido en un botón emocional negativo. Las librerías le hacían pensar en sus conversaciones en voz baja en la sección de ficción. Ahora le resultaba difícil ir a las bibliotecas, donde a menudo tenía que confrontar sus libros en mesas de lectura recomendadas. Veía un libro nuevo del que había oído grandes cosas solo para encontrar su nombre entre los anuncios en la parte posterior de la cubierta del libro. De repente, los libros habían seguido el camino de otros hábitos como su tradición de lectura dominical o la rutina de leer en la cama tomados de la mano.

Pero los libros no le pertenecían. Su amor de toda la vida por los libros comenzó mucho antes de la relación. ¿Cuántas personas, que no se parecen en nada a su ex y no tienen nada que ver con él, también tienen una relación con los libros? ¿Cuántos años le han precedido los libros? Para los libros, él solo era otra persona en una larga fila de personas a las que les gusta algo que es mucho más grande que él y a quienes no les importaba cuanto leyera. Al conectarse con este sentido de escala, pudo empezar a recuperar los libros como un botón emocional positivo.

Aquí, el desafío puede ser útil. Hay actividades que nadie te puede quitar y debes hacer esta declaración: *Mis pasiones no se quedaron en la ruptura*, mi ex no se quedó con mi gusto por las películas antiguas, los árboles o las caminatas matutinas… ¡No se quedó con la pizza!

Mientras pones las cosas en su escala adecuada, vale la pena recordar cuánto más grande es el mundo que tu ex. Justo después de una ruptura, sientes como si fueran igual de importantes. Pero, aunque tu ex te parezca el mundo entero en este momento, hay alrededor de ocho mil millones de personas que ni siquiera son conscientes de su existencia. Recuerdo escuchar a alguien que me importa mucho repetir la historia de su divorcio por quincuagésima vez. Había sido terrible: su exmarido tenía una aventura y, cuando lo enfrentó, él terminó el matrimonio de forma abrupta y se mudó con la nueva amante sin siquiera fingir bondad o arrepentimiento. Naturalmente, le contó esto a cualquiera que quisiera escucharla. Al principio era necesario, pero al final amenazaba con convertirse en su único tema de conversación. Aparte de la carga social, esto tuvo el efecto de desempoderarla. Cada vez que lo repetía, él parecía cobrar más importancia en su vida, no menos.

Un día le dije:

¿Te das cuenta de que nadie que viva en París en este momento sabe quién es tu ex? De hecho, toda Europa se las arregla bien sin él. Tu ex era una gota de una sola ola en todo el océano. Incluso es solo una gota en tu océano privado, si puedes levantar la cabeza un minuto, porque tu futuro contiene muchas historias nuevas, más de las que jamás podrías experimentar. Pero no podrás acceder a ninguna hasta que dejes ir esta.

Una de las formas de lidiar con un botón emocional negativo es cambiar su significado. Digamos que hay cierta calle que te recuerda un momento especial que tuviste con tu ex, y ahora cada vez que caminas por ahí, sientes un malestar en el estómago. Tomemos algo hermoso en tu vida que puedas aprender a asociar con esa calle. Quizá desde la ruptura, una de las cosas por las que sientas gratitud son los profundos vínculos que has formado con personas con las que habías perdido contacto. Tal vez sientas que estas amistades te salvaron y tu corazón se hincha cuando piensas en ellas y en el profundo significado que aportan a tu vida. Ahora es el momento de hacer la conexión. Cada vez que camines por esa calle, llama a una de estas amistades o envíales un mensaje de texto, no importa si tienen una hermosa conversación o solo les expresas ese agradecimiento. Hazlo una y otra vez cada vez que camines por ahí, hasta que esa calle se convierta en un hermoso símbolo del amor y la amistad en tu vida… amor y amistad que solo encontraste o profundizaste como resultado de la ruptura. Ese es otro ejemplo de cómo tomar un botón emocional negativo y convertirlo en uno positivo que te recuerda la gratitud que tienes por la ruptura.

La aplicación de notas de mi teléfono está llena de archivos de botones emocionales que uso todos los días. Me tomo esto en serio. Si sospecho que algo se ha convertido en un botón emocional negativo para mí, busco maneras de convertirlo en uno positivo. Una forma es escribir el pensamiento que desencadena las emociones negativas y luego escribir una nueva verdad empoderadora que cambie su significado. Para que este proceso funcione, debo creer de manera genuina en la validez de la nueva verdad que está tomando su lugar. De verdad tiene que hacerme sentir algo, o de lo contrario solo estoy intentando superficialmente enmascarar mi dolor con una charla positiva y hueca. Cada vez que encuentro una verdad que funciona la escribo, ya sea un pensamiento aleatorio que de repente me hizo sentir mejor, algo que escuché o que alguien me dijo.

Hace unos años, me encontré en uno de los capítulos más difíciles de mi vida. Atravesaba múltiples pérdidas al mismo tiempo, cada una con el potencial de derrumbarme, pero en lugar de eso, todas me atacaron juntas como un tsunami. Mi vida en ese momento parecía una cabina donde cada botón a mi alrededor era negativo. Pero todos desencadenaron alguna versión del mismo pensamiento:

Desearía que esto no me hubiera pasado a mí. No puedo soportar lo difícil que es esto...

Por esa época, llamé a mi entrenador de boxeo, Martin Snow y le expresé este sentimiento. No perdió el ritmo. Con su voz perfecta y ronca, cargada del Brooklyn de otra época, dijo:

Tiene que ser así de difícil. Si no fuera así, no habría nada heroico en superarlo. Debes atravesar esto o no podrás mostrarles a otras personas cómo recuperarse más adelante cuando lo necesiten. La gente va a necesitar tu versión del Matthew que superó esto. Sigue adelante, chico, tenemos mucho trabajo que hacer.

Sentí que mi pecho se elevaba mientras Martin hablaba. Algo había aterrizado en mí y lo internalicé de inmediato como una lógica sólida a la que podía recurrir. En tiempos difíciles, muchas conversaciones positivas pasan desapercibidas porque hay algo que no conecta con el lugar en donde estamos en ese momento. Pero lo que dijo Martin sí. Porque por muy difíciles que se pusieron las cosas, solo reforzaban en mi mente lo que me dijo aquel día... *Entre más difícil se vuelve esto, más profundo tendré que cavar para superarlo, y entre más profundo cave, más tendré para dar al final.* De inmediato, eso se convirtió en un botón emocional positivo para transmutar mi dolor en esa época. De repente vi el dolor como una parte necesaria para convertirme en quien necesitaba ser para poder ser más útil para otras personas o para una versión futura de mí que estaba enfrentando algún nuevo desafío. Al final resultó que Martin tenía razón. Sin los diversos dolores de mi vida, no podría haber escrito este libro; las profundidades a las que he llegado aquí no habrían sido posibles sin ellos. Sin ese dolor, no hay verdadera *love life* (vida amorosa).

UNA NOTA RÁPIDA: tus botones emocionales no tienen que significar nada para nadie más en este planeta. A menudo no lo harán. Serán demasiado extraños, específicos o vergonzosos como para querer compartirlos. Le leí ese botón emocional a mi esposa y me dijo: "Eso no funcionaría conmigo; no me importa ser heroica" (eso me hizo reír mientras lo escribía). Somos tan diferentes. ¡Pero ese es el punto! Estas cosas son intensamente personales. Por eso *tú* tienes que poner atención en tu vida: nunca sabes cuándo pensarás o escucharás una verdad que tiene el potencial de convertirse en tu nueva posesión más preciada como un botón emocional positivo. En mi punto más bajo, los botones emocionales me han salvado. Si nuestra casa se estuviera quemando, saldría cargando todos los dispositivos que contienen mis botones emocionales. Y a mi esposa, claro. Sería algo heroico.

La mayoría de mis botones se encuentran en el teléfono y computadora portátil, porque al tenerlos siempre a mi alcance, no necesito esperar para sentirme mejor, ya sea a través de la perspectiva, la gratitud, la emoción o la calma. Son el manual de operaciones de mis emociones, una forma de tomar control de mis pensamientos y emociones en tiempo real, por eso no me sirven enterrados en un cuaderno.

Entonces, ¿cómo usar los botones emocionales para el desamor? Como dije, no puedo escribir tus botones emocionales porque quizá no significarían nada para ti. Pero he aquí algunos ejemplos de cómo convertir un botón negativo en uno positivo durante ese tiempo. Primero, verás el botón negativo y luego, la verdad que ofrezco como ejemplo para transformarlo en un nuevo botón emocional positivo para la ruptura.

BOTÓN EMOCIONAL NEGATIVO: Siento que no valgo nada... Si fuera suficiente, mi pareja no le habría enviado mensajes a esa otra persona.

BOTÓN EMOCIONAL POSITIVO: La gente hace cosas dañinas todo el tiempo que no tienen nada que ver con el verdadero valor de su pareja. Si yo no valgo nada, tampoco cualquier otro ser humano increíble al que alguna vez hayan engañado. La falta de integridad de mi expareja no es un reflejo de mi valor. Es un reflejo de sus estándares.

BOTÓN EMOCIONAL NEGATIVO: He perdido más de lo que puedo soportar...

BOTÓN EMOCIONAL POSITIVO: Como resultado de esta ruptura, mi mundo se ha hecho más grande, no más pequeño. Me he conectado con amistades y familiares como nunca lo había hecho. He experimentado un amor y una bondad exquisitos por parte de quienes han permanecido cerca en este momento doloroso. Aprendí quién está realmente ahí para mí, lo cual fue un valioso recordatorio de las personas importantes que estaba descuidando y una señal de en quién invertir más tiempo, energía y amor. He desarrollado un nuevo aprecio por la naturaleza, la quietud, los fundamentos de la vida... No vi los regalos que me rodeaban hasta que esta pérdida me obligó a hacerlo. Me ha hecho notar la abundancia que tengo en mi vida y que no tiene precio. Esta ruptura permite que construya mi mundo de una manera que nadie puede quitarme.

BOTÓN EMOCIONAL NEGATIVO: Me hizo tan feliz y ahora eso se acabó.

BOTÓN EMOCIONAL POSITIVO: No me hizo tan feliz como me sigo diciendo. Pienso en todas las veces que no sentí que me viera o que fuera una prioridad. Con qué frecuencia sentí ansiedad. Nunca olvido que una gran parte de por qué esa relación funcionó durante tanto tiempo fue por mi capacidad para pasar por alto todas las formas en que esta persona no satisfizo mis necesidades.

BOTÓN EMOCIONAL NEGATIVO: He perdido a la persona adecuada para mí.

BOTÓN EMOCIONAL POSITIVO: Nadie puede ser la persona adecuada para mí si no me elige. Punto. El amor de mi vida es la persona que me elija para su vida.

BOTÓN EMOCIONAL NEGATIVO: Nunca volveré a sentirme así por alguien.

BOTÓN EMOCIONAL POSITIVO: Ya he pensado justo esto sobre otras cosas o personas en el pasado, pero las superé y avancé a algo mejor. Al igual que en esas ocasiones, un día recordaré esto y sentiré ternura por lo tonto que fue pensar que esto era el fin del mundo.

Esos son solo ejemplos. Empieza un archivo de tus botones emocionales en el teléfono o computadora hoy mismo. Al igual que a mí, y a los miles de personas a las que les he enseñado esta estrategia, no solo te ayudará a sobrevivir a cualquier cosa terrible que se te presente, sino que, más allá de eso, incluso convertirá esos terribles reveses en sucesos por los que, de forma milagrosa, llegues a sentir gratitud.

Haz cosas que no harías o no podrías hacer mientras estabas en esa relación

No importa cuál era su cercanía ni cuánto tiempo compartieron, seguro había una lista de cosas que solías hacer antes de conocer a esa persona que no podías hacer cuando estabas con ella. Quizá también había otra lista de cosas que siempre quisiste hacer y te abstuviste mientras no se separaran (sin mencionar las cosas que te obligaste a hacer... ¡qué alivio volver a ser tú!). Quizá fue algo pequeño, como usar una fragancia específica. (¿No soportaba el *Tobacco Vanille*? ¡Póntelo!) Tal vez fue un placer menor que nunca podrían compartir. (¿Odiaba los musicales? Ahora puedes asistir a todos los espectáculos de Broadway). Quizá fue algún pasatiempo que no tuviste tiempo de experimentar. (Ve a inscribirte en esa clase de pintura). Tal vez sabías que tu pareja no se sentiría cómoda si tomabas una clase de *pole-dancing*. O tal vez nunca te sentiste bien leyendo horas en soledad con tu taza de té. Ya sea que estas prohibiciones fueran explícitas o cosas que te negaste, no hay nada que te detenga ahora. Avanza en algún proyecto que tenga un profundo significado para ti. Las relaciones equivocadas hacen nuestras vidas más pequeñas, contraen la personalidad y sofocan el crecimiento. En este instante de tu vida, el mundo entero está frente a ti.

Quizá parezca cruel decirle a alguien que sufre que mire el lado bueno, que piense en un mañana más soleado. Esto no es eso. Se trata de iniciar un proyecto, ya sea que comience como un gesto pequeño, privado y de apoyo en nombre de tu yo del futuro o como un compromiso ridículamente ambicioso que requiera reorganizar tu vida. Cuando estás en una nueva relación, hay un momento en el que sientes un estallido de emoción la primera vez que otra persona habla en futuro, ¿ya sabes cuál? Bueno, pues este es ese momento para tu relación contigo. Celebra los hitos de esa relación a medida que estos gestos positivos de la fe que tienes en ti se convierten en una parte familiar de la vida diaria. (Bienvenidos los recordatorios de la distancia que has recorrido, la tristeza que alguna vez sentiste y todas las cosas hermosas que has experimentado desde entonces).

Resiste el rebote si puedes

Nadie le desearía un desamor a alguien que le importa. Es un dolor terrible. Pero, aun así, yo no le negaría esa experiencia a nadie que amo porque creo que es una de las experiencias más valiosas que podemos vivir. Para extraer este valor, debemos sentirlo profundamente, por eso vale la pena evitar las relaciones de rebote (o por despecho). Nos roban la capacidad de estar presentes con nuestras emociones, de redescubrirnos y de ver que tan fuertes podemos ser, incluso de aprender a disfrutar de nuestra compañía más de lo que jamás nos dimos cuenta (una de las experiencias más hermosas y subestimadas de la vida). Al menos, existe un superpoder que surge cuando sabes por experiencia que puedes atravesar un fin de semana y estar bien.

De manera sorprendente, dado que es tan doloroso cuando estamos en esto, a veces recordamos una ruptura después de que el dolor disminuyó y nos damos cuenta de que hay algo que anhelamos de ese período. Visité a un amigo más o menos un año después de su ruptura para ver cómo estaba y me dijo: "Sabes, en realidad extraño el sentimiento que tuve hace seis meses. Estaba muy motivado para hacer cosas nuevas. Y ahora, esa energía ha disminuido". Parecía más saludable en su estado actual, pero dijo que el combustible que sentía justo después de su ruptura tenía un valor real.

Hasta que tuve mi peor ruptura, siempre salía con alguien de rebote casi de inmediato. Pero cuando de verdad me rompieron el corazón, sentí repulsión ante la posibilidad. No soportaba la idea de lastimar a alguien como me habían lastimado. Pero era más que eso. Era un sentimiento visceral, un efecto secundario de mi corazón roto, del que, de manera extraña, me sentía orgulloso. En pequeñas formas, las cosas saludables que me sorprendí haciendo, tanto para mí como para otras personas, me hicieron sentir bien y mejoraron mi perspectiva. Me sentí conectado con lo verdaderamente miserable que puede sentirse una persona y eso me hizo compasivo. Me gustó ese sentimiento, esa cualidad tierna y herida que me hizo más consciente y abierto al mundo. Era como si el dolor que sentía no fuera solo mío y conociera a personas que pudieran compartir ese sentimiento conmigo. No quería enturbiar esa percepción del mundo saltando a algo nuevo de inmediato.

Una última palabra sobre el desamor

Al final del día, recuerda que estamos hablando de tu vida, no de la de tu ex. Las rupturas solo siguen devastando si continúas convirtiéndolas en la estrella de la película que estás viendo sobre tu historia. Es normal hacer demasiado importante a nuestra expareja: glorificarla y convertirla en un ángel en nuestra mente o, por el dolor que nos causó, odiarla y convertirla en un demonio. De cualquier manera, le estás dando demasiado poder.

Desde una edad temprana, nos condicionan a elegir a alguien para el papel de "el amor de nuestra vida". Es como si el cerebro estuviera buscando un objetivo para proyectar toda una vida de ideas sobre el amor. A menudo, cuando encontramos a alguien que representa incluso el cincuenta por ciento de lo que buscamos, nuestras esperanzas e imaginación hacen el trabajo de crear el otro cincuenta por ciento a través de esa proyección. Luego lamentamos la pérdida de esa persona "perfecta para nuestra vida", sin darnos cuenta de que la mente solo habría encontrado un objetivo diferente si no nos hubiéramos encontrado con esa persona. Lejos de ser un pensamiento cínico, es optimista... significa que puedes volver a sentirte así, y lo volverás a hacer, siempre y cuando tengas la disposición de separarte de esa historia previamente fijada, que te habías contado sobre lo que representaba la persona anterior. Así que bájala del pedestal y ponla en el lugar que le corresponde: un mortal en tu pasado, no una presencia sobrenatural o inquietante que llevar al futuro.

La verdad, en el momento en que ocurre la ruptura, la vida de la persona, sus elecciones, sus éxitos, el romance o el amor que encuentre se vuelven irrelevantes para ti por completo. Ahora que ya no estás con ella, "con quién sale o qué hace" no es más importante que con quién sale un barista al azar en una cafetería a la que ni siquiera vas. Es solo una persona que vive su vida. Tú eres quien vence en esta historia y no hay mejor momento para el heroísmo que cuando las cosas están peor. Amamos al personaje Rocky Balboa no porque fuera un ganador, sino porque era un luchador. Entonces pelea. LUCHA.

15

Confianza fundamental

Al principio de mi carrera, me di cuenta de que la gente tiene todo tipo de definiciones de confianza: en un momento es un *look*, a veces es una forma de actuar, otras veces parece ser un sentimiento que llevamos dentro. Pero si no podemos precisar qué es la confianza, ¿cómo podemos conseguirla? Si no nos ponemos de acuerdo sobre el objetivo, no hay manera de crear un mapa para llegar a él.

A menudo, cuando hablamos de confianza, nos referimos a algo notable, incluso inspirador, en la forma en que alguien camina, habla, mira o actúa. Yo llamo a esto la *capa superficial de confianza*, y gran parte de ella surge de las señales físicas que señalan una confianza interior: la tranquilidad en la postura, la gracia en los movimientos, las dinámicas de la voz. Poner atención a esas señales me ha ayudado a dar una impresión poderosa en el escenario, ante la cámara y en la sala. Mis primeras lecciones sobre esto las recibí leyendo *Cómo ganar amigos e influir sobre las personas* cuando tenía once años. Incluso enseñé los puntos más finos en un programa llamado *Impacto*, que se centra en las señales físicas que determinan cómo nos perciben. Aunque la llamo capa superficial de confianza, no es superficial. Warren Buffett dice que lo más valioso que hizo para su éxito futuro fue tomar un curso de oratoria cuando tenía veintiún años.

Aun así, existen límites en el efecto que puede tener centrarse en estos cambios. Si la confianza física no está respaldada por algo más profundo, se desmoronará ante la primera señal de resistencia de otra presencia fuerte, o solo de las fuerzas impersonales de la vida. Dar el siguiente paso requiere un nivel más profundo de confianza, lo que llamé *confianza en la identidad* en un capítulo anterior. La confianza en la identidad da una base a la seguridad que proyectamos en el nivel superficial, fortalecemos esa capa a través de la experiencia intencional, dedicando más tiempo y energía a los cuadrados existentes de nuestra matriz de identidad (o diversificándola al invertir en cuadrados nuevos por completo). Según *el Oxford English Dictionary,* el sello distintivo de este estilo de confianza es:

> El sentimiento de seguridad en alguien que surge de la apreciación de las propias habilidades o cualidades.

Pero aquí también hay una fragilidad inherente: nuestro físico se deteriora, el mercado de valores se hunde, nuestra pareja se marcha, nuestras capacidades se ponen en duda. Depender demasiado de la matriz de identidad para tener confianza nos deja vulnerables a los cambios de la fortuna. Si nuestra confianza depende de que todo vaya bien, de forma inevitable en algún momento estaremos en una posición frágil. No significa que estemos fingiendo; es un arte vivir con satisfacción dentro de nuestra área de competencia. Sin embargo, las circunstancias cambian.

Nadie sabe la seguridad que siente hasta que le quitan las cosas en las que confía para su sentido de certeza. Nadie está por encima de recibir una sacudida temporal cuando ocurren grandes cambios.

Pero si estos reveses o pérdidas resultan catastróficos para nuestra confianza o requieren un "recentramiento" se derrumba el trabajo que hemos realizado en la capa más profunda de confianza, la que llamo *confianza fundamental*.

La gente de Oxford define dos aspectos más que llegan a las raíces de la confianza:

El estado de sentir seguridad acerca de la verdad de algo.
El sentimiento o creencia de que se puede depender de alguien o de algo: creencia firme.

Hay sentimientos que se sienten de forma más intensa por su ausencia. Si alguna vez has luchado por establecer confianza en una relación con alguien que muchas veces demostró no ser digno de ella, sabes cómo se siente cuando falta ese nivel de confianza. Si una persona estuvo mintiendo, engañando o faltándote al respeto con regularidad, es fácil internalizar las emociones que eso te provoca. Te castigas por sentir ansiedad e inseguridad, deseando poder confiar más. Pero si la confianza es un sentimiento de certeza, tus problemas están justificados; estás tratando de encontrar una sensación de seguridad en una situación insegura. Mientras dependas de alguien tan poco confiable, cualquier sentimiento de confianza es imposible.

Por eso, cambiar la fuente de nuestra certeza tiene un efecto inmediato en la confianza. Dejamos de intentar encontrar certeza al confiar en una persona en quien sabemos que no se puede confiar y, en cambio, nos damos cuenta de que, si alguien tan cercano nos traiciona, hemos demostrado que somos lo suficientemente fuertes como para alejarnos y estar bien. Ese simple cambio mueve nuestro sentido de confianza desde la capa de identidad hasta los fundamentos. La confianza en la identidad dice: "Tengo confianza (en parte) porque tengo una relación". La confianza fundamental dice: "Tengo confianza en que estaré bien aun sin una relación (incluida la que tengo ahora)".

En la vida, la relación más inquebrantable es la que tenemos con nuestra persona. La confianza fundamental se trata de cómo abordamos esa relación. Los ajustes que hacemos en la capa superficial de confianza alteran nuestra apariencia ante el resto del mundo; los cambios en los fundamentos afectan cómo nos percibimos. Pero la confianza fundamental no es algo que empieza o termina con un eslogan. Si alguien alguna vez nos preguntara cómo es nuestra relación interior, la mayoría tendríamos que admitir que es complicada.

Tu relación contigo

A donde sea que mires, siempre hay alguien ahí para decirte que el secreto de la vida es amarte a ti. En las redes sociales, el consejo se siente menos un secreto y más una cámara de resonancia. Pero si es tan obvio y omnipresente que eso es lo único que hay que hacer, ¿qué nos impide hacerlo? Bueno... como dice el consejo, amarnos es muy difícil.

Enamorarse de otras personas parece no requerir ningún esfuerzo. La parte difícil (si este libro ha demostrado algo) es aprender a pisar los frenos, para no asustar a nadie ni apresurarnos a hacer algo que no deberíamos. En el mito griego, Narciso se miró en un espejo de agua y de inmediato se enamoró. Mientras tanto, aquí nos encontramos, luchando solo por querernos. Para la mayoría es súper incómodo quedarnos a solas en una habitación, y más aún pensar en amar a la persona con la que estamos, en ese cuarto, por el resto de la vida.

Los consejos que se sienten imposibles nos enojan. Podemos sonreír y decir: "Sabes, tienes razón", pero por dentro pensamos: "Imbécil, ¿crees que no lo he intentado? Es imposible". El manual de instrucciones sobre cómo lograr ese amor parece escrito en un pergamino secreto en la cueva de algún lugar junto a un océano que nunca hemos visitado. Así lo sentí siempre para mí. El problema con el truco de "ámate a ti" (muy parecido al mantra de desarrollo personal: "cree en ti"), es que nos hace sentir aún más insuficientes cuando nos demostramos incapaces de hacerlo a pesar de todos nuestros intentos. Entonces, al escuchar a otras personas decir que se tienen amor propio, sospechamos que están mintiendo o que algo nos falla... o ambas.

Tratando en vano de amarnos

Por lo general, cuando pregunto al público: "¿Por qué deberían tenerse amor propio?", hay unos segundos de silencio. Las personas reconocen que deberían hacerlo, pero encontrar razones reales para gritarlas en público es una tarea mucho más difícil.

Tras unos momentos, alguien dirá: "Porque soy increíble", "¡porque soy una buena persona!" o "porque lo merecemos". Observa que la tercera respuesta solo sustituye un tópico por otro, lo que plantea la pregunta: "¿Y por qué lo merecemos?". Ahora volvemos al punto de partida, con la gente repitiendo: "Porque soy amable", o leal, o una persona generosa... trabajadora... desinteresada...

El problema con cada una de estas justificaciones es que sugieren lo contrario: si merecemos amor en función de nuestras buenas cualidades, ¿significa que no lo merecemos en nuestros días malos? Cuando somos crueles, desleales, egoístas o no tenemos ganas de nada, ¿no merecemos amor? Esta lógica (la cual nos hace sentir merecedores de amor cuando nos sentimos con algún virtuosismo) solo alimenta el sentido de alienación cuando estamos de mal humor, justo cuando necesitamos el amor que nos dicen que debemos estar sintiendo.

Es como si solo amáramos a un infante cuando regresa a casa de la escuela con un 10 (un tipo de amor condicional y centrado en objetivos que conduce a logros obsesivos en la adultez debido al deseo de *seguir mereciendo* el amor). Luego hay otro problema: no importa cuántas buenas cualidades tengamos, siempre hay alguien con más.

En ese punto, el público siente que la pregunta está llena de trampas e intentan sortearlas con vaguedad. Dicen:

—Nos lo merecemos porque somos especiales.

—¿Entonces estás diciendo que todos somos especiales? —pregunto yo.

—¡Por supuesto! —responden.

—Pero si *todo mundo* es especial entonces parece que nadie lo es, ¿no?

No importa cuántas personas promuevan esta idea, sabemos que no todo el mundo obtiene una medalla de oro (y hay quienes ganan diez). Hemos visto maravillas genéticas atrayendo toda la atención; hemos sido testigos de cómo hay seres más inteligentes que hacen fácil una ardua tarea; hemos visto el desfile de personas que heredan millones, mientras que otras saltan a la fama gracias a las ventajas otorgadas a una raza o género; hemos visto a gente lograr más paz y alegría de la que podríamos tener. Nadie puede convencernos de que las oportunidades, el dinero, el estatus, la apariencia o la salud mental se distribuyan de manera uniforme. No importa cuán especiales nos digamos que somos, parece claro que los mejores resultados solo los obtienen algunas pocas personas, y son resultados que marcan una diferencia sustancial en la calidad de vida.

Cuando enfrento a la audiencia de esta manera, no intento ser difícil a propósito. Solo reflejo el diálogo interno que impide que esos aforismos nos hagan sentir mejor.

Si una niña llega triste a casa porque en la escuela fue la última que eligieron para practicar un deporte en el que no es buena, la mamá o el papá la consuela diciéndole que es especial en otros aspectos:

—¡Eres muy inteligente!

Pero la niña dice:

—Eso no me hace buena en el básquetbol... y no me eligieron porque soy mala jugando básquet.

Incluso esa chica inteligente se encontrará en una habitación llena de gente donde su inteligencia superior no parece tan especial, algo que mi hermano Stephen experimentó cuando llegó a la Universidad de Oxford para realizar su doctorado. Y así volvemos al punto de partida.

En la vida adulta, las personas que amamos pueden decirnos que somos especiales para ellas, que merecemos lo mejor, pero todavía existe esa pequeña versión que fuimos en nuestro interior para quien esta frase no tiene mucho sentido. Además, en la adultez, hemos sufrido verdaderas decepciones y arrepentimientos acumulados por los que nos seguimos castigando. Entonces, cuando alguien afirma: "Eres especial y mereces encontrar el amor", por dentro decimos: "Sí, claro. Ahora dame algunos consejos que me ayuden con la aplicación de citas donde me siento completamente invisible".

Digo todo esto porque compruebo el momento en que siento que me trataron de forma condescendiente con un consejo. Tuve esas conversaciones conmigo durante años antes de tenerlas en voz alta frente al público. ¿Qué hacemos cuando nuestra apariencia se desvanece, cuando perdemos el trabajo, cuando obtenemos un 8.6 o reprobamos en la escuela o en la vida? ¿Cómo aprender a amarnos cuando parecemos insuficientes? ¿Sobre qué base se supone que debemos amarnos?

¿Cómo sería "amarme"?, ¿un baño de burbujas y velas?, ¿comer más ensaladas?, ¿no trabajar tanto?, ¿o tan poco? ¿Y qué pasa cuando nuestros mejores esfuerzos no hacen ninguna diferencia? No importa cuánto trabajemos en nuestra matriz de identidad, tratando de convertirnos en la versión más actualizada y completa de lo que somos, todavía nos vemos en el espejo y nos encogemos ante la persona que nos devuelve la mirada. Incluso cuando los esfuerzos dan resultados reales y comenzamos a recuperar confianza ante el mundo exterior, tenemos una creciente sensación de síndrome del impostor: la sospecha de que, en cualquier momento, nos descubrirán por no ser la persona que hemos construido. Es un sentimiento que solo crece cuanto más adquirimos o más éxito logramos. Ahora estamos sin salida: el problema más profundo de nuestra insuficiencia no se resuelve con los mejores esfuerzos, sino que no podemos ceder, por miedo a perder la fuente principal de nuestro valor.

No te preocupes si no has descubierto qué significa amarte a ti. Son pocos los casos de las personas que lo han hecho, y quienes afirman haberlo logrado, nos engañan sobre la forma de lograrlo. Este tema ha sido una obsesión para mí, porque es una de las cosas más importantes con las que he luchado. Puede parecer que llevo quince años ayudando a personas con sus vidas amorosas, pero el objetivo principal siempre fue construir el mapa para mí y para otras personas, sobre todo porque no podemos tener una vida amorosa feliz y sostenible sin eso.

En ese tiempo, aprendí dos cosas importantes: la primera es que la confianza fundamental es la respuesta a cómo sobrevivir ante los profundos reveses de nuestra vida. Es la respuesta a los niveles más profundos de inseguridad e insuficiencia que nos acosan durante toda la vida (que nos impiden correr riesgos, que nos llevan a malas decisiones, que nos roban la paz y la felicidad). La segunda es que la gente ha malinterpretado fundamentalmente el significado del término *amor propio*. El amor propio necesita un cambio de etiqueta.

Empezar de nuevo con el amor propio

En estas páginas, hemos intentado cambiarle la etiqueta al amor para sacarlo del mundo de los sentimientos (sustantivos) y plantarlo con firmeza en el territorio del hacer (verbo). La diferencia entre *amor*, el sustantivo, y *amar*, el verbo, es súper importante. Este cambio nos ayuda a apartar lo que *sentimos* por una persona y, en cambio, observar lo que está persona *está haciendo* en realidad: ¿cuánto está invirtiendo en nuestra vida y qué está haciendo para progresar, nutrir y salvaguardar la relación?

Este cambio también es necesario cuando se trata de amarnos. Con demasiada frecuencia el amor romántico es el modelo para hacerlo y por eso no funciona.

Lo tenemos al revés. Amarte a ti no es el objetivo, es la acción. El amor propio es la línea de partida. La confianza fundamental no es una epifanía única, es una práctica con aplicación diaria inmediata. En realidad, es algo en lo que puedes mejorar.

¿Por qué el modelo del amor romántico no funciona para el amor propio? Esther Perel habla del deseo como catalizador del amor en las relaciones íntimas. El deseo es lo primero, lo que nos acerca a alguien, donde los sentimientos de amor nos atraen de forma más profunda. Pero a medida que crece la intimidad, el deseo se desvanece. El misterio se evapora con la proximidad, el impulso de perseguir disminuye y el velo (o la ilusión) de la perfección se levanta. Ese es el punto en el que las personas empiezan a preguntarse si están en la relación correcta. Las corrientes del deseo ya no las llevan a esos sentimientos oceánicos de amor. De repente, el amor requiere agencia. Las mareas cambian y ahora las corrientes las atraen hacia..., bueno, otras personas que no tienen la llave de su departamento y todavía tienen ese aire de misterio y emoción. Otras personas, observadas a una distancia suficiente, ahora parecen perfectas. Seguro piensas que estas glamorosas desconocidas nunca [aquí es donde insertas un inconveniente aleatorio de tu pareja amorosa más reciente].

Mirando a través de esa lente, es fácil ver por qué el amor propio ha parecido imposible hasta ahora. ¿Qué relación es más ordinaria que la que tenemos con nuestra persona? Hemos compartido cama todas las noches de nuestras vidas. Conocemos todos nuestros defectos. Si la cotidianidad genera desprecio, ¿qué otra emoción cabe? Volvemos a casa al final de cada día y nos damos por sentado. Nos insultamos, porque ¿quién más nunca se irá?

En el mundo del amor romántico, alguien nos empieza a gustar y luego nos enamoramos de esa persona. Sabemos que ese proceso ha comenzado cuando dos palabras en su mensaje de texto nos dan una inyección de dopamina y revolcarnos en la cama nos inunda de oxitocina. Pero cuando dejamos de pensar en el amor en términos de ondas hormonales de sentimiento, y empezamos a pensar en el amor como un verbo, podemos dejar de preocuparnos por gustarnos como condición previa para el amor propio. Amarnos es lo primero.

"Amarnos" es proactivo aquí. En este cambio de etiqueta empezamos a ver que la palabra *amarnos* se puede intercambiar por "cuidarnos", "invertir en nosotros", "alentarnos", "nutrirnos" y "defendernos". El *amor propio* es un verbo.

La pregunta clave ahora es ¿cómo, después de una vida de arrepentimientos, fracasos y autodesprecio, podemos motivarnos a amarnos/cuidarnos/alentarnos/nutrirnos/defendernos?

Reconceptualizar el amor propio

Si desechamos el modelo romántico, necesitamos uno nuevo que lo reemplace. Para hacerlo más fácil, comencemos con algo que ya entendemos: padres y madres e hijos e hijas. Recuerda la pregunta que conflictuó a mis audiencias: "¿Por qué deberían amarse?". Intentémoslo en el contexto de la relación entre padres, madres e hijos e hijas. Imagínate preguntarle a un padre o madre: "¿Por qué amas a tu hijo o a tu hija?".

De hecho, he realizado esta pregunta y nunca he recibido como respuesta una lista de cualidades que hagan del infante una gran persona. Rara vez dicen: "Porque es inteligente, dulce, ocurrente, radiante y saca 10 en la escuela", como si el infante estuviera compitiendo por el premio a la Infancia del Mes. Podrían. La mayoría no lo hace. Porque su amor no se basa en eso. Dirán esas cosas cuando les pregunte por qué sienten orgullo de su criatura, pero no en respuesta a por qué la aman. Y su amor tampoco se basa realmente en que les caiga bien. Incluso, hay días en que no les agrada, pero el amor está.

Entonces, ¿qué respuesta dan cuando se les pregunta por qué aman a su hijo o hija? Por lo general: "Porque es mi familia". El tono de la respuesta deja claro que es una pregunta tonta. Esa fue una gran pista cuando comencé a buscar las raíces de la confianza fundamental.

Los hermanos y hermanas suelen tener una conexión similar. Mi mamá es una gemela idéntica. Cuando le pregunté por qué ama a su hermana, solo dijo: "Porque es mi gemela". Otra pista.

Esas relaciones (con un padre, madre, hermano o hermana) no dependen de que la gente haga nada en absoluto. No les exigen que sean buenas personas ni que hayan hecho lo mejor que pudieron. Se pueden esperar estas cosas, y, sí, ayudarán a la relación, pero pregúntale a un padre o madre amorosa si en el peor día de su hijo o hija todavía la ama, y se burlará de la pregunta.

Esta fue una comprensión estimulante. Lo sentí como la esencia del amor propio y comencé a buscarla por todas partes. Escuche la forma en que una infancia habla de su conejo de peluche: "*MI* conejo". Te reto a que le digas al pequeño Eddie que tienes una versión más atractiva, nueva y cara de Luigi, el conejo de peluche que lleva consigo a todas partes. Puede que a Luigi le falte un ojo, tenga manchas de mugre por todas partes y se le salga la pelusa por las costuras, pero Eddie y Luigi no se pueden separar. ¿Por qué? Porque ese no es solo un conejo, es el conejo *de Eddie*. No tiene nada que ver con lo que el conejo puede ofrecer y sí con lo que Eddie ha decidido que Luigi es para él. Luigi es el conejo de

Eddie. Ni siquiera necesitas una infancia para esta prueba. En el próximo paseo al aire libre, busca al perro desgarbado y de aspecto loco con tres pelos saliendo de su cabeza y la lengua colgando hacia la izquierda, e intenta ofrecerle a alguien mayor que sostiene la correa la oportunidad de intercambiar su *gremlin* peludo por un perro más esponjoso y majestuoso. Todos sabemos de manera instintiva qué va a responder.

Eso es porque la razón fundamental detrás del amor en todas estas relaciones es la misma: "Lo amo porque es mío". Y darme cuenta de eso transformó el amarme a mí (con todos mis defectos y vergüenza, mis arrepentimientos y resentimientos conmigo, con toda la pelusa que sale de cada costura) de un ideal imposible a algo que sabía cómo hacer de manera exacta.

Reclámate

Parece extraño decir eso, pero ¿de verdad nos consideramos una persona? Por lógica, sabemos que existimos, que somos un ser humano en el mundo, con una talla de zapato, un número de Seguro Social y lugares donde estar. Pero, por lo general, esa no es la forma en la que nos experimentamos. En cambio, nos experimentamos como una mente que viaja en un cuerpo que hemos vestido, observando la vida y a *otras* personas. Son *otras* personas a las que miramos, hablamos, nos relacionamos, cuidamos, pedimos café, rebasamos en la calle. ¿Pero yo? ¿Qué quieres decir?

Nota cuánto tiempo pasamos preocupándonos por otras personas y cómo las tratamos. "¿Mostré buenos modales?", "¿Hablé demasiado?", "¿Le di suficiente propina?", "Espero que lo que dije ayer no haya molestado a mi hermana", "Necesito llamar a esa amistad para saber cómo está". Mientras tanto, apenas nos planteamos cómo nos tratamos. Puede que valoremos ser amables con la demás gente, pero ¿con qué frecuencia pensamos en la bondad como algo que debemos brindar a la persona que figura en nuestra licencia de conducir? Controlamos con cuidado cuánto les pedimos a los colegas y luego nos cargamos una lista infinita de tareas pendientes; alentamos a nuestras amistades sabiendo que eso les ayuda a prosperar y luego nos regañamos por nuestro bajo rendimiento; colmamos de gratitud a las personas por las cosas que han hecho por nosotros y, luego, apenas reconocemos la valentía y el sacrificio que nos ha costado llegar a este punto de la vida. En cambio, cada vez que tenemos un momento de tranquilidad, señalamos los casos exactos de nuestra historia personal en los que le hemos fallado a nuestra persona y a quienes nos rodean.

La mayoría llegamos a esta deshumanización de forma inconsciente. Podría ser perdonable si fuéramos horribles con todo mundo (al menos sería coherente). ¿Pero preocuparnos por las personas y luego excluirnos de esa misma consideración de forma sistemática? Eso es cruel. Sin embargo, como la mayoría de la crueldad, esta ocurre lejos de la vista del público, donde no hay nadie cerca que nos ofrezca misericordia o hable en nuestro nombre.

Para quienes nos conocen, es claro que somos una persona. Ninguna de nuestras amistades piensa que somos una entidad especial que merece un trato infrahumano. Si afirmamos amar a la gente, entonces somos pretendientes deseables. No hay razón para aplicarnos un conjunto de leyes separadas y más duras. Somos individuos, habitantes del mundo, elementos locales, rostros reconocibles, entonces, ¿cómo podemos afirmar que nos preocupamos por las personas mientras, de manera constante, elegimos a una e ignoramos sus necesidades y la maltratamos de formas que nunca hubiéramos soñado usar con alguien más?

Si tu compasión no te incluye, está incompleta.
—Jack Kornfield

Saber eso debería impulsarnos hacia la decencia básica. Todavía podemos reconocer que cometimos un error; hicimos cosas malas; lastimamos gente; Nos decepcionamos, y decepcionamos a quienes queremos de maneras dolorosas de admitir. Pero esas mismas personas también lo han hecho y no creemos que por eso debamos excluirlas de un trato amable y digno. Así que pon fin a la exención especial. Sé amable, o al menos decente, contigo. Puede que todavía no parezca amor propio, pero es un comienzo.

Resumen rápido: hasta ahora hemos establecido algunas cosas importantes…

- Si nos amamos por nuestros rasgos y características más fuertes, quedamos vulnerables al argumento de que no deberíamos amarnos en los días malos cuando esas virtudes no se muestran (o cuando aparece alguien con más de ellas). Eso significa que debemos encontrar razones más profundas para amarnos.
- El modelo romántico del amor no ayuda para amarnos. Es difícil "enamorarse" de la persona que conoces mejor que nadie (tú). Hay que ver el amor como una acción, no como un sentimiento.
- Se pueden encontrar pistas sobre cómo amarnos en otros modelos de amor, como la relación entre padres/madre e hijos/hijas.

- Ya que entendimos la idea de que también somos una persona en el mundo, nos damos cuenta de que todos los valores de decencia, bondad, respeto y compasión que aplicamos a otra gente también deben extenderse a hacia nuestra persona.

Podríamos parar ahí. Si las personas siguieran esa lógica, empezarían a tratarse al menos tan bien como a las demás. Y no solo humanos: una vez invité a mi entrenador de boxeo, Martin Snow, a hablar en mi retiro en Florida (una medida arriesgada ya que no se sabe lo que el hombre va a decir) y me dijo: "¿Le das a tu perro comida chatarra, alcohol y drogas? ¿No? Entonces, ¿por qué a ti sí?". Pero necesitamos dar un paso más para comprender por completo lo que realmente significa el amor propio.

He aquí la verdad fundamental: hay ocho mil millones de personas en esta tierra. Tú eres una de ellas. Eso no solo hace importante que te cuides a ti como a las demás. Lo hace más importante. Porque de todas esas ocho mil millones, solo hay una de la que siempre has sido responsable.

Imagínate que alguien te pregunta por qué te amas y mueves la cabeza como el padre o la madre que dice: "Porque es mi familia". No tiene nada que ver con lo genial que eres. No se necesitan rasgos, atributos o logros. "Porque soy mi persona", respondes, como si fuera obvio. Porque, cuando lo piensas, lo es.

¿Cómo te tratarías si te dieras cuenta de que "soy la persona que me pertenece"? Al nacer, algo (la naturaleza, Dios o en lo que creas) te dio un ser humano a quien cuidar por el resto de tu vida. Al principio no pudiste cumplir ese rol, por lo que alguien más tuvo que iniciar la tarea de criarte. Puede que lo hayan hecho bien o no, pero en aquel entonces, mantenerte con vida era trabajo de otras personas. Estaban ahí para ser tus guardianes hasta que llegaste a la etapa en la que descubriste quién es la persona que finalmente tiene tu custodia: *tú*.

La mayoría nunca lo hemos pensado de esa manera. Quizá hemos sentido responsabilidad hacia alguien más (infantes, parientes con alguna enfermedad, algún hermano o alguna hermana), pero nunca hacia nuestra existencia. Una vez que llegamos a la adultez, buscamos en otra parte la atención que recibimos, o esperábamos recibir, de una figura paterna/materna, de autoridad, una pareja romántica, un grupo cercano de amistades. Muchos todavía estamos buscando a alguien que asuma el papel de protegernos y cuidarnos. Queremos que esas personas verifiquen que somos lo suficientemente agradables, inteligentes, deseables y merecedores de amor. Aunque es cierto que construir una comunidad en la vida adulta es esencial para nuestro bienestar, esto se parece más a una abdicación de responsabilidad. Es como ir por la vida intentando traspasar a otra persona el trabajo que se supone que debemos hacer. Y la descripción del trabajo es simple: amarnos y cuidarnos de forma activa.

Al eludir este deber fundamental, hemos abandonado nuestro puesto. Somos como Simba en *El Rey León*, el heredero legítimo que huyó de la manada pensando que alguien más capaz se haría cargo de ella, la protegería, cuidaría y tomaría mejores decisiones. Pero ese es nuestro trabajo. Por eso amarnos debe tomarse mucho más en serio que esperar por un sentimiento sobre lo que somos. Debemos tomar la decisión de amarnos como si fuera nuestro trabajo... porque lo es. No es que la caballería *no* venga. Es que *somos* la caballería.

¿Por qué desperdiciar la vida preocupándonos de que alguien tenga algo que nos falta? Todo eso es ego y es una distracción. Sí, hay ocho mil millones de personas en este mundo y, en muchos sentidos, quizá no destacamos en esto o aquello. Pero nada de eso importa. Lo que importa es nuestro único trabajo: criar al único individuo entre ocho mil millones que es nuestro. La comparación con otras personas es completamente inútil cuando miramos la vida de esta manera; no podemos cambiarnos por otro ser humano. Solo tenemos *este*, y nuestro trabajo será darle la mejor vida que podamos.

No te conozco, no sé qué has hecho mal en la vida, a quién has lastimado, qué arrepentimientos te persiguen, qué vergüenza privada o pública te atormenta, ni cuáles son tus debilidades. Tampoco sé cuáles son tus puntos fuertes o qué te convierte en un ser humano excepcional. Pero no necesito saber qué es lo bueno de ti. Ese es el punto. Solo sé que será mejor que te ames todos los días, con todas tus fuerzas, porque nadie más tiene tiempo para hacerlo.

Durante años me traté mal, nunca sentía que hiciera lo suficiente, siempre trabajaba hasta morir, era desagradable conmigo cuando me quedaba corto y rara vez me daba gracia. Solía pensar que ese era yo, que esa era mi naturaleza. Pero en la actualidad, en los momentos de agotamiento, cuando estoy exhausto por haberme castigado por un error que cometí, sin mostrarme ni una pizca de compasión, pienso: "Tenías un trabajo, ¿dónde estabas?".

Amarnos es más que un sentimiento, es un enfoque. Es hacer cosas difíciles por ti y mostrarte un sentido del deber y responsabilidad por ti. Hay que dejar de buscar las recompensas a corto plazo del amor propio. La confianza fundamental es una inversión a largo plazo. Cuando un padre o madre invierte en una infancia durante dieciocho años, muchos de los frutos de esa inversión llegarán más tarde (de hecho, la mayoría). Conforme las infancias maduran, descubren un nuevo aprecio por las muchas cosas que mamá y papá les dieron, y la relación se vuelve más rica y dulce con cada descubrimiento. Nunca es demasiado tarde. Criarnos es un proyecto similar a largo plazo que puede comenzar a cualquier edad. Es posible que nos encontremos criando a adolescentes incómodos a los sesenta años. Pero cómo ocurre con cualquier adolescente, no esperes que ese amor regrese de inmediato. Las recompensas llevan tiempo, pero serán reales.

Tener una alta opinión de nuestra persona no es necesario para este tipo de amor propio (y podría solo interponerse en el camino). Pero es posible desarrollar un afecto hacia lo que somos, nacido de la empatía y la compasión. El punto de partida de esta empatía y compasión es el perdonarnos por el pasado.

Perdónate

El arrepentimiento, con su constante bucle de nuestros peores momentos, nos ciega al momento y a las personas con las que estamos. Si no podemos perdonarnos (por nuestras debilidades, errores, deficiencias, fracasos y omisiones), nunca encontraremos verdadera alegría en el presente que tenemos ni podremos reunir la energía para el futuro que queremos.

Hay una cosa que todo el mundo comparte: un pasado lleno de errores. Cada quien ha hecho cosas que nos han costado. En algunos casos, el costo es tan alto que es difícil imaginar cómo podríamos perdonarnos y dejar atrás:

- No dejar a alguien antes.
- No cuidar nuestra salud.

- Dejar que nuestros patrones destructivos arruinen una relación.
- Procrastinar algo importante hasta que fue demasiado tarde.
- Tomar malas decisiones, en especial una que cambió toda nuestra vida.
- Herir a una o muchas personas, incluidas las que más amamos.
- No aprender una lección importante y luego repetir el mismo error.
- La sensación de haber desperdiciado nuestra vida.

Cuando hacemos una lista de las cosas de las que nos arrepentimos, quizá terminamos odiándonos. Es difícil no odiar a alguien que nos traiciona, pero cuando esa persona eres tú, la amargura puede ser difícil de superar.

Todas las malas decisiones y autotraiciones nos hacen sentir como si hubiéramos fracasado en la única oportunidad de tener una vida mejor. Y con demasiada frecuencia el ciclo giratorio de la culpa nos deja una molestia personal, haciendo que los momentos más privados sean los más venenosos. Cuando estos sentimientos persisten, incluso se siente como si librar al mundo de este veneno fuera una ganancia neta general.

Por favor, detente ya. He aquí una revisión de la realidad para ayudar a evitar esta caída libre. Responde esta prueba de dos partes sobre cómo te tratas: a) cuando haces algo bien, ¿dedicas algún tiempo a reconocer tus contribuciones y celebrar el logro?; b) Cuando haces algo malo o estúpido, ¿cuánto tiempo pasas castigándote?

He hecho este par de preguntas en todo el mundo, y la mayoría dice que pasa entre treinta segundos y veinticuatro horas celebrando un logro. Luego se dan la vuelta y pasan días, semanas, años y, a veces, toda una vida castigándose por un error.

Yo he sido una de esas personas. Desde que tengo uso de razón, me he castigado en un grado terrible. Ha sido agotador e, incluso, hay momentos en los que me ha enfermado. Por eso pienso tanto en este tema: para resolver mi crisis de rumiación obsesiva. Tras castigarme con tanta frecuencia e intensidad durante todo este tiempo, por fin me di cuenta de que no tendría calidad de vida hasta que desarrollara un modelo consciente y sólido para practicar el perdonarme. He aquí cómo lo hice.

Separar la responsabilidad de la culpa

Cuando era niño, me encantaba la película de *Jurassic Park*. Recuerdo que tenía siete años cuando la vi por primera vez, con los ojos muy abiertos ante la escena inicial de la caja ruidosa con el ave rapaz dentro. Me fui con la impresión apropiada de la edad: los dinosaurios son geniales. Al verla quizá por duodécima vez, como un adulto que luchaba contra la culpa, de repente destacó una frase que nunca había notado. Me abrió los ojos a una forma diferente de abordar mi pasado.

El doctor John Hammond, el propietario del parque, está hablando con un miembro de su personal que ha cometido un error. El doctor Hammond (interpretado por el fallecido Richard Attenborough) le dice: "No culpo a la gente por sus errores, pero sí le pido que pague por ellos". Creo que esta frase contiene la clave para perdonarnos por el pasado y empoderarnos para sentirnos con más seguridad en el presente. Y se centra en una distinción necesaria: la diferencia crucial entre culpa y responsabilidad.

La rendición de cuentas, desde todos los puntos de vista, tiene sentido. Nos da poder para arreglar algo o para hacer lo posible por arreglarlo. Crea un sentido de responsabilidad por los errores que cometimos y nos hace entender que debemos pagar un precio por ellos. A través de la rendición de cuentas, aprendemos que hay consecuencias con las que tenemos que vivir y adaptarnos. Llegar a la adultez se trata de propiedad, y hacernos responsables es una forma de apropiarnos de lo que hemos hecho hasta ahora y la responsabilidad de arreglarlo. Es una manera de mejorar las cosas.

Pero la culpa no comparte esa utilidad. De hecho, gastar energía castigándonos de forma implacable por las cosas que hicimos no solo no sirve de nada, también creo que no tiene ningún sentido lógico. He aquí el por qué...

Si hubieras podido hacerlo mejor, lo habrías hecho

Piensa en un momento de tu vida del que te arrepientas; algo por lo que has luchado por perdonarte. Quizá has repetido ese escenario miles de veces y has visto de manera exacta lo que debiste hacer en lugar de lo que hiciste. Es un ejercicio enloquecedor que genera el deseo de tener una máquina del tiempo para borrar lo que hiciste y, en su lugar, hacer lo que no hiciste.

He jugado esto miles de veces y últimamente me doy cuenta de que nunca podría haber hecho nada diferente. La idea que pueda tener es pura ciencia ficción. Digamos que te culpas por permanecer en una relación abusiva durante dos décadas más de lo que deberías, creyendo ahora que has "desperdiciado tu vida". Te odias por ser demasiado débil para irte y nunca pierdes la oportunidad de recordarte esta debilidad. Pero eso ignora una cosa: en aquel momento no tenías lo necesario para irte. No tenías los recursos. No tenías la percepción de ahora o, si la tenías, no tenías las herramientas para actuar. La clave para tener empatía y compasión por la persona que eres (el primer paso crucial para perdonarse), es darse cuenta de que lo que hiciste en cada momento fue lo mejor que pudiste en ese momento. Esa frase parece extraña, tal vez porque llevamos un ideal imaginario de cuál es nuestro mejor esfuerzo, imaginando que es equivalente a nuestro máximo esfuerzo, o nuestra mejor respuesta, en nuestro día más efectivo, una expectativa que de forma inevitable nos coloca en el lado perdedor de una carrera interminable contra nuestra mejor marca personal. Eso no significa *hacer nuestro mejor esfuerzo*. Lo mejor que podemos hacer en un momento dado es la acción que fuimos capaces de realizar en función de dónde estábamos ese día (y poder perdonarnos por ello más tarde si no fue lo correcto). Hacer lo mejor que podemos no significa hacer algo bueno. Puede que lo mejor que hagamos no sea admirable, pero para bien o para mal, lo mejor que hacemos es precisamente lo que estamos haciendo en ese momento.

La cura filosófica para perdonarse

Como mencioné en el capítulo "Cómo reconfigurar tu cerebro", el ego es más que arrogancia o un sentido inflado de cada persona. El ego puede declarar: "¡Merezco mi riqueza, buena apariencia, una familia excepcional y criptomonedas en las Islas Caimán!". Pero el ego también actúa en la otra dirección. Si crees que eres una persona mala de forma excepcional (vil, condenable, indigna de confianza, malvada, etc.) y que no mereces ser feliz porque traicionaste a tu amistad más cercana, arruinaste el Año Nuevo y tomaste la peor decisión matrimonial disponible, eso también es ego. Ambas versiones tienen más "yo" que un yoyo.

Encontré una filosofía útil para abordar ambas situaciones: el determinismo duro o metafísico. (¡No te preocupes, también hay un determinismo blando!). Es una interpretación de la realidad observable que sostiene que cada evento está determinado completamente por causas preexistentes y que no podría haber ocurrido de otra manera. En la Asociación Estadounidense de Psicología es lo suficientemente popular como para tener su propia definición aplicada a la psicología: la posición de que todos los comportamientos humanos son el resultado de antecedentes causales específicos y eficientes, como estructuras o procesos biológicos, condiciones ambientales o experiencias pasadas.

En otras palabras, nuestra infancia, la forma corporal, los hábitos mentales, la ciudad en la que crecimos, las lecciones que aprendimos, el abuso que sufrimos, los mentores que nos aceptaron (y quienes no); todo forman un cóctel de variables que han conducido directamente a la siguiente decisión que estamos a punto de tomar. Esto incomoda a algunas personas porque no deja mucho espacio al libre albedrío. Por eso hay "deterministas blandos" (la policía buena en contraste con deterministas duros), que están de acuerdo en que, aunque sí, todo lo que hacemos es el efecto de una acción previa, esas acciones están determinadas por la elección humana al mismo grado que por las fuerzas externas. De cualquier manera, blando o duro, el determinismo es útil cuando se trata de perdonarse, porque nos ayuda a apartar la idea egoísta de que, de alguna manera, no merecemos perdón.

Tuve un cliente, Randall, que acudió a mí después de trabajar para un narcisista durante muchos años. Su jefe, Mark, le mintió a una escala patológica: incumplió promesas, abusó de su tiempo y de su buena voluntad, lo manipuló haciéndole creer que era incapaz de trabajar en otro lugar, lo convenció de que quedarse era lo mejor para su futuro porque Mark "se ocuparía de él". Lo peor para Randall: fue más que una relación laboral. Mark se había convertido en una figura paterna y controladora. Admiraba a su jefe, se inspiraba en él y sentía que estaba ahí para él como su padre nunca lo estuvo. El padre de Randall había sido distante y poco afectuoso, nunca lo abrazó ni le dijo que lo amaba y no pasó tiempo con él cuando era joven. Ahora que Randall tenía su familia, el padre mostró una falta de interés similar en ella. Randall había pasado toda su vida adulta tratando de llenar ese vacío paterno.

Cuando Mark apareció, Randall solo vio que le daba más de lo que su padre jamás le había dado. Entonces, cuando Mark no le pagaba a tiempo (casi tenía que rogar por su cheque cada mes), cuando llegaba varias horas tarde a las reuniones (o no llegaba), cuando le decía que se habían hecho cosas que no se habían hecho y viceversa, Randall pensaba: "Tiene buenas intenciones y ha estado ahí para ayudarme". Randall soportó dos décadas de maltrato antes de acudir a mí y poner fin a esa relación laboral tóxica y encontrar otro empleador.

Por desgracia, dejar a su narcisista jefe no puso fin al sentimiento de autodesprecio de Randall por permitir que la situación continuara durante tanto tiempo. Le ofrecí la perspectiva determinista, tratando de hacerle ver que las fichas de dominó se habían puesto en movimiento desde el día en que nació, gracias a su padre poco amoroso y a su particular combinación de circunstancias y genética. De hecho, había comenzado incluso antes de que él naciera, empezando por la mezcla de influencias que llevaron a su padre a tratar a su hijo con tanta indiferencia.

En cada etapa, entre su padre distante y su jefe manipulador, Randall hizo lo que pudo con las herramientas que tenía. Y eran tiempos en los que Randall no tenía muchas herramientas con las cuales trabajar. Lo que sí tenía, como tú y yo, era un sistema nervioso que no eligió, uno programado de manera inconsciente desde una edad temprana para afrontar y sobrevivir a lo que pasaba en aquel entonces. Y ese sistema nervioso lo llevó directo a Mark. Pero con nuevas herramientas, Randall pudo adoptar una nueva perspectiva que le permitió dejar su trabajo. Parece un pequeño milagro cuando alguien a quien asesoro consigue que las fichas de dominó de su vida caigan en una dirección diferente. Y apreciar lo difícil que es desviarse de nuestra programación es clave para perdonarse. Randall siempre hizo lo mejor que pudo y, ahora, debido al trabajo que estaba haciendo consigo mismo, es una mejor versión que antes. Eso es hermoso.

Esta es una manera de convertir el amor propio en un verbo: repítete que siempre has hecho lo mejor que has podido. Quizá en ocasiones no te gustó y no fue suficiente para obtener el resultado que deseabas, pero "lo mejor que pudiste" fue justo lo que hiciste. Rumiar sobre lo que podrías haber hecho convierte la introspección en ciencia ficción. Tal vez, en algún lugar de algún multiverso infinito, hay una versión tuya que tomó una decisión diferente, pero eso no pasó en este. Aquí, lo mejor, para bien o para mal, es lo que hiciste.

Como señala Sam Harris, autor y neurocientífico, a través de la lente del determinismo, el odio hacia nuestra persona o hacia las demás personas no tiene sentido. A través de esta lente, si una persona comete un delito, todo en su experiencia y genética la condujo a ese momento. Podríamos optar por odiarla por ese crimen, pero también dirigir ese odio a cada evento previo e influencia genética que contribuyó a su acción. Es posible que la persona tenga que ir a la cárcel para ser apartada de la sociedad (responsabilidad), pero odiarla (culpar), desde esta perspectiva, no tiene sentido.

Adoptar esta perspectiva puede hacernos sentir como si no tuviéramos control sobre la vida. Si lo que voy a hacer está predeterminado, ¿cómo puedo cambiar algo? Pero es importante recordar que la persona que nos llevó a donde estamos hoy es el modelo viejo. El modelo nuevo tiene otras características (pensamientos, conocimientos, puntos de referencia). El libro que estás leyendo ahora es un nuevo aporte, y cada nuevo aporte trae la posibilidad de nuevas decisiones..., decisiones que dan lugar a nuevas realidades.

No culpes al modelo viejo

¿Tenías uno de los primeros iPhone? ¿O un iPod antes de eso? ¿Recuerdas los errores? ¿La forma en que colapsaban y se apagaban? ¿Las fallas que parecían calculadas para que los actualizaras? Cuando por fin conseguiste el nuevo modelo, ¿lo sacaste de la elegante caja y le gritaste por todas las formas en que funcionaba mal tu antiguo iPhone? Por supuesto que no. Estabas feliz de tener el último teléfono. El viejo se convirtió en cosa del pasado. ¿Por qué no podemos hacer lo mismo en nuestra vida?

Probemos otra analogía: me gusta pensar que toda mi vida es como una carrera de relevos. En un relevo olímpico, hay cuatro corredores, cada uno corre una cuarta parte de la carrera. El primero sale con la estafeta en mano y corre la mejor carrera posible. Al final de ese tramo, el primero le pasa la estafeta al siguiente y se va. Cada corredor tiene la tarea de realizar su mejor carrera individual dentro de una carrera más grande.

Ahora, digamos que el segundo de los cuatro corredores tropieza en su tramo de carrera y le cuesta al equipo unos segundos. Es frustrante. Eso molesta a los otros, en especial al tercero y al cuarto, quienes deberán recuperar el tiempo. No hay duda de que, como resultado, ahora les espera una carrera más difícil. Pero (y aquí está el punto) nos parecería raro escuchar que esos otros corredores, frustrados con el desempeño del segundo corredor ese día, fueran a casa esa noche y se insultaran *a sí mismos* en el espejo. Pensaríamos que esa ira estaba mal dirigida, porque el error no les pertenecía: era del segundo corredor.

Imagina tu vida así, dividida en una serie de etapas en una gran carrera de relevos. Cada año, cuando el reloj marca la medianoche del 31 de diciembre, el corredor de un año entrega la estafeta a uno nuevo, que correrá la siguiente etapa de la carrera, que durará doce meses, a partir del día de Año Nuevo. O podrías imaginarlo como lo hago yo: cada día se despierta un nuevo corredor, con la estafeta entregada por el corredor del día anterior. Cada día, el trabajo del nuevo corredor es correr la mejor carrera que pueda durante veinticuatro horas.

Claro, algunos de los corredores anteriores tomaron atajos, terminaron fuera de los límites y cometieron algunos errores graves en el camino. Hicieron daño a las personas y a ellos, perdieron el tiempo, tomaron malas decisiones, dijeron cosas que no querían decir, se sabotearon, perdieron la oportunidad de ser valientes, no tomaron riesgos. Puede ser frustrante, incluso exasperante, la forma en que han hecho nuestra vida actual más difícil de varias maneras (por ejemplo, las finanzas o la vida amorosa). Al igual que el segundo corredor en el relevo olímpico, esos tropiezos nos costaron tiempo y nos dieron una carrera más difícil de correr hoy. Maldecirlos por ello es comprensible. Pero insultar al corredor de hoy no tiene sentido.

Cada corredor comienza con borrón y cuenta nueva, libre de culpas y cargas. Después de todo, esperamos mucho de él. Nuestro trabajo es liberar su energía tanto como sea posible para que pueda correr su mejor carrera, sin preocupaciones, hasta que llegue el momento de pasar la estafeta al nuevo corredor. La carrera de hoy ya es bastante dura como para que, además, tenga que cargar los errores del pasado. Viaja ligero.

Nada de eso significa evadir la responsabilidad. El corredor de hoy es responsable de corregir los errores del pasado. Como dijo el doctor Hammond, esa es la forma de pagar por nuestros errores. No podemos eludir esa responsabilidad porque, al final, corremos la misma carrera, en el mismo equipo. Si no aceptamos la tarea de volver a encarrilar la carrera hoy, entonces, como corredores de hoy, estaremos cometiendo un error por nuestra cuenta. Pero mientras nos sintamos responsables de haber realizado nuestra mejor carrera hoy, deberíamos sentir orgullo de la carrera de este nuevo día, en lugar de sentir un peso por la culpa del pasado. Esa es la esencia de la distinción entre culpa y responsabilidad.

En los retiros, cuando explico a las personas esta forma de conceptualizar el perdón, entienden que la parte más difícil de la carrera no es solucionar los problemas de ayer, sino acabar con esa identificación (inútil y agobiante) con el corredor que los creó. Una vez que ese equipaje desaparece, es sorprendente lo rápido que podemos correr y lo divertidas que se vuelven las carreras, incluso las más difíciles.

Mientras nos encontramos en la línea de salida, habiéndonos perdonado y alistado para viajar ligero, hay un paso más que debemos dar para ayudarnos a liberarnos del odio hacia nuestro ser y permitirnos ver que la forma en que nuestra vida se ha desarrollado hasta ahora en realidad es algo bueno. Es un proceso valiente y creativo. Y aún más importante: es autocumplido. No es que la historia positiva sea cierta y la negativa no. Es que tú decides qué significan las cosas. Eso hace que los humanos sean especiales en su capacidad para moldear sus emociones y dirigir su futuro.

Replanteamiento, ingenio y celebración de los ingredientes

Realmente no creo que nadie pueda crecer a menos que sea amado tal como es.

—Señor Rogers

En cuanto escuché la premisa del programa *Chopped: Eliminado* (una brigada de chefs que compiten para preparar la mejor comida de tres platos con canastas idénticas de ingredientes misteriosos), supe que el programa había identificado dos fundamentos de confianza fundamental: la aceptación y el ingenio.

En efecto, en el primer episodio que vi, cada chef preparó un aperitivo que incluía cangrejo real de Alaska, cecina de algas marinas, agua salada y caviar cítrico. A cada concursante le encantó uno de los ingredientes (no hay puntos por adivinar cuál), pero su platillo debía incluirlos todos. Con veinte minutos para tener lista su creación, cada uno tenía que aceptar los hechos y trabajar con lo que tenían… y rápido.

Preocuparse por lo que nos atora..., no, de eso no trata el programa. Se trata de usar ingredientes de forma creativa. Y no hay tiempo que perder para que, quienes compiten, se autocompadezcan. En cuanto cada chef reconoce los ingredientes, empieza a crear su platillo, sabiendo que se le juzgara por las soluciones únicas al enigma de sus ingredientes y por la velocidad y confianza que demuestren al llevarlos a la mesa.

El gancho del programa son los ingredientes oscuros y al parecer imposibles que atoran a quienes compiten. Pero seguimos viendo el programa por las cosas sorprendentes que hacen con ellos: ver a alguien convertir la imposibilidad en triunfo en una carrera contra el reloj.

A todo el mundo le vendría bien un poco de eso. Es muy fácil pensar que el éxito o la felicidad se reducen a nuestros ingredientes (nuestra apariencia, cerebro, familia, ventajas o la falta de eso) y olvidar que el programa que protagonizamos, en realidad, trata de los pequeños milagros que podemos lograr usando solo lo que tenemos.

Con demasiada frecuencia luchamos con la confianza porque nos concentramos en algo equivocado. Perdemos el tiempo preocupándonos por los ingredientes que consideramos deficientes. ¿Pero quién puede culparnos? Es difícil pasar por alto el mensaje. A veces es duro y directo; a veces sutil e indirecto. Pero el mensaje está en todas partes. Las redes sociales nos hacen medirnos con un estándar imposible (y artificial) cien veces al día. Por eso, cuando alguien nos dice que hemos perdido la cordura por sentir inseguridad acerca de nuestra apariencia ("¡No seas tonta, eres muy bonita!"), parece una forma de *gaslighting*, porque cada vez que abrimos el teléfono, enfrentamos un algoritmo de belleza con el que claramente no estamos a la altura. En línea podemos sumergirnos en el océano de glúteos perfectos, luego mirar el nuestro y sentirnos como un trozo de cecina de algas.

"¡Tu nariz se ve genial!", le decimos a la amiga que está considerando la cirugía plástica porque llegó a odiar la suya (porque cada nariz perfecta que ha visto es opuesta a la suya). Entonces, ¿de verdad es una persona insegura o solo está enfocando su atención?

Pero cuando se trata de aceptación e ingenio, no es necesario que nos gusten todos nuestros ingredientes por igual. No tienen por qué gustarnos en absoluto. De hecho, conseguir que te guste un ingrediente es solo un callejón sin salida y corres el riesgo de fetichizar la importancia de ese ingrediente sobre los demás. Tenemos una canasta de ingredientes al azar. Hay algo de cangrejo real de Alaska y algo de cecina de algas. Quizá aprendamos a amar la cecina de algas, pero hay algo seguro: cualquier chef que pueda hacer algo sorprendente e inesperado con la cecina de algas es fácil de amar.

No eres tus ingredientes; eres el artista que los usa

Cuando alguien sabe en verdad cocinar, no ve solo un caviar cítrico, una cecina de algas o una zanahoria. Ve el *potencial* del caviar cítrico en cada pequeña forma en que puede destacarse o mezclarse. Cuanta más experiencia ganamos como chefs, más desarrollamos afecto, incluso entusiasmo, por nuestros ingredientes. Descubrimos un orgullo al mostrar ingredientes que otras personas descartarían como inútiles o perjudiciales. En cambio, hacemos que nuestros ingredientes trabajen *para* nuestra vida (y así, nuestro ingenio, que es el centro de nuestra confianza, crece). En el nivel de identidad, la confianza crece cuando las cosas funcionan y salen como queremos. Pero cuando estamos en contacto con nuestra confianza fundamental, confiamos en nuestro nivel de ingenio para hacer que todo funcione. El ingenio requiere creatividad. Donde alguien más ve un obstáculo, nos toca ver un nuevo ingrediente, una nueva oportunidad para mostrar astucia y capacidad.

BJ Miller es un médico de cuidados paliativos que se muestra sabio y confiado en el escenario. Nadie que vea su charla TED puede negar su carisma cuando relata cómo un trágico acontecimiento de su juventud se convirtió en el trampolín de su carrera y compasión. En 1990, cuando era estudiante de segundo año en Princeton, salió con sus amigos después de una fiesta y se subió sobre un tren que estaba parado, entonces, de forma inesperada, 11 000 voltios de un cable aéreo atravesaron su cuerpo. Los daños causados por ese impulso momentáneo fueron severos: sufrió extensas quemaduras; perdió ambas piernas, de sus rodillas para abajo; y el antebrazo izquierdo. Despertó una semana después y descubrió que lo que había considerado una pesadilla... era su inmutable realidad. Todo por un momento irrevocable de su vida (una decisión, un error).

Pero Miller dice que no se arrepiente del suceso. Ni siquiera de las heridas. Explica:

> De ahí surgieron demasiadas cosas buenas. Antes del accidente no pensaba en una carrera en medicina... y no creo que sería tan buen médico de cuidados paliativos si no hubiera tenido esa experiencia. El regalo fue que me sacó del hábito de pensar en el futuro y compararme con los demás. Me trajo al momento presente. De hecho, estoy agradecido por eso. Encontré una nueva confianza.

Tras sufrir un trauma tan extremo, Miller fácilmente podría haber cedido a la idea de que su vida, tal como la conocía, había terminado. Pero en lugar de eso vio una historia diferente, una que se centraba en lo que el acontecimiento le había aportado. Eso es replantearse: tomar las circunstancias no negociables de la vida y hacerlas tuyas, a un nivel exquisito. Me encanta, no solo que Miller se haya perdonado y corrido una carrera increíble a pesar de aquel evento catastrófico en su vida, sino que en realidad señala el evento como el catalizador de la dirección positiva en sus días desde entonces.

Esa es una parte importante del replanteamiento: reconocer partes nuestras que nunca habríamos experimentado sin eso que deseamos que nunca hubiera ocurrido. No podemos borrar los errores en la vida sin eliminar elementos cruciales y preciados de la persona en la que nos hemos convertido. Puedes pasar años en terapia tratando de deshacer el daño que te hicieron mamá y papá, y eso es admirable, pero vale la pena considerar las partes valiosas de ti que solo desarrollaste porque tu mamá y papá eran como eran. Tal vez les aprendiste algo súper útil a pesar de todo o, quizá, desarrollaste tu contragolpe útil en respuesta a las cosas por las que odiabas a tu familia o a los eventos que te hicieron sufrir. Incluso la ausencia de mamá o papá produce cualidades que tendríamos miedo de alterar. Eso no significa que consideremos las peores partes de nuestras vidas como una medicina útil que otras personas necesitan. Pero sé que en mi caso no las cambiaría por miedo a perder algunas de las cosas por las que ahora estoy más agradecido.

Porque si pudieras regresar y eliminar tus errores, tragedias y dolor, es casi seguro que te borrarías a ti. La riqueza, complejidad y profundidad de tu personaje hoy en día se forjaron en esos incidentes y se potencian con tus logros. No puedes tener unos sin los otros. Si eliminas el trauma, quitas el tesoro: las cosas que te hacen ser tú. Eso también es cierto ahora: tus problemas actuales te transforman en la persona de la que estarás orgullosa de ser mañana. Cada vez que surja un problema en tu día, pregúntate: "¿En quién tendría que convertirme para poder lidiar con esto?". La respuesta da sentido al problema de inmediato.

Es un superpoder único que tenemos como seres humanos, esa capacidad de crear significado y luego usarlo para remodelar nuestras vidas. Hay quienes dicen que todo tiene un significado, pero eso me parece mucho menos interesante. Intentar localizar el significado de algo difícil o terrible en la vida es reactivo. *Crear* significado es proactivo: es contar historias, es la esencia del replanteamiento, es la esencia de usar tus ingredientes. Mel Abraham, un amigo a quien le diagnosticaron cáncer hace unos años, dijo: "Después del primer año de buscar el significado, me di cuenta de que el significado no estaba en el pasado, sino en el futuro". En otras palabras, Mel iba a crear el significado con lo que hiciera a continuación. Iba a convertirse en alguien y hacer algo que le diera significado.

Decide algo en este momento: que desde ahora hasta el final de tus días concentrarás toda tu energía en tu ingenio, en lugar de juzgarte por los ingredientes con los que estás trabajando. Recuerda, todos los días despierta una nueva versión de ti, y tu *yo* de hoy tiene la tarea de hacer lo mejor que pueda, en las circunstancias con las que debe trabajar. ¿Tienes algunos ingredientes duros y extraños? ¡Excelente! Qué oportunidad de mostrar el tipo de artista que eres.

Ahora, tal vez me digas que la vida no es un programa de televisión; en la vida real, las personas son recompensadas por despertarse con un plato de caviar. La gente guapa consigue el trabajo. Después del trabajo, su vida social está resuelta. El chico de buena familia, con privilegios, que entra a la Ivy League, nada en un grupo de conexiones poderosas. Todo eso es verdad.

Por eso el juicio verdadero lo haces tú. Solo tú sabes lo que has tenido que superar: tu complicada familia, los momentos formativos en los que abusaron de ti o te engañaron; las luchas con tu apariencia o tu cuerpo; las batallas con la adicción, bancarrota o salud mental; la pérdida de alguien amado; las oportunidades perdidas de tener las relaciones que imaginaste... Solo tú sabes lo que has hecho con todo lo que tenías para trabajar.

Puedes obtener un grado alto de confianza gracias a tu entusiasmo por asumir los desafíos del futuro, pero nunca pierdas de vista el ingenio que ya aplicaste en las circunstancias difíciles de tu pasado. ¿No hiciste ya algo hermoso con lo que tuviste que trabajar? Piensa en todas las cosas que has inventado, empezando con casi nada. Piensa en cuántas veces no te diste crédito por andarte midiendo por las opiniones de personas que no tenían ni idea de tu vida real.

Dado que nuestro antiguo cerebro estándar viene preprogramado para escanear el horizonte en busca de amenazas, existe un poderoso instinto de olvidar muy rápido las mejores comidas que hemos preparado, sin importar cuan perfectas sean. Pero es bueno recordar, siempre que pienses en tus improvisaciones más inspiradas, que cuando las creaste tenías muchos menos logros que hoy. Ahora mejoras como chef: tienes más sabiduría, más astucia e, incluso, me atrevo a decir, más experiencia. Y, quizá gracias a las habilidades que has aprendido desde entonces, las herramientas y los recursos que has adquirido, hoy tengas una variedad de técnicas aún mejores que la que tenías entonces.

Por eso debes ser consciente de lo lejos que has llegado y recordar esa gran distancia como parte de tu rutina diaria de confianza. Todos tenemos la costumbre de aferrarnos a la ladera de la montaña y ver hacia arriba para ver cuánto falta para llegar o dónde (más arriba) están otras personas. La minoría practicamos mirar hacia abajo de forma regular para ver cuánto hemos atravesado para estar aquí.

Nadie conoce tu vida como tú. Conéctate con la magnificencia de tu ascenso hasta aquí, sin importar si alguien más lo ve impresionante desde su perspectiva. Para una persona que se recupera de un accidente paralizante, apoyar su peso en dos barras paralelas en fisioterapia y sudar por una pulgada de movimiento hacia adelante es extraordinario. Y el hecho de que la mayoría de la humanidad camine con irreflexiva facilidad no influye en la escala de ese logro. Debemos cultivar la conciencia del tremendo poder de lo que hemos logrado trabajando en nuestras circunstancias. Los logros que podemos medir forman la base de nuestra confianza, sin importar lo que esos logros representen para las demás personas. En cierto modo, el hecho de que nadie más pueda medir ese logro nos da una ventaja. La única forma de aprovechar esa ventaja es aprender a apreciar la vista desde donde hemos aterrizado.

16
Bastante feliz

Hace poco, hice una pregunta muy directa a mis *followers* en Instagram: "¿Cuál es tu mayor temor para el futuro (el que más te preocupa)?". Según el último conteo, 3 145 personas respondieron, la mayoría con un nivel de vulnerabilidad extraordinario. Pero el comentario de una mujer llamada Danni llamó la atención, y no solo a mí. Fue el comentario principal, con 2 202 me gusta y 184 respuestas:

> [Mi mayor temor es] quedar soltera el resto de mi vida. Sé que suena superficial o que algunas personas pensarán que hay cosas peores… Sé que dirán que primero necesito amarme a mí. Y lo hago, me amo. ¡Pero también tengo mucho amor para dar y amo el amor! Tengo una vida plena, un gran trabajo, amistades maravillosas y cada día disfruto la vida. Estoy planeando viajar sola, etc., para que mi vida no esté en pausa esperando a "el indicado". Pero mi mayor temor es nunca encontrar a "mi persona". La gente puede decir lo que quiera, pero el amor romántico llena espacios en nuestros corazones que otros amores no.

La mayoría de los comentarios expresaron alguna variación del de Danni. ("Ser viejo y morir solo", "Nunca encontrar a mi persona y pasar la vida soltera"). Pero algo en el suyo llegó al meollo del asunto: el hecho de que, sin importar qué tan bien iba el resto de su vida, no podía compensar el dolor de no tener pareja. Su respuesta honesta pareció dar jaque mate al consejo estándar para alguien que lucha con la soledad: encuentra un propósito, desarrolla amistades, aprende a disfrutar de tu propia compañía.

En *Cartas a un joven poeta*, Rainer Maria Rilke le escribió a un chico cuyas preocupaciones le recordaban las suyas unos años antes. Rilke recomendaba las virtudes de cultivar la soledad en la vida:

Solo hay una soledad, es grande y difícil de soportar...
La gente se siente atraída por lo fácil y por el lado más fácil de lo fácil.
Pero está claro que debemos afrontar lo difícil.

Pero apuesto a que, incluso Rilke se quedaría perplejo ante el comentario de Danni. La oigo decir: "Claro que lo entiendo, Rainer, pero ya lo hice. En mi calendario encontrarás días de descanso para disfrutarme, mucho tiempo para leer a solas y momentos para tomar un baño en tina el fin de semana... Ahora sigo lista para conocer a alguien".

La soledad es profundamente importante, pero no es una receta rápida para la felicidad, ni resuelve la necesidad de la chispa específica que se encuentra en la conexión romántica. ¿Y cuántos nos hemos preguntado si podríamos ser felices sin ella?

En la serie *The Crown*, hay una emotiva escena en la que la princesa Margarita le explica a su hermana, la reina Isabel II (a quien llamaba Lilibet), las cosas que se perdió cuando le prohibieron casarse con el gran amor de su vida, el coronel Peter Townsend; todas las cosas que la reina había disfrutado durante sus años con el príncipe Felipe. La conversación tuvo un tono tenso porque fue la propia Lilibet, en su papel de reina, quien le prohibió a su hermana casarse con Peter porque era un divorciado plebeyo, y sería visto como un matrimonio muy "por encima de su estatus".

> Margaret: Sin sol ni agua, las cosechas fracasan, Lilibet. Déjame preguntar, ¿cuántas veces Felipe ha hecho algo? ¿Intervenir cuando tú no podías? ¿Ser fuerte cuando tú no podías? ¿Estar enojado cuando tú no podías? ¿Ser decisivo cuando tú no podías? ¿Cuántas veces has dicho una oración silenciosa de gratitud por él y has pensado: "Si no lo tuviera, no sería capaz de hacerlo"? ¿Con qué frecuencia? Peter era mi sol. Mi agua. Y me lo negaste.

¿Cuántos nos sentimos como la princesa Margarita y Danni, que nos faltan el sol y el agua en la vida, ya sea por el amor que perdimos o por el que nunca encontramos?

Hace muchos años, sentí esa pérdida cuando desperté de un sueño donde, por un breve momento, experimenté el tipo de amor que algún día esperaba encontrar. Soy la última persona que se despierta y dice: "Tengo que contarte un sueño". Pero este sueño breve y aparentemente sin incidentes se quedó conmigo.

Estaba parado en un ascensor junto a una mujer. Los dos acabábamos de escapar juntos de algo peligroso. A medida que el ascensor iba más lento, teníamos la sensación de que, sin importar lo que estábamos a punto de ver, lo enfrentaríamos en conjunto. Cuando se abrían las puertas, me daba la mano, sin miedo, pero sí tranquilizándome, como para hacerme saber que íbamos a estar bien, pasara lo que pasara, porque éramos un equipo. Me sentí protector y protegido.

Aunque nunca vi su cara, supe que era mi persona. Era como si el sueño hubiera creado un espacio para que ella se convirtiera en alguien (no un rostro que encontrar, un sentimiento que reubicar). Nunca me había sentido más como en casa. Fuera *lo que* fuera, lo había encontrado, no tanto el amor como todo lo que el amor proporcionaba: todo lo que necesitaba para afrontar el mundo, un sentimiento que nunca dejaría ir y que nunca me dejaría. Entonces se abrieron las puertas del ascensor, entró la luz y me desperté.

Mi corazón se rompía por una persona que había sentido muy cerca y luego, de inmediato, perdí. Anhelaba volver al sueño, con ese sentimiento de certeza y con la persona que lo compartió conmigo. Intenté volver a dormir, con la esperanza de encontrar el camino de regreso, aunque fuera por unos minutos más. Aun así, aunque nunca volví a tener ese sueño, el sentimiento había aterrizado. El sueño había revelado un vacío en mi vida y lo había magnificado.

La desesperación por volver al sueño refleja la falta de control que tantas veces sentimos en la vida amorosa. En otras áreas, al menos identificamos cosas que podemos hacer para acercarnos al resultado deseado. Cuando queremos perder peso, cambiamos la dieta y hacemos más ejercicio. Si queremos más dinero, ahorramos o invertimos. Pero es exasperante que nuestros esfuerzos en el amor no produzcan resultados predecibles o beneficios continuos. Podrías tener cuatro citas a la semana durante un año y no encontrar a alguien que quieras y te quiera. Incluso si lo haces y le das a esa persona amor, respeto y lealtad, no hay garantía de que no te engañe, mienta o se vaya.

Para la mayoría esa incertidumbre y falta de control es intolerable. Por eso ejercemos control donde podemos: adicción al trabajo, al gimnasio, comida, alcoholismo, amistades y relaciones familiares. A veces rechazamos todo el mundo del amor para evitar que nos rechace. Pero el deseo de sentir que nos vean, acepten y amen no desaparece tan fácil. En el momento de escribir esta sección, estamos empezando a oír hablar de las relaciones con la IA, a medida que la gente recurre al *software* para crear compañeros ideales, lo cual es un recordatorio de que la necesidad de conexión es universal y la gente hará lo necesario para satisfacerla.

¿Qué ofrece la IA que una vida amorosa normal no pueda ofrecer? Control. Una pareja de IA no se irá ni hará trampa. Está garantizado que estará ahí cuando la necesitemos, lista para escuchar y sentir empatía (en especial, si sus capacidades empáticas pueden ser programadas por psicólogos clínicos). Ella, si es que podemos hablar de algún género, brinda un lugar para que, quien ha sido invisibilizado por la edad, alguna discapacidad, enfermedad, algún divorcio o las circunstancias de la vida, sea reconocido.

¿Se nos puede culpar por no tener citas de la manera difícil (en persona, con humanos reales) y recurrir a lo que Rilke llama *el lado más fácil de lo fácil*? Ya sea abstenerse de tener relaciones por completo, explorar relaciones con inteligencia artificial, buscar salidas a través de una pantalla de aplicaciones de citas o solo entretener a alguien que es un "poco de diversión" sin futuro (estas comodidades, sin importar cuan defectuosas sean, a menudo se sienten preferibles a nada, que con mucha frecuencia es la única alternativa). ¿Cuánto tiempo mantenemos los estándares altos y esperamos algo mejor cuando algo mejor nunca parece llegar?

A veces, al estar en el escenario o en línea aconsejando a alguien que abandone a su pareja casual porque no le está dando lo que quiere, siento como si le estuviera robando el único consuelo que le ayuda a seguir adelante. Entonces recuerdo cuántas veces he visto desarrollarse esos escenarios, dejando a alguien en una situación peor que cuando empezó, como alguien con adicción a las drogas que primero consumía para sentirse bien, luego para no sentirse mal, y al final terminar con la agonía de la adicción y la abstinencia.

Pero cuando falta algo tan importante para nuestra felicidad como el amor romántico, ¿cómo nos las arreglamos? Aprendiendo a ser "bastante feliz".

Me gusta bastante feliz. Me gusta desde hace años. Algunos verán ese estado emocional como un "asentarse", "quedarse" o "establecerse" con otro nombre, una forma de eludir lo que realmente queríamos. Para mí, ser bastante feliz no solo sirvió como una manera esencial de sobrevivir a las inevitables decepciones y pérdidas de la vida; también formó la base para un profundo sentido de paz, el tipo de paz que sirve de fundamento para asumir más riesgos, involucrarse más y obtener mejores resultados.

Bastante feliz empieza cuando aceptamos de manera radical el lugar en que estamos ahora y, luego, concluimos que, si nada cambiara, en realidad estaríamos bien. Eso no significa que no haya cosas por las que queramos esforzarnos; solo significa que no partimos de un lugar de escasez, sino de un lugar de paz. Eso, por ahora, es bastante.

Una versión más joven de mí, con mi personalidad tipo A, podría haber descartado ese consejo como una mentalidad de perdedor. Pero cuanto más éxito experimentaba, más me encontraba rodeado de individuos cuya filosofía predominante parecía ser "nunca es suficiente". Observé a esas personas (y a menudo también a sus familias) pasar por un sufrimiento constante para obtener más. Pienso en eso como "la enfermedad". Cada vez que veo a alguien que no puede parar, pienso: "Oh, oh, tiene la enfermedad". Cada vez que me sorprendo corriendo hacia lo siguiente solo porque sí, me digo: "Oh, oh, Matthew tiene la enfermedad en este momento".

Bastante feliz no es aceptar menos; es una filosofía arraigada en la gratitud y la aceptación. Este momento, vida, cuerpo, mente me bastan para ser feliz. Puedo optar por intentar más, porque más puede ser divertido, agrega comodidad a mi vida, nuevas experiencias y conexiones, pero no lo hago desde un lugar de carencia, sino desde un lugar de calma. Es sorprendente lo mucho que eso te permite intentar más, porque de repente no tienes nada que perder. Si lo que intentamos conseguir no sucede, no hemos arriesgado ni perdido nuestra felicidad al no conseguirlo. Cuando pensamos en alguien que no tiene nada que perder, a menudo lo pensamos en un sentido negativo, como alguien que no tiene nada. Pero cuando somos bastante felices, no tenemos nada que perder porque podemos mirar nuestra vida hoy y reconocer que ya es suficiente.

Con esa perspectiva, podemos sentir que sería maravilloso tener una relación. Nos entusiasmamos con la posibilidad. Incluso reconocemos que la relación adecuada podría hacernos más felices de lo que somos ahora. Pero su ausencia no nos impide ser bastante felices como para disfrutar la vida que tenemos. Eso es poder. No un poder derivado de un lugar defensivo o cínico; sino un poder que proviene de tener agencia en nuestra felicidad, agencia que coexiste con una apertura y la sensación de posibilidades infinitas de una vida vivida con curiosidad.

Bastante feliz es la base de los estándares. Cuando somos bastante felices, podemos decir no al maltrato, a la falta de respeto o al comportamiento que no encaja con la cultura de nuestra vida. Podemos decir no a una persona que tiene intenciones diferentes, sin importar si tenemos a alguien que lo sustituya. Si pones un bote en un lago, por un tiempo el agua se desplazará para hacer espacio, pero si lo quitas el agua retomará su nivel natural. No hay ningún vacío que deba llenarse.

Bastante feliz no necesita una opción de reemplazo para decir no, porque esa decisión no deja un vacío. La vida, tal como es, es suficiente, por lo que cualquier persona o cosa que traigamos debe mejorar la vida o quedarse atrás. La gente infeliz dice que sí a individuos que la hacen infeliz porque piensa que ella o su vida no vale nada si no están. La gente bastante feliz puede evaluar de forma objetiva si algo vale la pena en vez de sentirse prisionera sin otras opciones. Bastante feliz es la libertad de decir no.

Pero ¿cómo lograr ser bastante felices si nos abruma el dolor y el sufrimiento? Podría ser el dolor de una terrible angustia, circunstancias trágicas de la vida o el sufrimiento profundo y continuo de la soledad. Sentirnos como en un encierro con nuestro dolor hace que parezca imposible conectarnos con la idea de ser bastante felices.

Manejo del dolor

En páginas anteriores, escribí sobre mi batalla contra el dolor crónico. Pocas veces he contado en público qué tan mal se pusieron las cosas. Sentía que me derrumbaría en cualquier momento, así que lidié con el padecimiento en privado. Como dije antes, por eso empecé la terapia, no por algún deseo de crecer y mejorar, sino por una necesidad desesperada de evitar ahogarme. Me sentía fuera de la vida, incapaz de conectarme con nada ni nadie. Desde lejos, parecía que todo iba bien, pero estaba en serios problemas. Entendí cómo las personas que viven en un dolor y una desesperanza implacables pueden ver la muerte con una sensación de alivio.

Una mañana, en terapia, las primeras palabras que salieron de mi boca fueron:

—He decidido que voy a vivir para otras personas, porque ya no disfruto nada de la vida. Solo pienso en mi dolor.

Fue una de las declaraciones más oscuras de mi vida.

—Matthew —dijo mi terapeuta—, esa es la depresión característica.

Quizá mi depresión fue circunstancial, con origen en un dolor físico crónico, pero no había diferencia: el resultado mental y emocional era el mismo.

—El dolor —explicó— es muy centralizador. En especial cuando te duele la cabeza porque lo sientes muy cerca.

Esa era la palabra perfecta: centralizar. El dolor se había apoderado del paisaje de mi vida como un agujero negro. (Aunque soy la última persona que pensaría que un dolor de cabeza es más centralizador que un dolor de corazón roto). Pero, aunque me tomó años darme cuenta, el sufrimiento me enseñó una lección importante. A través de la lucha contra el dolor, aprendí las herramientas para ser bastante feliz, incluso en los momentos más difíciles. Bastante feliz hizo que los tiempos difíciles fueran más fáciles.

Las herramientas

Cada una de las siguientes herramientas se basa en una idea única y fundamental que aprendí del dolor: lo más doloroso del dolor no es el dolor en sí, sino nuestra relación con él. Entonces, primero unas palabras sobre esa relación.

Mi relación con el dolor era tóxica. Cuando sentía palpitaciones en la cabeza y zumbidos en el oído, no solo experimentaba una sensación física. Desencadenaba toda una reacción en cadena de pensamientos catastróficos, cuyo destino final siempre era alguna versión de "estoy jodido". He aquí algunos pensamientos de mi descenso típico:

- Nunca volverás a disfrutar la vida debido a este dolor. Nada de lo que amas de la vida volverá a ser lo mismo. Ninguna mujer te querrá una vez que descubra que tienes esa debilidad, que te hace patético, enfermizo y poco atractivo. Las mujeres quieren un hombre fuerte y capaz, no una criatura delicada y frágil que siempre está a un paso del colapso. Eso te ha robado la confianza que alguna vez te hizo deseable.
- ¿Qué esperas? Tú te lo hiciste. No te cuidaste; te aferraste al estrés y la ansiedad… y ahora estás destrozado y sin posibilidad de reparación. Tú tienes la culpa.
- Nunca lograrás las grandes cosas que alguna vez quisiste lograr porque este dolor dominará tu vida. Y si no logras esas cosas, no valdrás nada.

Podría oscurecerse aún más, pero ya tienes una idea.

Nota la total ausencia de autocompasión. Cuando necesitaba una amistad con desesperación, me convertí en el enemigo, lo cual convirtió mi experiencia cotidiana en una importante arteria de vergüenza. Mi relación *con* mi dolor, esa espiral de recriminación, fue multiplicadora, volviéndola diez veces peor. En las siguientes páginas, encontrarás las herramientas que aprendí a lo largo del camino que transformaron mi relación con el dolor y, al hacerlo, me permitieron ser bastante feliz. De hecho, ahora estoy muy contento de compartir todo esto contigo, algo que nunca habría podido cuando estaba perdido en él. Bastante feliz nos da la capacidad de marcar la diferencia de nuevo.

Estoy seguro de que estas herramientas también te funcionarán. No las inventé, pero he moldeado lo que aprendí de muchas fuentes diferentes para crear una caja de herramientas para el dolor bastante completa que uso todos los días.

Pierde la ceremonia

Recuerdo que hablé con una mentora en el apogeo de mis síntomas físicos. Le dije que comer ciertos alimentos o beber alcohol parecía empeorarlos. Tomaba un sorbo de vino y de inmediato empezaba a sentir dolor, mareos y el zumbido en el oído se hacía más fuerte. Nunca he sido un gran bebedor, pero me encanta la comida, una copa de vino, un buen cóctel. Los asocio con algunas de las mejores experiencias de la vida, como viajes y aventuras. Le expliqué con voz completamente derrotada (mi base emocional en ese período) que nunca podría volver a tener todo eso por mis síntomas. Nunca olvidaré lo que me dijo:

> Mira, no sabemos dónde van a estar tus síntomas dentro de un año, mucho menos en cinco, así que perdamos la ceremonia del 'no puedo volver a hacer esto', que ni siquiera sabemos si es verdad, y solo concentrémonos en lo que es mejor para este momento. Algunas de esas cosas parecen causar dolor, así que no las hagas por ahora, al menos hasta que todo esté en un lugar mejor.

Cuando me dijo que "perdiera la ceremonia", en realidad me estaba diciendo que dejara de pensar en cosas catastróficas, lo que me hacía mucho más infeliz que la realidad de no poder tomar una margarita con chile esa noche. Lo mismo ocurre en nuestra vida amorosa. A menudo, cuando experimentamos soledad, la mente caracteriza la situación como extrema. ("¡Voy a morir sin nadie!"). Y ese pensamiento nos envía al pánico y a la depresión. ¡Pierde la ceremonia!

Todo cambia

El corolario del consejo de mi mentora, de perder la ceremonia, es el simple hecho de que realmente no tienes idea de cómo te sentirás dentro de un año o cómo va a cambiar tu vida. El dolor, como todo, cambia. A veces disminuye o desaparece por completo. Otras veces sigue ahí pero no nos afecta de la misma forma porque aprendemos a cambiar nuestra relación con él y a gestionarlo de otra manera. En cierto punto, ¿no son lo mismo? No juzgues tu futuro basándonos en cómo te sientes ahora. Todo cambia todo el tiempo.

La próxima vez que escribas el guion de todo tu futuro basándote en lo que está pasando hoy, recuerda que tu única tarea es manejar la situación actual lo mejor que puedas, mientras mantienes las puertas abiertas a las sorpresas que, de forma inevitable, te depara el futuro.

Rendición

Como dijo Eckhart Tolle: "Aceptar lo inaceptable es la mayor fuente de gracia en este mundo". Aunque el futuro depara sorpresas, quedarse esperando por ellas es una mala idea. La única forma de vivir es apoyarse en las circunstancias actuales. Aprendí lo contraproducente que era para mí despertar todos los días con la esperanza de que mis síntomas cambiaran. Eso no significó que tuviera que dejar de buscar formas de aliviarlos con el tiempo, pero había probado tantas cosas, y terminaba tan devastado cada vez que no funcionaban…, que la esperanza misma había comenzado a volverse corrosiva. Para contrarrestar mi cinismo y desesperación, aprendí a decirme: "Tal vez dentro de unos años no tenga estos síntomas, pero por ahora los tengo y la vida es demasiado corta para no disfrutarla, así que me dejo aceptarlos y aprender cómo aprovechar al máximo mi vida mientras estén aquí".

Algo en esta aceptación de inmediato disminuyó el control que el dolor tenía sobre mí. Ya no estaba luchando contra eso. Hay una historia en la mitología griega sobre el príncipe Ilo, quien fundó la ciudad de Troya. Cometió el error de mirar un objeto sagrado enviado por los dioses y quedó cegado al instante. En el recuento de la historia que hace Stephen Fry, escribe: "Él [Ilo] era sabio en las costumbres de los olímpicos lo suficiente como para no entrar en pánico. Cayendo de rodillas, elevó oraciones de agradecimiento a los cielos. Después de una semana de inquebrantable devoción, fue recompensado con la recuperación de la vista".

Otros pueden ver poco aprendizaje en una historia que describe un milagro poco realista, pero yo veo una de las lecciones más importantes. Para mí, el príncipe Ilo representa a la persona que ha aprendido que puede ser feliz, incluso si no recupera la vista. Quizá sabía de manera instintiva que seguramente aprendería de esa nueva experiencia que le brindaba la vida, por eso dio gracias. Encontró gratitud dentro de la calamidad. La recompensa por ese acercamiento a su difícil situación es la gracia. Recuperó la vista.

Pero no es el milagro lo que me parece interesante de la historia. Él ya veía con claridad al abordar su situación desde un lugar de gratitud y entrega.

La rendición no siempre revertirá nuestras circunstancias, pero sí transforma la relación con ellas. La condición mental del príncipe Ilo era mucho más importante que las circunstancias de su vida. A través de la rendición transformamos nuestra lente para ver la vida. Aceptamos lo que es, incluso si eso significa tomar el camino al que alguien más se resiste. Al hacerlo, creamos una nueva relación con la situación misma, una relación que ya no causa el dolor que solía provocar. La aceptación en esta escala no es pasiva. Es una acción consciente que requiere decisión. Dice: déjame hacer las paces con Lo Que Es, luego haré todo lo posible por hacer Lo Que Es Mejor. Al decir "así es, no podría ser de otra forma", somos libres de preguntar: "¿Cómo puedo aprovechar esto al máximo?". Cuando terminamos de luchar contra la situación, por fin liberamos energía que podemos usar para explorar sus beneficios ocultos.

Elige tu dolor

Recuerdo que el psicólogo Guy Winch me habló de un experimento realizado con ratas, que decía más o menos así: la Rata A podía correr de manera voluntaria sobre una rueda; la Rata B, estaba confinada a una rueda conectada a la rueda de la Rata A. Cada vez que la A decidía correr, la B era obligada a correr. Posteriormente, la Rata A mostró todos los efectos positivos del ejercicio (disminución del estrés, mayor serotonina), mientras que la Rata B mostró un marcado aumento en la hormona del estrés: el cortisol.

Ambas hacían la misma cantidad de ejercicio. Entonces, ¿por qué una tuvo una experiencia positiva y la otra una negativa de forma neurológica? La Rata A eligió, la Rata B no.

El dolor que *elegimos* nos beneficia. El dolor del que somos víctimas nos lastima. Eso deja una pista sobre cómo renegociar nuestra relación con el sufrimiento. De hecho, podemos ir más allá de la rendición y elegir nuestro dolor.

Quizá no escogimos la soltería, la soledad o vivir un desamor, pero podemos actuar como si los eligiéramos al descubrir qué beneficios nos brindan. Esa forma de elección retroactiva nos convierte en la Rata A. Nos sentimos agradecidos por el ejercicio que la vida nos obliga a hacer. Me di cuenta de que, al aprender a gestionar la relación con mi dolor físico, había creado un modelo para gestionar la relación con la vida que me serviría en cada aspecto de la vida y el futuro. Algo que nunca habría logrado si solo hubiera podido desaparecer mi dolor. Esa lección se convirtió en uno de mis bienes más preciados.

Imagina que te dan un menú con todo tipo de situaciones difíciles que te generen dolor. Al lado de cada una viene la lista de tesoros y beneficios que obtienes al atravesar esa difícil situación. Ahora imagina ver en ese menú la situación que te ha causado tanto malestar. Observas la siguiente columna y ves la lista de todos los beneficios que te brinda ese dolor, las formas en que te hace más fuerte, interesante, capaz, resiliente; en las que te da compasión y herramientas para otras luchas. Ahora conéctate con el hecho de que esos tesoros ya son tuyos y que aún quedan más por descubrir en esta situación. Quizá no elegiste esa situación al principio, pero ahora que estás aquí, imagínate eligiéndola de forma retroactiva del menú debido a sus increíbles beneficios únicos..., beneficios que no podrías obtener de otra manera.

Las personas eligen el dolor en el menú de la vida todo el tiempo: escalan montañas, van al gimnasio, construyen un negocio, escriben un libro (¡!). Algunas parecen tener beneficios más obvios que el dolor que estamos pasando en la vida. Pero ese no es el caso. Los beneficios del padecimiento que elegimos no son más valiosos que los beneficios recibidos al atravesar el sufrimiento creado por nuestras circunstancias en la vida. Desde mi perspectiva, debo argumentar que el valor que recibí del dolor que no escogí al principio es mucho mayor que el valor que perseguí con el dolor que escogí.

Al elegir ver nuestra dificultad a través del lente de sus beneficios únicos, reescribimos la historia y el significado de nuestro sufrimiento y, al hacerlo, nos transformamos de la Rata B en la Rata A.

Pon atención a los matices de tu dolor

Algunos días u horas, tu soledad llegará a un 10. Otras, estará en un 3. Esa es una gran diferencia. Sé que cuando siento dolor en un 10, corro el peligro de perder la objetividad. En los picos del malestar, tendemos a recordar mal los momentos recientes en los que de verdad nos sentimos bien. Esa ceguera evita que veamos que nuestro máximo dolor inmediato es temporal. Le damos demasiada importancia a los malos momentos, lo cual nos regresa al pensamiento catastrófico y luego a la desesperación.

He aquí una predicción razonable: a veces te sentirás un poco mejor. A veces mucho mejor. Es importante mantener una bitácora de esas variaciones, pues te recuerda que como te sientes en tu peor momento no es una verdad definitiva y que es posible sentirte mejor. Además, la bitácora te ayuda porque brinda un registro de qué hiciste que te ayudó a sentirte mejor que en tus peores momentos. Saber cómo reducir el dolor de un 10 a un 7, o de un 7 a un 4, te cambia la vida. Y al tener un par de estas fórmulas a tu disposición, podrás replicar ese resultado.

Solía pensar en mi padecimiento las veinticuatro horas del día. Luego comencé a notar casos en los que no había pensado en mi dolor durante los últimos diez minutos. No es mucho para alguien que no siente dolor, pero es una hazaña significativa cuando el sufrimiento es constante. Eso me hizo saber que de verdad había momentos en los que podía vivir sin pensar en el dolor. Y si pude hacerlo durante diez minutos, seguro podría hacerlo durante veinte, tal vez ¡incluso una hora! Cuando alcancé la hora, mi objetivo fue simple: lograr más de esas. En la peor ruptura, estás en tu mente las veinticuatro horas del día. Pero un día pasarás una hora sin pensar en tu ex. Reconocer eso se siente como esperanza, lo que te ayuda a concentrarte en lograr más. Como mínimo, la próxima vez que te desesperes, recordarás que se acerca una hora en la que no pensarás en la persona en absoluto, y ese solo pensamiento puede ser suficiente para dejar entrar la luz, respirar de manera profunda y calmarte.

Practica la máxima autocompasión

Sentirse mal ya es bastante malo. Entonces, ¿por qué empeoramos las cosas con todas las historias que nos contamos? Por ejemplo: "Todo es mi culpa", "qué idiota fui por llegar a esta posición en primer lugar", "estoy recibiendo lo que merezco", "nadie me quiere porque no valgo nada...". Justo aquí es donde debemos practicar el tipo de autocompasión del que hablamos en el capítulo anterior sobre la confianza fundamental.

La autocompasión es decirnos: "Siento malestar/tristeza/soledad/dolor. De por sí eso ya es horrible. Hoy debo cuidarme y ayudarme a sentirme mejor". En los días cuando mi padecimiento físico era peor, me sentía incapaz de hacer nada. Me torturaba por el hecho de no ser productivo ese día, luego me avergonzaba por tener el dolor en primer lugar y trataba de encontrar una forma de culparme por haber creado las condiciones en mi vida para que eso pasara. Todo sumado a este agobiante mensaje: "Hoy no lograrás hacer nada, y eso significa que te quedarás atrás en la vida. Y todo es tu culpa".

Tuve que aprender a hablarme de una manera diferente por completo, lo que significó deshacerme de todas las historias apocalípticas que había creado en torno a ese dolor y, en cambio, verlo solo como un hecho de ese día en particular, lo cual era horrible para Matthew.

El nuevo monólogo (que me tardé en aprender) sonaba así:

Hoy Matthew tiene dolor. Eso es muy duro para él, sobre todo porque tiene mucho que hacer. ¿Cómo puedo ayudarlo hoy? ¿Puedo encontrar más tiempo para que descanse? ¿Puedo conseguir que otras personas lo ayuden con su carga de trabajo? Quizá pueda darle permiso para retrasar (incluso fallar en) algunas cosas hoy mientras le damos el descanso necesario para tener más posibilidades de hacerlo bien la próxima semana. Tal vez no es cierto que hoy no lograremos hacer nada. Quizá con un poco de aliento y gentileza, aún podamos hacer algunas cosas importantes o pequeñas.

Así se ve la autocompasión en acción. La próxima vez que experimentes la soledad, repítete:

Sentir soledad es algo difícil de superar, así que me siento mal por [inserta tu nombre], que hoy siente tanta. Eso es realmente difícil para esta persona. ¿Cómo puedo ayudar a [tu nombre otra vez] a sentirse mejor? ¿Qué necesita hoy para tener un mejor mañana? ¿Cómo puedo apoyar mejor a [¡otra vez tu nombre!] para atravesar este sentimiento ahora mismo?

Mírate como una amistad a quien estás ayudando a superar el dolor. Decir tu nombre varias veces te ayuda a tener la perspectiva suficiente para tratarte de esa manera.

Si en este momento, de forma inesperada, te pica una abeja..., te dolerá, pero no le darías ningún significado especial a ese dolor. Solo sería una sensación dolorosa. Pues eso es en realidad: el sufrimiento emocional como la soledad es otra variación de sensación. Si nos deshacemos de todas las historias que usamos para avergonzarnos y culparnos, solo nos queda atender una sensación difícil en el cuerpo. Ese ligero ajuste facilita mucho el practicar la autocompasión que nos aleja de esa sensación.

Restablece tus expectativas

Un componente clave de la autocompasión es tener la disposición para restablecer las expectativas que te pones según la situación actual. Esto es cierto en especial en tiempos difíciles. Como fijador de metas compulsivo, una de las cosas más difíciles que tuve que aprender fue hacer las paces con lo que solo no pude lograr en mis días más difíciles. Empecé a considerar los días malos y moderar mis exigencias en consecuencia. A veces necesitaba reducir la velocidad. Otras veces debía hacer menos cosas. Algunos días necesitaba no hacer nada.

Es difícil hacer esto si siempre comparamos nuestra producción con lo que vemos (o creemos ver) que hacen otras personas que pueden o no tener las mismas luchas. Es igual de difícil si la persona con la que nos comparamos con otra versión nuestra, cuando no sufríamos las cosas que sufrimos ahora, o cuando teníamos menos responsabilidades.

Olvida qué están haciendo otras personas o qué podías hacer tú en otro momento. Progreso significa cosas diferentes dependiendo de tu situación. Para las personas deprimidas de manera profunda, levantarse de la cama por la mañana es un acto heroico. Necesitamos decidir qué representa un gran día según nuestra mirada y dejar de preocuparnos por si nuestro día o nuestra *vida* coincide con el de otra persona.

Mantén la perspectiva

Sam Harris dijo una vez: "Si crees que las cosas no pueden empeorar, te falta imaginación". Tus circunstancias de hoy podrían ser un sueño comparadas con lo que podría salir mal en tu vida futura... Si no tuvieras el mayor problema de tu vida en este momento, no hay garantía de que no tendrías un problema igual de difícil (incluso peor) en otra área. Todo mundo lucha y sufre en esta vida. ¿Cuántas parejas que parecían ser parte de un matrimonio de ensueño ahora están atravesando un divorcio? ¿Cuántas personas sufren accidentes que les cambian la vida y las obligan a aprender una forma nueva de relacionarse con su cuerpo? ¿Qué cantidad de jóvenes tiene una enfermedad y no les quedan ni los años que te quedan a ti para salir y encontrar una relación?

Siempre habrá incertidumbre y algún dolor nuevo con el que tendrás que aprender a convivir. No te lo tomes demasiado en serio. Incluso en los momentos en que tu dolor es peor, no significa que hay algo mal en ti. Nuestro dolor no es único; solo es un cubo particular de Rubik que debemos resolver. Conócelo, domínalo, mira lo que puedes aprender de él y será el trampolín para convertirte en algo de lo que sentirás orgullo.

De manera irónica, mientras escribo esta sección del libro, mis síntomas físicos resultan ser más graves. Es una sensación conocida. Tensión detrás del ojo derecho, palpitaciones en el oído acompañadas de un zumbido más fuerte de lo normal, presión en todo el lado derecho de la cabeza y dificultad para concentrarme. No estoy seguro de por qué está peor esta mañana. Como sabrá cualquier persona con dolor crónico, diferentes cosas pueden desencadenarlo. Si me enfermo, aparece primero en la cabeza y en el oído, como un detector temprano de tormentas que me avisa que estoy demasiado estresado sin darme cuenta. En esta época del año también puedo sufrir alergias, otro desencadenante. No sé por qué hoy tengo un 8 de 10, en lugar de un 2 o 3 muy manejable. Y en cierto modo, no importa. También aprendí a ser bastante feliz con un 8, con las herramientas exactas de las que hablé en este capítulo.

En un momento como este, solía desmoralizarme por completo, incluso entrar en pánico. Las historias llegaban muy rápido: "Nunca superaré esto", "Me perseguirá por el resto de mi vida", "Pensé que iba mejor, pero ha vuelto con toda su fuerza", "Es inútil. No puedo hacerlo". Esa frase "No puedo hacerlo" era la más peligrosa de todas. Señalaba un agobio total que me desanimaba. Me hacía renunciar a todo lo que debía hacer ese día, volver a la cama y caer en un abismo emocional porque no podía ver una salida. No es que haya algo malo en volver a la cama (¡podría ser justo lo que necesitamos!), pero gracias a las herramientas que he mencionado, eso no es una parte necesaria de mi respuesta al dolor en este momento.

Primero, noto el dolor como una sensación independiente, sin asignarle ningún significado inmediato; no me avergüenzo ni me culpo por él (en cualquier caso, incluso si hice algo para crearlo, el *yo* que lo hizo fue un corredor anterior, no el Matthew que despertó hoy). No empiezo a abrumarme pensando en todas las cosas con las que lucharé hoy. Estos son los hechos: Matthew siente dolor. Eso es todo.

Segundo, estoy tranquilo. Me calmo porque ya viví esto antes y salí del otro lado. Sé que el dolor se modula, con días buenos y malos, horas buenas y malas. Por lo tanto, no permanecerá en 8 para siempre. Hubo un tiempo antes del dolor de cabeza, cuando solo el zumbido en los oídos me provocaba un pánico total y luego un agujero negro de depresión paralizante. Ahora pocas veces pienso en eso. A veces, incluso lo disfruto un poco, ¿no es raro? La mayoría de las noches me acuesto con un ventilador o con algún tipo de ruido blanco, pero en ocasiones en los viajes, no tengo acceso a uno y, al acostarme, me empiezan a zumbar los oídos y el silencio de la habitación hace que perciba el zumbido muy cerca dentro de la cabeza y se siente casi acogedor estar ahí y escucharlo. Es como un viejo amigo que me ha enseñado mucho, así que le digo: "Ah, ahí estás, viejo amigo. Jala una silla, ven a sentarte conmigo".

Me he familiarizado bien con mis síntomas. Hemos atravesado muchas cosas juntos. Han sido mis maestros y me han convertido en un mejor *coach* y líder. Han sido una clase magistral continua e inevitable de empatía y una ventana crucial a las vidas de quienes la pasan mucho peor. Gran parte de lo que más valoro en mí lo aprendí de este viejo amigo. Entonces me siento agradecido.

Luego, desde ese estado me propongo hacer las cosas que pueden ayudar. ¿Has hecho ejercicio en los últimos días? No, bueno pues en parte es eso, tonto. ¿Has comido bien? No, está bien. Así que hoy te daremos algo de buena comida. ¿Ha estado creando mucho estrés y ansiedad con este libro? Sí, vale, bueno, es solo un libro, no nos lo tomemos tan en serio. Sobre todo, evalúo si ahora mismo voy por la vida con el puño cerrado y, si lo estoy, lo abro. Me digo que lo que sea que se va a hacer se hará y lo que no, pues no. Y que eso es lo mejor que puedo hacer en este momento.

Luego me doy un mensaje de agradecimiento:

Gracias, Matthew, por llegar tan lejos durante los últimos siete años con lo mal que te has sentido la mayor parte del tiempo. Gracias por cada día que te levantaste de la cama cuando fue difícil; por todas las maneras en que sigues ayudando a las personas y a tu familia; por todas las formas en que elegiste crecer a partir de esta experiencia; por todas las veces que nunca te rendiste; por la fuerza de carácter que demostraste al aprender a vivir con esto; por la versatilidad que demostraste al reconocer que este era un momento para aprender a aceptar en lugar de luchar. Gracias, Matthew, amigo mío, por cuidarnos en esta época, por hacer todo lo posible para no dejar que nuestra vida se desmoronara… y por usar la experiencia para convertirte en un ser humano más rico con más para dar que nunca.

No me gustaba hablar en público de mi dolor porque las personas sienten la necesidad de ofrecer soluciones. Están desesperadas por brindarte una cura que haga que tu sufrimiento desaparezca. Pero no se dan cuenta de que ya gestioné con éxito mi relación con el dolor, por eso no necesito que me encuentren una solución.

Con todo esto, espero que comprendas que el dolor crónico que sientes por el desamor o por el anhelo de tener una pareja no solo es manejable, sino que puede ser uno de tus maestros más esclarecedores y una tremenda fuente de fortaleza y gratitud. Esa es la verdad de este dolor. Tu trabajo es conectarte con él. Y si necesitas ayuda, para empezar, te comparto algunas verdades sobre el dolor de buscar el amor:

VERDAD: Estar en una relación tampoco es garantía de felicidad. Hay muchas personas que parecen felices en público, pero sufren mucho en privado. Las relaciones no equivalen automáticamente a felicidad.

VERDAD: Incluso estar en una relación que te hace feliz no garantiza que nunca volverás a experimentar soledad. Es posible que encontremos a la persona que siempre hemos estado buscando solo para que la vida nos la quite. El camino hacia la unión no es lineal. La única relación garantizada hasta el día de nuestra muerte es la personal.

VERDAD: Ya aprendiste mucho a través del dolor. Tuviste que volverte más fuerte por tu cuenta; cuidarte; aprender a calmarte y a vivir plenamente la soledad. Formaste amistades más profundas en ausencia de una relación romántica. Y si todavía no has hecho nada de eso, el dolor te llevó al punto (de leer este libro para empezar, ¡y mira, ya casi lo terminas!) de iniciar un viaje que nunca habrías hecho si no hubieras sentido ese sufrimiento.

VERDAD: Tienes acceso a un nivel diferente de empatía hacia otras personas que experimentan ese tipo de dolor. Así que ahora puedes expresar el tipo de sensibilidad y compasión que otras tal vez no puedan. Puedes conectarte con la gente que sufre (que es casi todo mundo, algo de lo que ahora tienes más certeza) y ayudarla de verdad.

VERDAD: Estás aprendiendo a ser bastante feliz con o sin una relación, y eso es una forma de volverse invencible. Esa es la confianza fundamental en su esencia: saber que serás bastante feliz sin importar lo que pase con los cambios en tu matriz de identidad. Si aparece la persona equivocada, podrás decirle que no. Cuando llegue una prometedora, estarás lo suficientemente presente como para disfrutarlo, en lugar de sufrir la ansiedad constante de que algún día se vaya y se lleve tu felicidad. Ser bastante feliz te permite disfrutar de la felicidad de la relación en la que estás.

VERDAD: Tu vida es maravillosa, tal como es. Hay muchas cosas por las cuales agradecer (incluidas las quejas que no tienes por cosas terribles que no te han pasado). Todo es una ventaja extra.

Bastante feliz nos hace atractivos

Con la ayuda de las herramientas y verdades anteriores, puedes crear una perspectiva para tu vida diferente por completo a la de la mayoría de la gente. Esto no solo hace que ames más tu vida: transforma la manera en que te ven las otras personas. El problema del dolor crónico (ya sea emocional o físico) es que conecta nuestro cerebro con la negatividad, ansiedad, pánico, resentimiento, agobio y desesperanza. Esos estados tienen un doble efecto negativo: nos brindan una experiencia negativa de la vida, pero luego esa experiencia negativa nos transforma de maneras que dificultan mucho atraer a las personas que queremos en nuestra vida amorosa. Si todo el tiempo nos lamentamos por lo que no obtenemos en la vida, si sentimos ansiedad o entramos en pánico por las cosas que no podemos cambiar, o si nos preocupamos de forma constante por tratar de gestionar el dolor, emitimos una energía que aleja a las personas.

Esto hace que sea más difícil encontrar lo que estamos buscando. No es nuestra culpa haber tenido que lidiar con todas estas cosas: no elegimos nuestra apariencia, genética, influencias, los patrones de relación que nos transmitieron mamá y papá, el abuso que sufrimos a manos de una pareja terrible. Y luego descubrimos que, como recompensa, atraemos menos interés de las demás personas cada vez que nos llega ese dolor que todavía sufrimos. Ese tipo de ciclo crea un tremendo resentimiento y amargura.

Por eso es común y comprensible que la gente caiga en una espiral descendente. Porque la vida es dura. Se necesita valentía para elegir la creatividad e intentar hacer algo extraordinario con tales ingredientes. Pero hay recompensas especiales para quienes lo hacen, porque como dije antes, la vida tiene una manera de recompensar a quienes son grandes chefs. No controlamos mucho, pero sí controlamos una cosa: nuestra energía. Y esa energía resulta ser el mayor activo que tenemos para atraer a otras personas. Hacernos felices y sacar lo mejor de nuestra situación es una de las formas más poderosas y hermosas de atraer a otra persona.

Las herramientas que he mencionado te ayudan a lograr una relación manejable, incluso positiva, con el dolor. Una vez que aterrizamos ahí, podremos hacer lo que hacen todas las grandes personas: crear magia.

Dónde vive la magia

La mayoría de los humanos van por la vida persiguiendo la magia. Quienes buscan la magia persiguen carreras de ensueño, parejas de ensueño, casas de ensueño, países de ensueño para vivir. Cualquier cosa que se imaginen les traerá la magia que están buscando, eso es lo que persiguen.

Mamá y papá me llevaron por primera vez a Estados Unidos cuando tenía trece años. Como tantas personas de mi país cuando ahorran lo suficiente para viajar a Estados Unidos, nos dirigimos a Orlando, Florida. Destino: Universal Studios y Walt Disney World.

Si eres una persona más sofisticada de lo que yo era (y sigo siendo, la verdad) quizá esos parques temáticos gigantes te parezcan cursis y comerciales. ¡Yo pasé los mejores momentos de mi vida ahí! Me sentí completamente deprimido al abordar el avión de regreso a Inglaterra y me prometí que regresaría.

Ese deseo no se me pasó. Estando ahí sentí que algo dentro de mí se despertaba. En todo ese escapismo sintético y fabricado, encontré una especie de magia que resonó en mí en un nivel muy profundo, desde la forma en que el personal (*miembros del elenco*, como los llama Disney) se acercaron a saludarme, hasta las intrincadas escenografías que me transportaron a nuevos mundos. Recuerdo que visité las Halloween Horror Nights de los Universal Studios y me quedé asombrado de cuánto esfuerzo se había invertido en crear casas embrujadas inmersivas y calles invadidas de actores vestidos de todo tipo, desde demonios hasta payasos dementes saltando en cada esquina.

De verdad somos la especie más extraña.

Me sentí conmovido e impactado de manera profunda. Y claramente, también muchas personas que viajan al otro lado del mundo para visitar estos lugares, a pesar de que hay parques temáticos más cerca de casa a los que podrían ir. Pero mientras los demás ofrecen paseos, estos dos lugares crean un mundo. Lo hacen contando grandes historias y obsesionándose con todos los pequeños detalles que evocan una experiencia de inmersión completa, algo que nunca podrías conseguir en ningún otro lugar. Maya Angelou (quien grabó la narración para el Salón de los Presidentes, de Disney) tenía razón cuando dijo: "La gente olvidará lo que dijiste, la gente olvidará lo que hiciste, pero la gente nunca olvidará cómo los hiciste sentir".

Siento mucho cariño por el niño que no quería irse. No solo prefería ir a un parque temático soleado que volver a la escuela en una Inglaterra húmeda y triste. Una parte de mí había cobrado vida. Sentí algo que no quería perder: excitación y conexión emocional. ¿Por qué no toda la vida podía sentirse así?

La magia había echado raíces en esos lugares. Cuando Florida desapareció bajo mi asiento junto a la ventana al despegar el avión, me sentí devastado por regresar a mi mundo. ¿Cuántos nos hemos sentido así? (Sentir que, al perder una relación, la magia de nuestras vidas desaparece). ¿Cuántos hemos pasado meses después de una gran cita haciendo todo lo posible por alguien que no tiene interés en recuperar esa magia?

Todo mundo ha caído en la trampa de buscar la magia. Pero en algún momento, debemos pasar de buscar la magia a crearla. Eso requiere cambiar el enfoque y pasar de buscarla en nuestro exterior a convertirnos en su fuente. Cuando somos creadores de magia, nos convertimos en la magia de la vida de otra persona debido a cómo se siente a nuestro alrededor y en nuestros mundos.

Hay muchas formas de crear magia: cuando tomamos una mala situación y le encontramos un hermoso significado, como lo hace quien es gran chef con ingredientes difíciles; cuando ayudamos a que alguien en una situación complicada le descubra el potencial para convertirla en algo grandioso; cuando dejamos de copiar el tipo específico de carisma, confianza o atractivo de otras personas y nos dedicamos a descubrir y crear el nuestro; cuando expresamos nuestras pasiones al mundo; cuando creamos algo por amor, ya sea un libro, una obra de arte, una habitación de la casa, una hermosa amistad o un sofá fuerte para las infancias; cuando reconocemos lo que tienen de especial la demás gente y se lo decimos; cuando le sonreímos a alguien o le causamos risa: todas esas son formas de crear magia.

Una de las mejores formas es a través de la generosidad del espíritu. Cuando nos acercamos a una persona con un mensaje de texto o una llamada, reconocemos sus esfuerzos, notamos lo que tiene de especial o fomentamos su potencial, le mostramos que en un mundo que se mueve a una velocidad vertiginosa, hay alguien que en realidad la ve y es testigo de su viaje. Si dejas a las personas mejor de como las encontraste, eres una fuente de magia en este mundo. Eso es diferente a complacer a la gente, lo cual está enraizado en el miedo. Eso es dar amor desde la abundancia. Y al dar amor, sentimos que nos colmamos de él. Ya no lo buscamos; lo somos.

Conozco personas que nunca estarán satisfechas con un hotel si hubiera uno mejor en el que podrían haberse hospedado; nunca están contentas con la pareja que tienen mientras alguien, con mayor atractivo, pueda entrar en la habitación; nunca están contentas con el dinero que tienen mientras puedan conseguir más. Esos son el tipo de "nunca es suficiente" sobre el que escribí antes. Pero una de las mejores maneras de ser bastante feliz es ser feliz *con* lo suficiente.

Mi primo Billy es una de las mejores personas que conozco en esto. Déjame contarte sobre su "sombrero de mago" (eso haría si te conociera). En realidad, es una gorra "Kwik-E-Mart", el nombre de la famosa tienda de *Los Simpson*. Billy la usaba todo el tiempo y no se avergonzaba de sus sentimientos. ("Dondequiera que vaya, Matt, sé que no hay mejor gorra. Es una gorra fantástica"). Cualquier amistad de Billy lo sabe: el hombre es un creador de magia. Hace poco fui a su despedida de soltero, en Madrid. Las veinte amistades que invitó se alojaron en un hotel de tres estrellas en el centro de la ciudad. Tenía una pequeña terraza en el techo, con una piscina tan fría que la mayoría no fue tan valiente como para meterse, y algunos camastros que acomodamos en círculo sobre las losas de concreto para pasar el rato y charlar. Hay gente que se hospeda en el Four Seasons de Madrid y se queja de que no es tan bonito como el Mandarin Oriental a seis minutos. Esos son los buscadores de magia. Billy es un creador de magia. Caminaba por la azotea (mientras todos descansábamos y platicábamos) y seguía diciendo: "¡Qué suerte tenemos! ¡Esta pequeña terraza en el techo es perfecta! Camastros al sol, vistas a la ciudad, piscina para cuando haga mucho calor. Salió perfecto". Me encanta. Esa siempre ha sido y seguro será la cualidad que más admiro de Billy. Como todos los que lo conocen, me dan ganas de estar cerca de él. Billy no solo aprendió a ser feliz con lo suficiente; estar cerca de él hace que lo suficiente parezca más. Es común escuchar a la gente decir que Billy es el tipo más afortunado que conocen porque siempre parece que le llegan grandes cosas. Ahora, no tengo duda de que la energía que aporta a su vida tiene una forma de hacer que se le presenten más cosas maravillosas. Pero sigo pensando que se pierden el verdadero truco..., porque la verdadera magia de Billy, la que realiza tanto en los días emocionantes como en los cotidianos, es que todo se siente genial cuando lo vemos a través de sus ojos. Ese es su sombrero de mago.

Crear magia es esencial para amar la vida, porque nada es garantía. La gente irá y vendrá. Las carreras cambiarán. Perderemos a las personas que amamos. Nos encontraremos con la enfermedad. Tendremos que mudarnos de una casa que era nuestro orgullo y alegría. Perderemos cosas que nunca pensamos que perderíamos. Pero nuestra magia es algo que controlamos (es una garantía, siempre y cuando nos comprometamos a crearla).

En cualquier momento podemos tomar la decisión de dejar de esperar a que la magia llegue a nuestras vidas y empezar a crearla. Cada quien puede convertirse en la magia de su vida. Y convertirse en magia a menudo termina siendo la forma indirecta de obtener los resultados que buscamos en primer lugar. Mi pasión personal por tomar las herramientas de la vida que me estaban ayudando y convertirlas en videos que no sabía que nadie vería me llevó a Estados Unidos. Mi esposa, que siempre soñó con encontrar el amor, pasó años trabajando en su paz interior, una mentalidad hermosa y estándares sólidos, que fueron las cosas que hicieron que me enamorara de ella. Esto respalda lo que el profesor de Oxford John Kay sostiene en su libro *Obliquity*: que nuestros objetivos en la vida se logran mejor de forma indirecta.

También es importante conectarse con la magia que ya tienes. No se trata solo de lo que vas a crear en el futuro. A veces, para sentir seguridad, solo necesitamos conectarnos con lo que ya somos, lo cual en las etapas más difíciles de nuestra vida tenemos una manera de olvidar. Cada vez que veo a una persona pasando por un terrible desamor, sé que piensa que ha perdido lo más valioso de su vida. Debo recordarle que el cincuenta por ciento de lo que extraña de esa relación es ella. Piensa en tu última ruptura. ¿Cuánto de lo que hizo especial esa relación eras tú? Tus sacrificios; tus compromisos; todas las formas en que te presentaste y pusiste atención a los detalles para hacerla especial; tus regalos; tus sorpresas; las formas en que te anticipaste a las necesidades de la otra persona; tus preguntas que crearon una verdadera vulnerabilidad y forjaron un vínculo más profundo entre ustedes; los momentos cuando la cuidaste y la hiciste sentir segura y amada; esa forma de amarla con tanta pureza que se sintió aceptada incluso en sus partes difíciles de amar (tal vez leer esto te haga darte cuenta de que eras mucho más del cincuenta por ciento de la relación). En el desamor tendemos a sobrevalorar lo que otra persona aportó a la relación y no vemos lo mucho que nuestros esfuerzos contribuyeron para que la relación fuera especial o durara tanto, en primer lugar. Esa solo es otra forma de poner nuestro poder afuera. ¿Cuánta de la magia que extrañas de tus relaciones pasadas (o que desearías haber tenido) en realidad es *tu* magia que todavía te acompaña? Quizá perdiste a una persona, pero no perdiste la magia. La magia eres tú. Y no necesitas una excusa para volver a desatarla.

"Morir será una gran aventura"

Bastante feliz no solo es una filosofía para quienes no hemos encontrado lo que estábamos buscando. Es un modelo de trabajo esencial para quienes lo tienen. Incluso si estamos en una etapa de la vida donde tenemos las cosas que queríamos, no hay garantía de que no nos las quitarán. De hecho, es casi seguro que en algún momento eso pasará. Entonces, tendremos que aprender a amar nuestra vida otra vez.

Una certeza que tenemos al vivir es que moriremos. Y no una, sino muchas veces. El desamor es la muerte de un futuro que planeamos tener con alguien. El divorcio es la muerte de una promesa mutua. La decepción es la muerte de una idea muy apreciada. La infertilidad es la muerte de la forma precisa en que habíamos planeado crear una familia. El fracaso y el rechazo son la muerte del ego. Tú y yo ya experimentamos algunas de estas muertes. Hay más por venir.

Si leíste *Peter Pan* de J. M. Barrie (el libro que inspiró las películas y obras de teatro), sabrás que es una lectura desgarradora para adultos. Varias veces mientras leía, me llené de lágrimas, pero hay una línea en particular que se me quedó grabada siempre.. Una batalla con el Capitán Garfio deja a Peter herido y tirado sobre una roca en una laguna con la marea creciente. Barrie escribe sobre Peter contemplando su muerte inminente:

> Peter no era como los demás niños; pero al fin tuvo miedo. Un escalofrío lo recorrió, como un estremecimiento que pasa sobre el mar; pero en el mar un estremecimiento sucede a otro hasta que hay cientos de ellos… y Peter sintió solo uno. En un instante estaba de nuevo erguido sobre la roca, con esa sonrisa en el rostro y un tambor sonando en su interior. Dijo: "Morir será una gran aventura".

¿Qué muerte has experimentado hace poco o estás experimentando en este momento? ¿La muerte de una relación? ¿La muerte de un ideal preciado de cómo sería tu vida a estas alturas? ¿La muerte de una antigua identidad a la que te habías aferrado hasta ahora? ¿La muerte de tu ego? ¿Cómo podrían estas muertes ser la clave de tu próxima gran aventura?

A veces la pérdida nos abre a algo aún mejor, algo que nunca habríamos visto en la vida anterior. Perdemos una relación sin la cual no podríamos estar, y la pérdida deja paso a alguien aún mejor. Otras veces el dolor nos recompensa con la persona en la que nos convertimos. El dolor es el gran transmutador. Nuestra versión antigua muere, una más grande regresa. En *El Señor de los anillos*, Gandalf es arrastrado a las profundidades de Moria y tenemos la certeza de que muere. Teníamos razón, pero no en la forma en que pensábamos. Gandalf el Gris se fue, pero Gandalf el Blanco regresa. En el centro de la confianza está la comprensión de que, de hecho, sobrevivimos a tales fracturas. Somos vasijas rotas que aún funcionan.

Nada de esto significa que no podamos lamentar las muertes que experimentamos en la vida. La tristeza es parte de nuestra historia y no debe descartarse como una experiencia (incluso deseable). ¿Quién no vio una película o escuchó una canción sabiendo que le provocaría lágrimas o melancolía? ¿Y cuántas veces has descubierto que piensas, en medio de las lágrimas: "¡Por fin, qué alivio!"? La vida no ocurre solo en los buenos tiempos. La experiencia es vivir y los tiempos difíciles son una experiencia más. Todo cuenta.

Pero cuidado con la tentación de fetichizar nuestra tristeza, como si la última pérdida que experimentamos fuera la única verdad irreductible de nuestra vida. De hecho, en cuanto termina una historia, otras se alinean, listas para ser contadas. ¿Hay suficiente espacio entre nuestro ser y la tristeza para verlas? Dejar ir nuestra tristeza no crea un vacío, hace espacio. Bastante feliz no es pasivo. No te estás conformando con la vida que te han dado; estás *decidiendo* la vida que tienes y resolviendo vivir esas nuevas historias cuyos puntos de partida se ubican justo donde te encuentras ahora.

No hay forma de saber cómo cambiará tu vida antes de que termine el próximo año. Ya sea que encuentres el amor o no, podrías estar contando una historia muy diferente. Por eso la curiosidad es una fuerza impulsora para ser bastante feliz. Sí, ser bastante feliz nos hace sentir satisfacción con lo que tenemos en el momento presente. Pero la curiosidad nos impide pensar que todo lo que tenemos en este momento es todo lo que tendremos en la vida. La curiosidad dice: "¡Espera, no lo sé! ¡No tengo idea de lo que viene!". No sé quién seré el próximo año, ni dentro de cinco años. No sé cómo me sentiré con este desamor en seis meses, incluso en la próxima semana. No sé qué oportunidades que no puedo imaginar en este momento se presentarán en un futuro. ¿No es emocionante *no* saberlo?

Dondequiera que estemos ahora, no perdamos el tiempo deseando el tipo de cambio total que no existe, como una repetición o un borrón y cuenta nueva. *¿Alguna vez* tuvimos borrón y cuenta nueva? Comenzamos con el desastre que nos legaron mamá y papá, parte del cual seguramente transmitiremos, casi sin cambios, a la próxima generación. Un borrón y cuenta nueva resulta ser solo otro espejismo del ego, como el disco impecable o la partitura perfecta. La vida sin errores ni arrepentimientos es imposible. Pero se puede confiar en el progreso, el cual es complicado y hay que luchar por él, centímetro a centímetro. Muy pocas cosas en la vida son fáciles. Cuando intentamos amar la vida, no siempre es recíproco. A pesar de todo, mantén tu compromiso con esa relación y con la que tienes contigo. Ambas son relaciones en las que estarás hasta el final. Experimenta con la vida y con las viejas suposiciones sobre ti. Intenta nuevas formas de ser. Diviértete. Transforma tu hermoso desorden en algo de lo que sientas un poco más de orgullo cada día. Los cambios actuales pueden ser modestos, pero con el tiempo los resultados serán milagrosos. De hecho, ya lo son: mira lo que has pasado, todo lo que has tenido que superar ¡y aquí estás! Eres el tipo de persona que resultaste ser. ¿Qué más podría hacer una persona así?

AGRADECIMIENTOS

Primero, a mi increíble esposa, Audrey. Tuve la suerte de casarme con Audrey, no con la esperanza de que estuviera conmigo en los tiempos difíciles, sino con la profunda seguridad de saber que ya lo estaba. Gracias por devolverme la atención a lo realmente importante en la vida desde el día en que nos conocimos. Y por ser paciente conmigo mientras manejaba el estrés de este proceso y la vida que transcurría mientras tanto. Este libro, y la organización que hay detrás de él, no podría existir sin tu extraordinaria capacidad para leer el comportamiento humano, sentir empatía y generar ideas que ayudan a la gente. Gracias por ser una defensora honesta de todo lo que hago. Tú haces que todo sea mejor, ya sea mi trabajo o mi vida.

Gracias a mi editora y querida amiga Karen Rinaldi, y a su apasionado equipo en Harper Wave, incluidas las maravillosas Amanda Pritzker, Kirby Sandmeyer y Tina Andreadis. Karen publicó mi primer libro hace más de diez años, lo que también me dio el honor de ser el primer libro que publicó en lo que entonces era su nuevo sello. Desde entonces, todos los años Karen me preguntaba cuándo se publicaría el próximo libro y todos los años era paciente cuando le decía que no estaba listo. Gracias por esperar, Karen.

Gracias por creer en mí desde hace tantos años. Gracias por amarme lo suficiente como para tener conversaciones difíciles conmigo cuando sabías que podía hacerlo mejor. Ha sido un viaje de diez años, amiga. Espero pasar muchos años más compartiendo nuestras alegrías y heridas de guerra, y riéndonos de todo.

Gracias a mi editor y *coach* de redacción Kevin Conley, quien trabajó conmigo de forma incansable durante los últimos dos años para crear un libro del que ambos estamos súper orgullosos. Sin su guía, nunca habría escrito con el nivel que tengo. Gracias no solo por ser un verdadero socio en el proceso, sino por educarme con generosidad sobre cómo ser un mejor escritor. Al hacerlo, me has dado un regalo que llevo conmigo más allá de este libro.

Gracias a Michele Reverte, quien me ayudó desde el primer día a recopilar material, editarlo, revisarlo (¡a menudo sin previo aviso!) y apoyarme muchísimo en este proceso. No se podría pedir un amigo más comprensivo con quien trabajar.

Al equipo en mi empresa, 320 Media LLC, me siento agradecido con cada persona por el arduo trabajo que realizan y que nos permite cada día animar a gente de todo el mundo y ayudarles a encontrar las perspectivas y estrategias para que amen sus vidas un poco más cada día. Un agradecimiento especial a mi equipo ejecutivo, Audrey Le Strat Hussey, Chet Gass, Lauren McNeill, Daniel Hyde y Suzanne Willis, por todo su esfuerzo en estos últimos años; a Jameson Jordan por su lealtad y amor, y el arduo trabajo y creatividad necesarios para crear la enorme cantidad de videos que hemos producido juntos durante los últimos diez años; y a Stephen, Harry, Billy, Celia, Courtney, Charlotte y Vic por todas las formas en que han guiado a sus equipos para crear magia en esta empresa. Gracias a mi querida asistente y amiga, Annik, por estar siempre ahí tanto para mi familia

AGRADECIMIENTOS

como para mí, y por pensar en todo lo que no hago. No podría hacerlo sin ti.

Gracias a mi asesor, amigo y director ejecutivo Dan Hyde. De vez en cuando, alguien llega en un momento de tu vida en el que, en retrospectiva, no tienes ni idea de lo que habrías hecho si no hubiera estado ahí. Dan fue esa persona para mí. Hay quienes te brindan la sabiduría que necesitas y quienes te ayudan a ejecutar esa sabiduría. Dan ha sido ambas cosas. Estoy agradecido por tu apoyo todos los días y estoy orgulloso de llamarte amigo; has hecho todo lo posible por mí de maneras que nunca olvidaré. Un agradecimiento especial también a mi amigo James Abrahart, quien ha sido una luz para mí en tiempos oscuros y estuvo pendiente de mí cuando más lo necesitaba.

Un saludo a algunas otras de mis amistades: Lewis Howes, quien ha traído más amistades a mi vida al invitarme a *rooms* de las que antes no formaba parte, quien ha sido generoso con sus recursos ganados con tanto esfuerzo y quien ha tenido muchas conversaciones positivas conmigo en varias saunas en todo Estados Unidos. Jesse Itzler, por la perspectiva, la sabiduría y la colina. Doctora Ramani, por creer en mí, sus conocimientos especializados sobre las personas y su presencia como profesora en mis programas.

Gracias a mi familia, quienes son un recordatorio constante de que, si tienes el amor en el centro de tu vida, el resto es una ventaja o solo ego. El amor te permite hacer grandes cambios en la vida porque en casa ya sientes seguridad. Gracias por hacerme sentir como George Bailey, el "hombre más rico de la ciudad".

A mi madre: puede que no lo sepas, pero tu crecimiento en esa etapa de la vida ha sido la mayor inspiración para mí en los últimos dos años y la mayor validación que podría obtener para el camino que elegí. Eres la prueba de que nunca es tarde para crecer y aprender nuevas formas de ser. Y ese crecimiento no es solo un acto de valentía, es un acto de amor por los que nos rodean. Estoy muy orgulloso de ti, mamá. Nunca dejaré de agradecer el amor infinito que me has mostrado durante toda la vida, pero es un gran privilegio poder estar agradecido ahora por el amor que te estás mostrando a ti.

Por último, quiero decir "gracias" a todas aquellas personas de mi audiencia que me han apoyado durante los últimos quince años, tanto anteriores como recientes. Aquellas que vienen a mis eventos, ven los videos, apoyan mis programas y me animan. Gracias por tener la amabilidad de darme amor, incluso cuando lo han estado buscando para ustedes. Hemos tenido una amistad desde hace mucho tiempo, hemos crecido de la mano. Las historias y las preguntas que compartiste de manera vulnerable me ayudaron a darle forma a este libro. Has sido paciente conmigo a medida que crecía, cambiaba y hacía descubrimientos sobre mí. Es difícil crecer mientras tienes tus pensamientos ahí afuera durante tantos años, pero siempre me has alentado y has sido generoso o generosa conmigo cada vez que vuelvo a la mesa de dibujo de mi vida. Estoy muy agradecido por nuestra relación y espero crecer en conjunto durante muchos años más.

RECURSOS PARA EL VIAJE DE *LOVE LIFE*

Ahora, ¿qué deberías leer?

Significa mucho para mí que te hayas tomado el tiempo de leer mi libro. Yo no soy un lector rápido; terminar cualquier libro es un compromiso de tiempo real, así que de verdad te agradezco que hayas elegido pasar tu tiempo conmigo. Me comprometo a hacer que esos conocimientos, herramientas y soporte sean gratuitos y accesibles para todos y todas. Entonces, si disfrutaste *Love Life* y te gustaría leer más cosas que escribo, me gustaría extenderte una invitación.

El boletín semanal gratuito contiene los escritos y contenidos más recientes y, al ser parte de él, también te enterarás antes que nadie de mis nuevos proyectos.

Como forma divertida de empezar, cuando te registres, te enviaré un capítulo especial inédito de *Love Life*. Esto no apareció en el libro por limitaciones de espacio, pero es un capítulo muy cercano a mi corazón.

Puedes registrarte en: matthewhussey.com/newsletter.

Únete al Love Life Club

En este libro, ya leíste algunas de las historias de quienes forman parte de nuestro Love Life Club. Si quieres saber más, Love Life Club es mi comunidad en línea y el programa de membresía donde doy *coaching* a personas todos los meses. Este libro es un maravilloso punto de partida, pero si quieres apoyo y orientación integrales para poner todo en práctica, bueno, el Love Life Club se creó con ese propósito. Es una comunidad construida sobre mentalidades saludables, crecimiento y apoyo amoroso.

Puedes unirte ahora en: matthewhussey.com/club.

Ven a verme en vivo

Una de mis mayores pasiones siempre ha sido, y seguro siempre será, los eventos en vivo. Son una oportunidad para que todos y todas (incluido yo) nos alejemos de la rutina, probemos algo nuevo que nos cambie y hagamos más que solo aprender: generar un recuerdo. No hay nada como estar en un evento en vivo. Hemos pasado años creando una atmósfera y una cultura en nuestros eventos verdaderamente única. Diseño los eventos para que sean de la misma manera que (espero) este libro: entretenidos, reveladores y un lugar donde todos y todas puedan sentirse como en casa.

Llevamos casi dos décadas organizando eventos en vivo tanto presenciales como virtuales. Te invito a unirte a uno y espero con ansias la posibilidad de conocerte.

Regístrate para un próximo evento aquí: matthewhussey.com/live.

Esta obra se terminó de imprimir
en el mes de enero de 2025,
en los talleres de Diversidad Gráfica S.A. de C.V.
Ciudad de México